BAEDEKER SMART

# Portugal

## Wie funktioniert der Reiseführer?

Wir präsentieren Ihnen Portugals Sehenswürdigkeiten in fünf Kapiteln. Jedem Kapitel ist eine *spezielle Farbe* zugeordnet. Um Ihnen die Reiseplanung zu erleichtern, haben wir alle wichtigen Sehenswürdigkeiten jedes Kapitels in drei Rubriken gegliedert: Einzigartige Sehenswürdigkeiten sind in der Liste der *TOP 10* zusammengefasst und zusätzlich mit zwei Baedeker Sternen gekennzeichnet. Ebenfalls bedeutend, wenngleich nicht einzigartig, sind die Sehenswürdigkeiten der Rubrik *Nicht verpassen!* Eine Auswahl weiterer interessanter Ziele birgt die Rubrik *Nach Lust und Laune!*

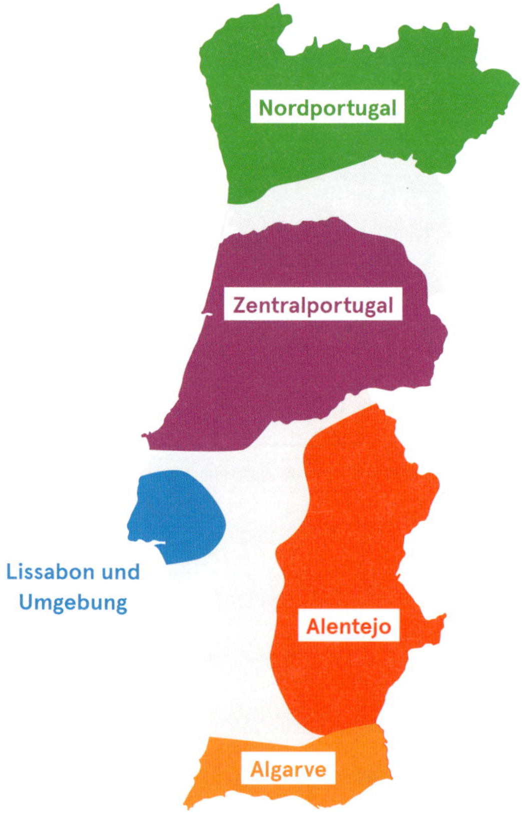

★★ **Baedeker Topziele** ................ 6
Ein Gefühl für Portugal bekommen ................................ 8

## Das Magazin

Portugiesischer Phönix aus der Asche ........................................ 14
Portugal im Glas ........................ 16
Seefahrernation .......................... 18
Pousadas und Solares .................. 21
Fado – der urbane Blues von Lissabon ................................... 24
Küchentraditionen ...................... 26
Die Kunst der Azulejos ................ 28

## Lissabon und Umgebung

Erste Orientierung ..................... 32
Mein Tag am neuen Tejo ........... 34
Belém ★★.................................. 40
Sintra ★★.................................. 46
Castelo de São Jorge ★★ .............. 52
Museu Calouste Gulbenkian ...... 54
Alfama ..................................... 56
Parque das Nações ...................... 62
Nach Lust und Laune! ................ 64
Wohin zum ... Übernachten?
... Essen und Trinken?
... Einkaufen? ... Ausgehen? ........ 68

## Nordportugal

Erste Orientierung ..................... 76
Mein Tag rund um den Portwein ..................................... 78
Vale de Côa ★★........................... 82
Porto ★★ .................................... 84
Vila Nova de Gaia ...................... 88
Casa de Mateus ........................... 90
Braga & Bom Jesus ..................... 92
Parque Nacional da Peneda-Gerês ............................. 95
Nach Lust und Laune! ................ 98
Wohin zum ... Übernachten?
... Essen und Trinken?
... Einkaufen? ... Ausgehen? ........ 101

## Zentralportugal

Erste Orientierung .................... 108
Mein Tag mit Fischerhäfen und Monsterwellen .................... 110
Mosteiro de Batalha ★★ ............. 114
Coimbra ★★ ................................. 118
Serra da Estrela ★★ .................. 124
Mosteiro de Alcobaça ............... 126
Tomar ........................................ 128
Aveiro ....................................... 132
Nach Lust und Laune! ............... 134
Wohin zum ... Übernachten?
... Essen und Trinken?
... Ausgehen? ............................ 138

## Alentejo

Erste Orientierung .................... 144
Mein Tag unter dem Himmel über dem Alentejo ..................... 146
Évora ........................................ 150
Vila Viçosa ................................ 154
Marvão ..................................... 156
Nach Lust und Laune! ............... 158
Wohin zum ... Übernachten?
... Essen und Trinken?
...Ausgehen? ............................. 162

### Algarve

Erste Orientierung ..................... 168
Mein Tag in der Ria Formosa .... 170
Praias do Algarve ★★.................. 174
Sagres & Cabo de São Vicente ★★ ............................ 178
Tavira ......................................... 182
Serra de Monchique .................. 184
Nach Lust und Laune! ............... 186
Wohin zum ... Übernachten? ... Essen und Trinken? ... Ausgehen? ............................ 190

### Spaziergänge & Touren

Lissabons Altstadt ..................... 196
Südlicher Alentejo .................. 200

### Praktische Informationen

Vor der Reise ............................ 206
Anreise ....................................... 208
Unterwegs in Portugal ............ 209
Übernachten ............................. 210
Essen und Trinken ..................... 211
Ausgehen .................................... 211
Einkaufen ................................. 213
Sprachführer ............................ 213

### Anhang

Reiseatlas .................................... 217
Register ..................................... 230
Bildnachweis ............................ 232
Impressum ................................ 233


## Magische Momente

Kommen Sie zur rechten Zeit an den richtigen Ort und erleben Sie Unvergessliches.


Fado bewegt ................ 61
Wenn Stein zu leben beginnt ..................... 83
Im Garten der Tränen ....... 122
Die Dolmen erwachen ....... 153
Das Azulejo-Wunder ........ 181

Das Resort Aldeia da Pedralva entstand aus einem fast verlassenen Bauerndorf.

Portugiesische Keramik an der Wand einer Töpferei bei Vila do Bispo.

1

2

3

4

5

6

7

8

9

10

# ★★ Baedeker Topziele

Unsere TOP 10 helfen Ihnen, von der absoluten Nummer eins bis zur Nummer zehn, die wichtigsten Reiseziele einzuplanen.

### ❶ ★★ Praias do Algarve

Kilometerlange goldene Strände an der Algarve zwischen Atlantik und Klippen, dann auf einmal winzige Buchten (S. 174).

### ❷ ★★ Sagres & Cabo de São Vicente

Am äußersten Südwestzipfel der Algarve stößt spektakulär das nach dem heiligen Vinzenz benannte Kap in die See (S. 178).

### ❸ ★★ Belém

Das gute alte Lissabon der Seefahrerzeiten hält sich ein Stückchen außerhalb in diesem Stadtteil lebendig. Highlights sind die Torre de Belém und das Mosteiro dos Jerónimos (S. 40).

### ❹ ★★ Sintra

Natur und Kultur sind in und um das Städtchen Sintra allgegenwärtig: überbordendes Berggrün, dazu zwei historische Prachtpaläste und die auf die Mauren zurückgehenden Burgmauern beeindrucken (S. 46).

### ❺ ★★ Mosteiro de Batalha

Dieses steinerne Zuckerbäcker-Bauwerk sucht seinesgleichen in Portugal. Es wurde als Kloster und Symbol für den Sieg über die spanischen Nachbarn konzipiert (S. 114).

### ❻ ★★ Coimbra

Als junger Mensch möchte man hier gerne studieren! Und als Besucher entdeckt man die facettenreichen Zeugnisse der schönsten Universitätsstadt Portugals (S. 118).

### ❼ ★★ Vale do Côa

Felsbilder erzählen in diesem entlegenen Tal vom Leben der Menschen vor 25 000 Jahren. In Stein geritzte Kunst im Freien (S. 82).

### ❽ ★★ Serra da Estrela

Portugals »Sternengebirge« kratzt mit annähernd 2000 Metern an den Wolken. Entdecken Sie Portugals Hochland, die Wanderwege und Felsformationen (S. 124).

### ❾ ★★ Castelo de São Jorge

Lissabons weitläufige Burganlage lädt zu spannenden Entdeckungen zwischen den Mauern ein und erlaubt einen grandiosen Blick über die Stadt (S. 52).

### ❿ ★★ Porto

Die kleine Schwester von Lissabon ist eine Handelsstadt in Traumlage am Ufer des Douro. Sie versammelt architektonische Meisterwerke aus allen Epochen (S. 84).

# Ein Gefühl für Portugal bekommen ...

Erleben, was das Land ausmacht, sein ganz besonderes Flair spüren. So, wie die Portugiesen selbst.

## Beachlife

Portugal ist ein Land der traumhaften Strände, angeführt von der Vorzeigeregion der Algarve zwischen Vila Real de Santo António und dem Cabo de São Vicente. Wer es hingegen wild liebt, wie viele Surfer, steuert die Costa Vicentina im äußersten Südwesten an. Südlich von Lissabon liegen die Strandparadiese der Hauptstädter an der Costa da Caparica. Tolle Tipps für den Zentralteil Portugals sind die Strände um Peniche, Nazaré und Figueira da Foz.

## Märkte für alle Sinne

Pflückfrische Orangen, Honig direkt vom Imker, fangfrischer Fisch, Gewürze, Gemüse, Ziegenkäse, Würste. Portugiesen lieben ihre Märkte. Da gibt es Wochenmärkte in prächtigen Hallen wie an der Algarve in Olhão, andernorts, wie jeden Donnerstag im Städtchen Barcelos, fahrende Händler aus allen Regionen. Verbindendes Element: Überall geht es bunt, lebhaft und unverfälscht zu. Stürzen Sie sich in den Trubel, nehmen Sie Portugal mit allen Sinnen auf!

**Markt in Olhão**
229 D3 tägl. in zwei Markthallen

**Markt in Barcelos**
220 B3/4 donnerstags

## Leinen los!

Im alten Seefahrerland Portugal ist es ein besonderes Erlebnis, die Küste vom Meer aus zu bewundern und sich auf dem Wasser den Atlantikwind um die Nase wehen zu lassen. An der Algarve starten, vor allem im Sommer, Bootstrips zur Erkundung der Höhlen, Buchten und Klippen. Für ausgesprochen spektakuläre Ansichten steht die Gegend um Lagos, wo genügend Bootsanbieter warten.

## Grüner Tourismus

Bettenburgen, zubetonierte Küstenorte, Angebote von der Stange – davon ist Portugal nicht verschont geblieben. Wer sich hingegen auf wenig ausgetretenen Pfaden im Landesinneren bewegt, kann traum-

Hier werden Inselträume wahr: Vor Peniche liegt Berlenga, ein Archipel im Atlantischen Ozean.

Der Wochenmarkt in Loulé zieht samstags viele Leute aus der Umgebung an.

Ausritt auf dem Landgut Herdade da Matinha im Alentejo.

hafte Ruhe und Entspannung in Landhausquartieren genießen. So finden Sie z. B. im Südwesten beim Dorf Brejão die kleine, freundlich geführte Anlage Cerro da Fontinha, die nicht nur mit rustikalen Häuschen, sondern auch mit einem Privatsee punktet.

**Cerro da Fontinha**
✈ 229 B2 ✉ S. Teotónio
☎ 282 94 90 83 🌐 www.cerrodafontinha.com

## Abtauchen ins Erdinnere

Lassen Sie sich von eindrucksvollen Tropfsteinhöhlen und ihren fantasievollen Formationen bezaubern! Wenige Kilometer vom landesweit bekanntesten Wallfahrtsziel Fátima entfernt dringen Sie in den Grutas da Moeda bis zu 45 m in die Tiefe vor; erst in den 1970er Jahren wurde die Grotte entdeckt. 15 km südwestlich von Fátima stoßen Sie in ein noch beeindruckenderes Naturwunder vor, die Grutas de Mira de Aire.

**Grutas da Moeda**
✈ 223 F2
✉ Largo das Grutas da Moeda, Sao Mamede
🌐 www.grutasmoeda.com
◑ Rundgänge tägl., Mitte Juli–Mitte Sept. 9–19, Mitte März–Mitte Juli, Mitte Sept.–Mitte Okt. 9–18, sonst 9–17 Uhr ✦ 7 €

**Grutas de Mira de Aire**
✈ 223 F2 ✉ MIra de Aire
🌐 www.grutasmiradaire.com
◑ Besuche tägl., Juli/Aug. 9.30–20, Juni, Sept. 9.30–19, April/Mai 9.30–18, Okt.–März 9.30–17 Uhr ✦ 6,80 €

## Land der Burgen

Portugal ist ein wahres Burgenland, über das sich viele imposante Bauwerke verteilen. Entdecken Sie Mauern, Säle, Kammern, Verliese – und die entsprechenden Geschichten zur Geschichte. Hinzu kommen eindrucksvolle befestigte Orte wie Óbidos und Marvão. Zu den am besten erhaltenen, mysteriösesten Kastellen auf der Iberischen Halbinsel gehört jenes von Tomar, im Mittelalter Sitz der Christusritter und heute UNESCO-Weltkulturerbe.

## Rast beim kleinen Schwarzen

Portugiesen wissen das Leben auf ihre Art zu genießen, sich Zeit zu nehmen, nicht immer erreichbar zu sein. Das gelingt bei einer *bica,* einem kleinen schwarzen Kaffee zwischendurch. Dann trifft man Bekannte, plaudert ein wenig und verfolgt dabei das vorbeiziehende Leben.

## Fit durch Portugal

Es muss ja nicht unbedingt ein Fallschirmsprung über dem Alentejo sein – auch zu Fuß oder zu Ross erleben Sie die Faszination Portugals. Gebirgsgegenden wie die Serra da Estrela und die Serra de Monchique reizen ebenso zu Wanderungen wie die Küstenabschnitte der Algarve. Eine schöne Fernwanderroute im Südwesten ist die Rota Vicentina. Vielerorts riecht es nach Salz, Lavendel und Meerfenchel. Teppiche aus Mittagsblumen breiten sich aus. Am stahlblauen Himmel schweben Störche und Heringsmöwen.

Die Kunst der Azulejos ist nicht nur am Kreuzgang der Kathedrale Sé in Porto zu bewundern.

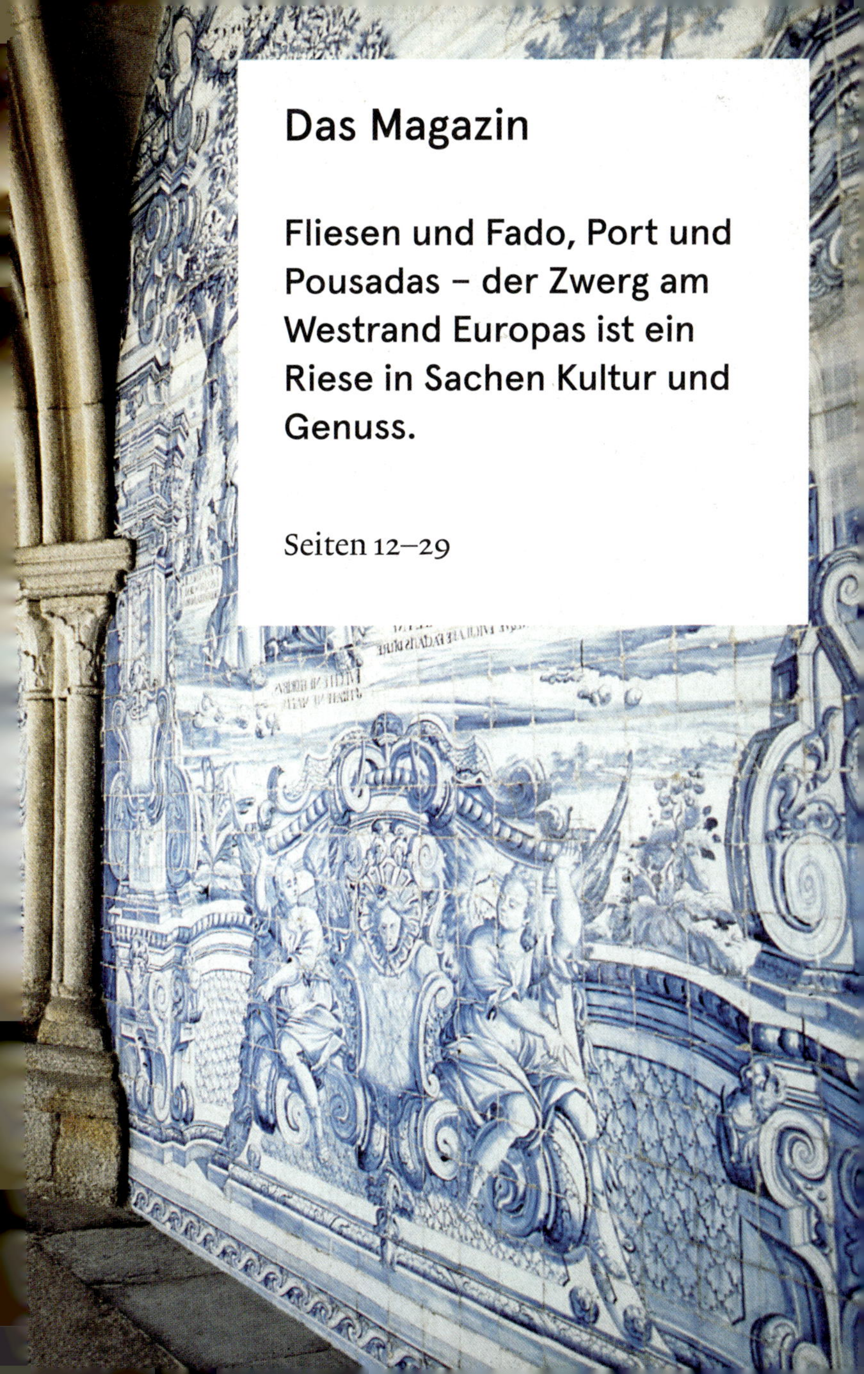

# Das Magazin

Fliesen und Fado, Port und Pousadas – der Zwerg am Westrand Europas ist ein Riese in Sachen Kultur und Genuss.

Seiten 12–29

# Portugiesischer Phönix aus der Asche

**2016 gewann Portugal die Fußballeuropameisterschaft, 2017 den Eurovision Song Contest. Der Portugiese António Guterres wurde 2013 als UNO-Generalsekretär nominiert und Finanzminister Mário Centeno fungiert als aktueller Eurogruppenchef. Erstaunliche Karriere für ein Krisenland.**

Dabei sah es auf dem Höhepunkt der europäischen Finanzkrise 2011 nicht danach aus, als könnte Portugal aus eigener Kraft überleben. Lähmende Staatsschulden, geringe Produktivität und globale Rezession trafen nicht nur Portugal. Doch im Gegensatz zu Griechenland erwies sich das Land als »Schwabe Iberiens« und hievte sich zunächst mithilfe des Euro-Rettungsschirms, schon bald aber aus eigener Anstrengung und mit einschneidenden Sparmaßnahmen aus der Depression.

2015 verließ Portugal den Rettungsschirm und zeigte Europa, wie man trotz oder mit einer sozialistischen Regierung die Wirtschaft in Schwung bringt. Von damals 12,4 Prozent ist die Arbeitslosenrate 2017 auf acht Prozent gefallen, während das Wirtschaftswachstum 2,7 Prozent betrug.

### Ein linker Wirtschaftswunderknabe

Vater dieser erstaunlichen Entwicklung ist der seit 2015 regierende Premierminister António Costa, Generalsekretär der Sozialistischen Partei und Anführer eines Bündnisses mit kleineren Linksparteien, dem niemand eine solch effektive Wirtschaftspolitik zugetraut hätte. Gespart wurde weiterhin, aber auch entgegen den Rettungsschirm-Kriterien gelockert und investiert und so der Konsum angeregt.

Ob dieses Bündnis die nächsten Parlamentswahlen 2019 überdauert, ist mehr als fraglich, aber ein neuer Partner für Costa steht bereit. Die Sozialdemokraten der PSD gerieren sich zwar sehr feindselig gegenüber den Sozis, aber ihr Chef Rui Rio kann gut mit Costa, schließlich waren beide einmal Bürgermeister. Der Beginn einer wunderbaren Politikerfreundschaft?

Der Portugiese Salvador Sobral gewinnt 2017 den 62. Eurovision Song Contest in Kiew (oben). Das spektakuläre Kunstmuseum MAAT ist ein Leuchtturm des modernen Lissabon (rechts).

## Ein Land erfindet sich neu

Die wirtschaftlichen Erfolge machte auch ein geschickter Imagewandel Portugals möglich: Das Armenhaus im Südwesten Europas entpuppte sich als hochattraktives Urlaubsland, nicht nur dank seiner Strände am Atlantik und an der Algarve, sondern auch dank der Metropolen Lissabon und Porto. Um neun Prozent stieg von 2016 auf 2017 die Zahl der Hotelübernachtungen und 2018 war ein weiteres Rekordjahr.

Gleichzeitig entdeckten Global Player die gut ausgebildete und durch Arbeitsplatzmangel frustrierte Jugend: In immer neuen Dienstleistungszentren werden komplexe Lösungen für IT-Probleme entwickelt, z.B. für Mercedes-Benz. Auch Google ist mit einer Niederlassung in Lissabon eingestiegen. Und seit 2016 versammelt der Web Summit, eine internationale Internet-Konferenz, die IT-Elite jeden November in Lissabon.

## Multikulturelle Gesellschaft

Welche integrative Kraft die portugiesische Gesellschaft besitzt, wird im Straßenbild Lissabons deutlich: Tausende von Menschen aus den ehemaligen Kolonien in Südamerika, Afrika, Indien und sogar Fernost haben in Portugal eine neue Heimat gefunden. Premier Costa ist Nachfahre einer aus dem indischen Goa eingewanderten Brahmanen-Familie. Der Zuzug setzt sich fort, allerdings kommen heute Millionäre. Popstar Madonna ist seit 2017 Bürgerin Lissabons. Und viele lieber inkognito bleibende russische Oligarchen auch.

# Portugal im Glas

**Inspiriert von einheimischen Traubensorten und unterstützt von einem sonnigen Klima, stellen Winzer heute hochqualitative Rot- und Weißweine her, die sich mit den Produkten anderer hochwertiger Weinregionen messen können.**

Im größten Teil des Landes ist der Weinanbau nicht leicht. Viele Weine wachsen auf scharfkantigen, heißen Schieferfelsen 700 m über dem Meeresspiegel, die so steil sind, dass sie nur von Hand bestellt werden können. Nirgends ist dies offensichtlicher als im schönen Douro-Tal im Norden Portugals, das seit Langem für die Traubenproduktion für Port bekannt ist und zu den ältesten Weinanbauregionen der Welt gehört. Heute werden hier auch strukturierte Rotweine angebaut.

Aufstrebende Weine der Douro-Region modern präsentiert in einer Bar in Lissabon

### Wo der Weinbau Tradition hat

Weiter im Süden werden in den beiden Regionen Beira Alta und Beira Litoral vollmundige Dão- und fruchtige Bairrada-Rotweine produziert. Der Alentejo ist eine der renommierten Weinregionen Portugals. Hier bringen neue Winzer frische Ideen aus dem Ausland mit.

Weißwein-Liebhaber sollten den kräftigen, leicht moussierenden Vinho Verde aus dem Nordwesten Portugals nicht verpassen. Er konnte in jüngerer Vergangenheit einen großen Teil seines altmodischen Images ablegen und ist der perfekte Aperitif. Bestellen Sie ihn auf einer schattigen Terrasse oder zu einer Vorspeise aus gegrillten Sardinen.

## Port – immer perfekt

Port ist Portugals traditionelles und universelles Geschenk an die Weinwelt. Er lässt sich jederzeit genießen – als weißer Port und Tonic zum Aperitif oder als gealterter Tawny zum Schokoladenkuchen. Wein wird im 100 km langen Douro-Tal schon seit römischen Zeiten hergestellt, aber die Ursprünge des Ports gehen auf das 17. Jh. zurück, als britische Händler, durch Kriege mit Frankreich abgeschnitten von ihrem Rotweinnachschub, die portugiesischen Weine zu schätzen lernten.

Mit dem Methuenvertrag von 1703 wurden die Zölle auf den Import portugiesischer Weine nach Großbritannien gesenkt, im Gegenzug erhielten britische Textilhändler Konzessionen in Portugal. Leider vertrugen die Weine die Reise nicht besonders gut, sodass die Verlader im Hafen sie mit Brandy anreicherten. Der Port war geboren – und mit ihm seine Namen (Croft, Dow's und Taylor's), die bis heute einen Großteil des Handels kontrollieren.

## Wie Portwein entsteht

Die Trauben werden im Herbst von Hand geerntet und in Steinbottichen zerstoßen oder (häufiger) in Stahltanks fermentiert. Nach zwei Tagen wird der Fermentierungsprozess durch das Hinzufügen von Destillat unterbrochen und der Wein in Holzfässer (sog. Rohre) gefüllt. Im folgenden Frühjahr werden die Fässer zum Reifen in die Kellereien von Vila Nova de Gaia transportiert. Seit dem Bau mehrerer Dämme können die traditionellen *barcos rabelos* den Douro nicht mehr befahren. Daher werden zum Transport der Fässer von den *quintas* (Gütern) zu den Lagern Lastwagen genutzt.

In Vila Nova de Gaia blinken die Neonschilder berühmter Portnamen um die Wette. Zwischen den Kellereien, *lodges* genannt, reihen sich attraktive Weinbars und Restaurants am Flussufer. Für die Besichtigung mit anschließender Verkostung eignen sich besonders Ramos Pinto und Taylor's.

### Kleine Portwein-Kunde

White ist trocken oder süß und wird gekühlt als Aperitif serviert; Pink schmeckt leicht und fruchtig, während sich Ruby dunkel, körperreich und fruchtig präsentiert. Ein Tawny ist bernsteinfarben und mindestens zehn Jahre im Fass gereift. Der beste Wein eines besonders guten Jahrgangs wird zum Vintage erklärt und nach zwei Jahren im Fass auf Flaschen gezogen. Dort reift er noch mindestens zehn Jahre weiter und entwickelt eine dunkle Farbe, ein intensives Aroma und ein krustenartiges Depot. Vintage-Port sollte vor dem Servieren dekantiert und innerhalb eines Tages nach dem Öffnen getrunken werden.

# Seefahrernation

**Die Atlantikküste definiert Portugals Identität; ihr Einfluss ist von der Architektur bis zum Essen in nahezu allen Bereichen präsent. Zur Seefahrernation war das Land deshalb prädestiniert.**

Stolz blicken die Portugiesen auf die Zeit zurück, als ihre Entdecker auf der Suche nach neuem Land in unbekannte Gewässer vorstießen. Am meisten verehrt wird Heinrich der Seefahrer (1394–1460), Großmeister des Christusordens und Pionier der *descobrimentos* (Entdeckungen).

Heinrich nahm 1415 an der Eroberung der marokkanischen Küstenstadt Ceuta teil. Danach fuhr er nie wieder zur See, sondern setzte sich in Sagres zur Ruhe, wo er wohl – dazu gibt es allerdings umstrittene Theorien! – eine Seefahrerschule gründete, in der die Besten des Landes ausgebildet werden sollten. Hier entstanden neue Formen von Navigationsinstrumenten sowie ein völlig neuer Schiffstyp – die Karavelle, eine Mischung aus dem traditionellen Lastkahn der Douro-Schiffer und der arabischen Dhau.

Die Karavelle revolutionierte die Seefahrt. Dank ihrer dreieckigen Segel konnten die Seefahrer Seitenwinde ausnutzen und wesentlich schneller reisen. Sie wurden auch von Kolumbus (1451–1506) für seine Reisen in die Neue Welt genutzt. Mehr über Portugals enge Beziehung zum Meer erfahren Sie im Museu de Marinha in Belém, das der Geschichte der portugiesischen Seefahrt gewidmet ist.

### Kurz mal die Welt entdecken

Zu Lebzeiten von Heinrich wurden Madeira und die Azoren entdeckt, Gil Eanes umrundete das gefürchtete Kap Bojador in Westafrika, hinter dem Seeungeheuer und unbekannte Gefahren lauern sollten und das damals als Ende der bekannten Welt galt. Die wichtigste all dieser Expeditionen war die Entdeckung des Seewegs nach Indien durch Vasco da Gama 1498. Fortan kontrollierte Portugal den Handel mit orientalischen Gewürzen, Seide und Teppichen aus Asien. In Goa, Timor und Macau gründeten die Portugiesen Handelsniederlassungen, in Angola und Mosambik Kolonien. Der Ponte Vasco da Gama in Lissabon ist ein angemessenes Tribut an den großen Entdecker: Die Brücke überspannt den Fluss Tejo mit einer Länge von 17,2 km.

Unterdessen war Pedro Álvares Cabral eher zufällig in Brasilien gelandet, das gemäß dem Vertrag von Tordesillas (1494) über die Aufteilung der neu entdeckten Welt zwischen Spanien und Portugal der Einflusssphäre der Portugiesen unterlag. Mit der wachsenden Stärke der niederländischen und englischen Flotten, insbesondere im Handel mit Ostindien und Asien, ging der Einfluss Portugals als Seefahrernation zurück. Dennoch wurde Portugals letzte Kolonie Macau erst 1999 an China zurückgegeben.

Das Weltkartenmosaik vor dem Padrão dos Descobrimentos in Belém

## Portugals große Entdeckungsreisen

**1419:** Madeira

**1427:** Azoren

**1434:** Gil Eanes gelangt hinter das legendäre westafrikanische Kap Bojador.

**1460:** Kap Verde

**1482:** Diego Cão erreicht die Mündung des Kongo und nimmt Angola für Portugal in Besitz.

**1488:** Bartolomeu Dias umrundet das Kap der Guten Hoffnung in Südafrika.

**1498**: Vasco da Gama entdeckt einen Seeweg nach Indien.

**1500:** Pedro Álvares Cabral entdeckt Brasilien.

**1519–1522:** Fernão de Magalhães (Ferdinand Magellan) bricht zur ersten Weltumseglung auf, wird jedoch während der Reise auf den Philippinen getötet. Der Spanier Juan Sebastián Elcano führt die Expedition fort.

An der Galerie des Mosteiro dos Jerónimos ist die Manuelinik greifbar.

### Ein königlicher Baustil

Die Manuelinik, die portugiesische Variante der Spätgotik, die sowohl von den floralen Formen der indischen Kunst als auch von den Entdeckungen selbst inspiriert wurde, ist nach Dom Manuel I. (Regierungszeit 1495–1521) benannt. Typische Kennzeichen sind die Armillarsphäre (ein Navigationsinstrument, das den Himmel als Kugel mit der Erde als Mittelpunkt darstellt, und zugleich das Emblem Manuels I.), das Kreuz des Christusordens, Anker, Taue und andere Motive aus der Seefahrt sowie exotische Pflanzen und Tiere aus den neu entdeckten Ländern. Zu den schönsten manuelinischen Bauten gehören das Kloster und der Turm von Belém, der Kreuzgang und die unvollendeten Kapellen der Abtei von Batalha sowie die Fenster des Convento de Cristo in Tomar.

### Silbrige Schätze aus dem Meer

Noch im 20. Jh. hatte Portugal eine der größten Fischereiflotten der Welt, und der Kabeljaufang vor der nordamerikanischen und kanadischen Küste wurde zur treibenden Kraft für die portugiesische Wirtschaft, sodass die Fischer beim Auslaufen aus dem Hafen mit aufwendigen Zeremonien verabschiedet wurden.

In den letzten Jahren ist die portugiesische Fischereiflotte aufgrund von Überfischung und strikter Bestimmungen zum Schutz der weltweiten Fischvorkommen auf hoher See stark geschrumpft. Trotzdem ist der Fischfang nach wie vor für manche ein wichtiger Erwerbszweig, und in Häfen wie Peniche und Nazaré an der Westküste sowie Lagos und Olhão an der Algarve bleiben die bunten Fischerboote ein vertrauter Anblick.

Heute bietet das Meer eine weitere, ebenfalls lukrative Einnahmequelle: Touristen, die von den herrlichen Stränden der Algarve, Costa de Lisboa, Costa de Prata und Costa Verde angezogen werden. Neben Baden und Sonnen lieben die Besucher Bootsausflüge – und so verlassen sie die traditionellen Häfen wie seinerzeit die ersten Entdecker!

# Pousadas und Solares

**Ein portugiesisches Gästehaus ist eine tolle Möglichkeit, die lokalen Traditionen kennenzulernen. Wählen Sie zwischen *pousadas* (historische Gebäude, die zu stimmungsvollen Hotels umgebaut wurden) und *solares,* meist ehemalige Herrenhäuser, die heute als B&Bs geführt werden.**

Am 19. April 1942 eröffnete die erste *pousada* in der Grenzstadt Elvas für Reisende aus Spanien. Der Preis für ein Doppelzimmer betrug 80 Escudos (0,40 €). Die *pousadas* waren staatliche Gasthöfe nach dem Vorbild der spanischen *paradores* und sollten ihren Gästen eine einfache Unterkunft mit regionaler Küche bieten. Konzipiert wurden sie vom Minister für Volkskultur und Tourismus, António Ferro. »Gegenwärtig wird in Europa fast ausschließlich für kriegerische Zwecke gebaut«, sagte er bei der Einweihungsfeier. »Unsere *pousadas* aber werden Festungen des Friedens und Zufluchtsorte des Wohlgefühls und der Ruhe sein.«

### Luxushotels mit historischem Flair

Heute, über 70 Jahre später, gibt es über 40 *pousadas* in Portugal (www.pousadas.pt), die nicht mehr in

Das ehemalige Convento dos Lóios in Évora ist heute eine Pousada.

Ein schöner Ort für ein stimmungsvolles Essen: die Pousada in Évora.

staatlicher Hand und alles andere als schlicht sind. Sie alle sind entweder in historischen Gebäuden untergebracht oder liegen an landschaftlich besonders schönen Orten – nicht selten beides. So können Sie in Óbidos oder Estremoz in einer restaurierten Burg, in Marvão in einem Dorfhaus oder in Évora bzw. Beja in einem vormaligen Kloster übernachten.

Eine der schönsten *pousadas* ist sicher das ehemalige Augustinerkloster Mosteiro de Guimarães, ein umgebautes Gebäude aus dem 12. Jh. mit Blick auf die historische Stadt Guimarães. Als Zimmer dienen hier die einstigen Mönchszellen um die Kreuzgänge; die Flure sind mit Antiquitäten und die Treppenaufgänge mit Fliesen geschmückt. Ein Beispiel für einen moderneren Komplex, der aber mit herrlichen Blicken auf die Stadt punktet, ist die *pousada* von Bragança im äußersten Nordosten des Landes.

### Kunsthandwerk kontra Antiquitäten

Als »kleine Hotels, in denen man sich wie zu Hause fühlen kann« hatte António Ferro die *pousadas* geplant. Für ihn waren rustikale Möbel und lokales Kunsthandwerk Teil der Erfahrung, die sich als schlichter Komfort zusammenfassen lässt. Ironischerweise trägt der ständig verbesserte Service heute dazu bei, dass sich die *pousadas* immer mehr von ihren Wurzeln und dem einstigen Anspruch Ferros entfernen. »Wenn ein Gast eine unserer *pousadas* betritt und sich wie zu Hause fühlt, haben wir unser Ziel erreicht.«

### Zu Besuch im Herrenhaus

Wer wirklich die Atmosphäre eines privaten Heimes sucht, kann im *solar* einer portugiesischen Familie Quartier nehmen. Hierbei handelt es sich allerdings kaum um einfache Unterkünfte: Viele *solares* (www.solaresdeportugal.pt ) sind in Gästehäuser umgebaute Herrenhäuser, in denen Sie herzlich begrüßt werden, Gelegenheit haben, Ihr Portugiesisch aufzufrischen, und köstliche Hausmannsküche probieren können. Die Unterkünfte sind unter dem Dach der Organisation Solares de Portugal zusammengefasst.

Typisch für ein nobles Quartier ist z. B. der Paço de Calheiros (www.pacodecalheiros.com), der über dem Tal des Rio Lima in Händen eines alten Grafengeschlechts liegt. Erbaut im 17. Jh., öffnet sich das Anwesen am Ende einer Allee von Magnolienbäumen. Im Garten steht ein Steinbrunnen. Innen hängen schwere Kronleuchter von den Kastanienholzdecken, die Wände zieren Familienporträts. Die Kapelle beherbergt die Grabstätte des letzten Grafen und ein geschnitztes Altarbild aus dem 17. Jh.

Die ehemaligen Stallungen wurden zu Apartments umgebaut und ein Swimmingpool sowie ein Tennisplatz angelegt. Von der Terrasse geht der Blick über die Weingärten auf Ponte de Lima, den Sitz der Solares de Portugal, die hier gleichzeitig über das dichteste Netz an Unterkünften verfügen.

### Das Haus des Seefahrers

Ein paar Autostunden östlich, in Trás-os-Montes, liegt der Solar das Arcas (www.solaresdeportugal.pt) im Gemeindegebiet Macedo de Cavaleiros. Das Haus gehört der Familie Pessanha. Es wurde im 17./18. Jh. für die Nachkommen eines genuesischen Seefahrers erbaut, den König Dinis im 14. Jh. nach Portugal kommen ließ. Die Apartments sind mit Holzmöbeln, durchweg rustikal, aber auch mit einem Hauch Moderne, Details und kleinen Kunstwerken ausgestattet.

Von draußen dringen nur das Läuten der Kirchenglocken und das Klappern von Pferdehufen in Ihr Zimmer. Die Familie bewirtet Sie mit hausgemachten Würsten und Wein aus eigenem Anbau und gibt Tipps für Wanderungen, Radtouren und Reitausflüge in der Region.

### Schlicht, luxuriös, ländlich – aber immer herzlich

Rund hundert Anwesen haben sich den Solares de Portugal angeschlossen, große Gutshöfe ebenso wie schlichte Bauern- und Landhäuser. Besonders dicht gesät sind sie im Minho, aber auch bis hinunter in den Alentejo und an die Algarve sind sie zu finden.

Zumeist liegen sie in einer ruhigen ländlichen Umgebung, viele haben Swimmingpools. Zum besonderen Erlebnis wird der Aufenthalt in diesen Häusern aber durch den Familienanschluss.

# Fado – der urbane Blues von Lissabon

**Vielleicht haben Sie noch nie etwas von *fado* gehört, aber Melancholie und bittersüße Musik wecken sofort Erinnerungen an die Tradition der Folk- und Blues-Musik, die Geschichten von Schicksal, Liebe, Tod und Verzweiflung erzählen.**

Ein traditioneller Fado-Abend kann ziemlich dramatisch sein: Alle Augen sind auf die Musiker gerichtet, von denen einer *guitarra* (eine portugiesische Gitarre, die einer Mandoline ähnelt), der andere *viola* (akustische spanische Gitarre) spielt. Es herrscht Stille, bis sich eine schwarz gekleidete Frau erhebt und zu singen beginnt. Sie singt von Liebe und Tod, Triumph und Tragödie, Bestimmung und *fado* (Schicksal). Vor allem aber singt sie von *saudade*, jener portugiesischen Sehnsucht nach etwas unwiederbringlich Verlorenem, sei es eine alte Liebe oder die vergangene Größe Portugals. Immerhin: Die UNESCO hat den Fado zum immateriellen Weltkulturerbe erklärt.

### Fado-Clubs in Lissabon

**Café Luso**
www.cafeluso.pt
**Adega Machado**
www.adegamachado.pt
**Maria da Mouraria**
http://mariadamouraria.pt
**Clube de Fado**
www.clube-de-fado.com

### Wie die Kunst des Fado erblühte

Der Fado entstand im frühen 19. Jh. in den *bairros* (Vierteln) der Arbeiter von Lissabon und war lange Zeit nur in Kneipen und Bordellen zu hören. Die ersten *casas de fado*, in denen professionelle Musiker auftraten, eröffneten in den 1920er-Jahren; aus dieser Zeit stammen auch die ersten Plattenaufnahmen.

Melancholie, Dramatik und Herzzerreißen machen ihn zu einem Verwandten des amerikanischen Blues. Weibliche *fadistas* tragen häufig einen schwarzen Schal. Er erinnert an Maria Severa (1820–1846), die erste berühmte Fado-Sängerin, deren früher Tod in vielen

Fado-Gesang, Ausdruck der Sehnsucht in schönster Form (oben). Fado-Bilder zieren Wände in Lissabon (oben und rechts).

Liedern ebenso besungen wird wie ihre skandalumwitterte Liebschaft mit einem Stierkämpfer.

### Wo die Kunst des Fado gepflegt wird

Fado ist perfekt für einen schönen Abend, achten Sie aber bei den Angeboten darauf, dass Sie nicht zu viel für das Essen bezahlen. Besonders authentisch sind die Kellerclubs in den Seitenstraßen der Lissabonner Alfama. Eine bewährte Adresse im Bairro Alto ist das Café Luso. Nicht versäumen sollten Sie auch das virtuose Spiel des Gitarristen Mário Pacheco im Kellergewölbe seines kleinen Clube de Fado, einem der besten Fado-Clubs Lissabons. In diesen Häusern wird erwartet, dass Sie ein Essen bestellen, doch Kommerz steht nicht unbedingt im Vordergrund. Spontanere Vorführungen erleben Sie in Bars und Clubs, in denen die hauseigenen Musiker *fado vadio* spielen; singen kann jeder. *Fado vadio* ist die Bezeichnung für den spontanen oder Amateur-Fado.

Wer sich in Portugals Hauptstadt stärker ins Thema vertiefen will, besucht das Fado-Museum. Ein weiteres Zentrum des Fado ist Coimbra, wo die Lieder von den Studenten in ihren charakteristischen schwarzen Umhängen vorgetragen werden.

### Fado im Trend

Immer wieder bringt der Fado bewegende, erfolgreiche Stimmen hervor, zuletzt vor allem die Sängerinnen Ana Moura und Cuca Roseta. Auch Carminho, gebürtig aus Lissabon, kann bereits eine Reihe internationaler Auftritte vorweisen.

# Küchentraditionen

**Die Portugiesen essen gern, und es gibt nicht nur eine große Auswahl traditioneller Zutaten und Kochstile, sie werden von jungen portugiesischen Küchenchefs von Weltklasse auch immer wieder neu interpretiert und betont.**

Bei der langen Beziehung der Portugiesen zum Meer verwundert es nicht, dass in vielen portugiesischen Restaurants eine große Auswahl an Fischgerichten angeboten wird. Abhängig von Region und Saison erhalten Sie praktisch jede Art von Fisch. Am beliebtesten sind aber Sardinen, Meerbarbe *(salmonete)* und Degenfisch. Wenn Sie sich nicht entscheiden können, probieren Sie die gemischte Meeresfrüchteplatte *cataplana* mit Zwiebeln und Kartoffeln oder den Fischeintopf *caldeirada,* eine köstliche Mischung aus Fisch, Zwiebeln, Knoblauch, Kartoffeln, Paprika.

Die Vorliebe der Portugiesen für *bacalhau* (getrockneter, gesalzener Kabaljau) stammt aus dem 16. Jh., als portugiesische Fischerflotten in den Gewässern vor Neufundland segelten. Kabeljau gab es dort damals reichlich, aber er musste für die Reise zurück nach Portugal konserviert werden. Es soll 365 verschiedene Arten geben, *bacalhau* zuzubereiten.

### Regionales mit Geschichte

Zahlreiche regionale Gerichte lassen auf die Geschichte der einzelnen Landesteile schließen. In den Trás-os-Montes z. B. steht häufig die Hühnchenwurst *alheira* auf dem Speiseplan. Sie geht auf das 15. Jh. zurück, als Juden vor der spanischen Inquisition in die entlegene Bergregion flohen. Hergestellt wurde die Wurst zunächst, um die Inquisitoren davon zu überzeugen, dass sie ihre jüdische Lebensweise abgelegt hatten und Schweinefleisch aßen.

Die Portugiesen sind begeisterte Fleischesser und das Angebot für Vegetarier ist daher eher eingeschränkt. Fleischesser hingegen finden eine große Auswahl an Schinken, Wurst und Salami.

Einer der besten Schinken – *presunto de porco preto bolata* – stammt von den mit Eicheln gefütterten schwarzen Schweinen des Alentejo. Diese Schweine grasen in der sanften Landschaft von Montados; die Produkte sollen die gleiche positive

Eines so lecker wie das andere: *Pastéis de Nata* (links) und *petiscos*, die portugiesische Variante der spanischen Tapas (rechts).

Wirkung auf das Herz haben wie Olivenöl.

Auch regionale Käsesorten gibt es in scheinbar unzähligen Variationen. Die meisten stammen von Schafen oder Ziegen oder auch einer Mischung von beidem. Am bekanntesten ist wahrscheinlich der Queijo da Serra da Estrela. Der köstliche Bergschafskäse ist reichhaltig und cremig und wird nach sechs Wochen Reifung in der Regel direkt aus dem Topf gegessen. Außerdem sind in oftmals guter Auswahl regionale Weine und Olivenöle erhältlich.

### Suppen und Süßes

Mahlzeiten beginnen in Portugal in der Regel mit einer Suppe (und auch hier der Hinweis für Vegetarier: Selbst in der Gemüsesuppe können Fleischstückchen lauern). Die typische Suppe im Norden ist *caldo verde* mit Kohl, Zwiebeln und Kartoffeln, während die kalte Alentejo-Suppe aus Brot, Ei und Knoblauch zubereitet wird. Viele Gerichte sind mit Kreuzkümmel, Zimt, Paprika und süßen Paprikaschoten von den portugiesischen Außenposten in Brasilien, Goa, den Azoren und anderen Regionen gut gewürzt.

Die Einheimischen starten gern mit etwas Süßem in den Tag oder runden damit ein Essen ab. Zu den klebrigsten Leckerbissen zählen *doces conventuais,* kleine Süßigkeiten aus Eigelb. Auch *marmelada* ist köstlich – keine Marmelade, sondern eine Quittenpaste. Das Gleiche gilt für die Konfitüre aus den leckeren Elvas-Pflaumen. Jede Stadt, ob groß oder klein, hat bestimmt eine oder zwei Bäckereien, in denen Sie Ihren Vorrat an *natas* (Blätterteiggebäck mit Eierpudding) auffüllen können.

# Die Kunst der Azulejos

**Wenn es ein charakteristisches Element des portugiesischen Stils gibt, dann die Azulejo-Fliesen. Sie sind allgegenwärtig: in Bahnhöfen, Kirchen, Geschäften, Palästen und düsteren Bars. Manche Gebäude sind komplett damit verkleidet.**

Bemalte und glasierte Keramikfliesen waren und sind ein großes Thema in Lissabon. Sie zieren auch ganze Gebäude wie in der Lissabonner Avenida Infante Santos.

*Azulejos* gibt es nicht nur in Portugal, mögen sie hier auch die höchste Vollendung erreicht haben. Ähnliche glasierte und bemalte Kacheln sind auch in arabischen Ländern und im spanischen Andalusien anzutreffen, woher die Azulejos ursprünglich kommen.

Der Ursprung des Wortes *Azulejo* ist wahrscheinlich der arabische Begriff *al-zulayi* (glatt polierter kleiner Stein). Nach Portugal gelangten die Fliesen, als Portugals König Manuel I. Ende des 15. Jhs. die ersten bemalten spanisch-arabischen Kacheln für seinen Palast in Sintra aus Sevilla importieren ließ.

## Azulejo-Moden im Lauf der Zeit

Diese ersten Fliesen wurden *alicatados* genannt und bestanden aus einfarbigen, glasierten Steingutscherben, die entweder in die gewünschte Form zugeschnitten oder in Streifen zu mosaikartigen geometrischen Mustern gefügt wurden. Mitte des 16. Jhs. übernahm man aus

Italien die Majolica-Technik. Dabei wurde die Tonplatte mit einer Emailschicht überzogen, auf die der Künstler das Muster direkt auftragen konnte. Im 17. Jh. kamen die *tapetes* (Teppichkacheln) in Mode, deren blau-gelbe Muster von arabischen Teppichen inspiriert waren.

### Handwerkskunst und Massenproduktion

Die erste Fliesenfabrik mit Massenproduktion wurde nach dem Erdbeben 1755 in Lissabon eröffnet. Gleichzeitig hielten die bekannten blau-weißen Kacheln Einzug, die stark an chinesisches Porzellan erinnern. Mitte des 19. Jhs. wurden in Lissabon erstmals ganze Gebäudefassaden mit Azulejos verkleidet. Damit folgte man dem Vorbild portugiesischer Siedler in Brasilien, die so ihre Häuser vor tropischem Regen schützten.

Azulejos eignen sich als beliebte Dekorationselemente für jedes Umfeld und sind Wegbegleiter in ganz Portugal. Als Megamosaike komponieren Azulejos historische und religiöse Szenen in Kirchen und Klöstern, aus ihnen erwachsen volkskundlich-ländliche Motive in Gärten und Innenhöfen oder sie legen sich als gleichlaufende geometrische Muster um Türen und Fenster von Privathäusern.

### Dekorativ und überaus nützlich

Portugals farbiger Fliesenschmuck gibt Kühle ab, strahlt Frische aus und wirkt in abgasgeschwängerten, asphaltgrauen Straßen wie ein wohliger Lichtblick. Monumentale Azulejos-Bilder nehmen Portos zentralem Estação São Bento die Strenge und verwandeln das Bahnhofsumfeld in einen Hort der Kunst. Was ihn mit den unterirdischen Sphären Lissabons verbindet, wo sich U-Bahn-Stationen in einzigartige Azulejos-Galerien verwandelt haben.

### Multi-verwendbar

Azulejos zieren das Interieur von Kneipen und Restaurants, sie ziehen sich über Bänke und Brunnen, sie dekorieren Terrassen, Treppen, Straßen- und Werbeschilder. In lichtem Blau und leuchtendem Rot, in dezentem Grün und schrillem Orange. Mitunter bröckelt an älteren Bauten etwas von der Substanz ab, doch sei's drum. Es ist ein stetiger Farb- und Motivrausch, der den Alltag bereichert und Portugal zu einem ganz besonderen, Freilichtmuseum macht!

### Kunstvoll in Szene gesetzt

Schöne Fliesenarbeiten finden Sie im Museu Nacional do Azulejo (S. 64), im Palácio Nacional de Sintra (S. 46), in der Sé Velha in Coimbra (S. 121), der Igreja dos Lólos in Évora (S. 150), der Igreja de Nossa Senhora da Consolação in Elvas (S. 159) und im Museu Regional in Beja (S. 160).

Wer etwas Zeit am Tejo verbringt, etwa in Belém, spürt den Charakter dieser Stadt am Fluss.

# Lissabon und Umgebung

Sieben Hügel, ein Fluss und das Meer – Lissabons Lage ist traumhaft. Ihrem Charme kann niemand widerstehen.

Seiten 30–73

# Erste Orientierung

**Lissabon (Lisboa) wurde 1255 die Hauptstadt Portugals und ist eine der kleinsten, aber stimmungsvollsten europäischen Metropolen. Auf sieben Hügeln nördlich der Tejo-Mündung versprüht die verwinkelte Stadt einen multikulturellen Charme.**

Die meisten Besucher erreichen Lissabon mit dem Flugzeug, den schönsten Blick über die gesamte Stadt erhält man aber, wenn man mit einer der Fähren über den Tejo anreist. Man steuert direkt auf die Praça do Comércio zu, den früheren Paradeplatz und das symbolische Tor zur Stadt. Jenseits des Triumphbogens führt die Rua Augusta durch die Unterstadt Baixa mit dem Geschäfts- und Einkaufszentrum der Innenstadt. Im Westen erheben sich das Bairro Alto (Oberstadt) und der Chiado mit seinen Boutiquen, im Osten die labyrinthartige Alfama mit der herrlichen maurischen Burg. Jenseits des Flusses, am Ponte 25 de Abril, schaut eine gigantische Jesus-Statue vom Südufer auf das Wasser hinunter.

Das heutige Erscheinungsbild der Stadt geht in erster Linie auf die größte Tragödie ihrer Geschichte zurück: Das Erdbeben von 1755 löste eine gewaltige Flutwelle aus. Der Wiederaufbau der Baixa folgte einem Schachbrettmuster. Verschont blieben der manuelinische Turm und das Kloster von Belém, die beide aus dem

Zeitalter der Entdeckungsreisen stammen. In jüngerer Vergangenheit hat sich die Stadt erneut verändert: Die alten Hafenanlagen wurden umgestaltet, die Altstadtfassaden verschönert, und über den Tejo führt eine der längsten Brücken Europas.

TOP 10

- ❸ ★★ Belém
- ❹ ★★ Sintra
- ❾ ★★ Castelo de São Jorge

Nicht verpassen!

- ⓫ Museu Calouste Gulbenkian
- ⓬ Alfama
- ⓭ Parque das Nações

Nach Lust und Laune!

- 14 Museu Nacional de Arte Antiga
- 15 Estrela
- 16 Bairro Alto
- 17 Parque Eduardo VII
- 18 Museu Nacional do Azulejo
- 19 Estoril & Cascais
- 20 Palácio de Mafra

# Mein Tag am neuen Tejo

**Lissabon steht für barocke Architektur, Manuelinik und Azulejos, die Stadt hat aber auch eine andere Seite: Diese ist dem Tejo zugewandt und steht ganz im Zeichen urbaner Neugestaltung.**

### 9 Uhr: Frühstück mit Tejo-Blick und Konserven-Food

An der Praça do Comércio, wo dieser Spaziergang beginnt, serviert das Can the Can (S. 39) vorrangig Gerichte mit Zutaten, die aus Konserven stammen. Deshalb aber nicht weniger lecker und gesund sind. Das Bio-Müsli mit roten Früchten jedenfalls ist köstlich! Danach bummeln Sie auf der Ribeira das Naus gen Westen. Von Lissabons neuer Flusspromenade führen flache Stufen zum Tejo hinunter – Stadt und Fluss, früher durch Lagerhallen und Werften getrennt, finden wieder zusammen.

### 10.30 Uhr: Abstecher in den Sperrbezirk

Dort wo die Ribeira das Naus einen Bogen um den Bahnhof Cais do Sodré schlägt, führen schmale Gassen in das ehemalige Rotlichtviertel.

15 Uhr: Yachten und Szene

13.30 Uhr: Sonne am Tejo genießen

11 Uhr: Pause im Markt

19.30 Uhr: Speisen in der Lagerhalle

9 Uhr: Frühstück an der Praça do Comércio

In der Rua Nova do Carvalho erinnert der pinkfarbene Straßenbelag noch an die Bordsteinschwalben, die hier nach Freiern Ausschau hielten.

2011 beschloss die Stadtverwaltung die Umwandlung in einen der coolsten Nightlifespots der Hauptstadt. An Kneipen, Nachtclubs und Diskotheken mangelt es deshalb nicht. Das Publikum ist jung, urban und sehr *fashionable*.

Lissabons neue Flusspromenade führt über die Ponte 25 de April hinaus nach Belém (oben).

Der portugiesischen Küchenkunst auf der Spur im Time Out Market des Mercado da Ribeira (links).

### 11 Uhr: Pause im Markt

Wenige Schritte entfernt locken die Markthallen des Mercado da Ribeira mit ihrem überbordenden Angebot an Obst, Gemüse, Würsten und Käse – und der Gourmet-Abteilung des Time Out Market. Seit Ende des 19. Jhs. versorgt der Markt die Lissabonner mit frischer Ware, doch waren die riesigen Jugendstilhallen nicht wirklich ausgelastet. 2014 überließ die Stadtverwaltung den Westflügel dem Szenemagazin Time Out: Delikatessenhändler unterhalten darin kleine Shops, auch edle Souvenirs gibt es und Stände mit den verschiedensten portugiesischen Spezialitäten als Street Food. Suchen Sie sich ein paar Snacks zusammen und verzehren Sie sie an einem der großen Holztische!

### 13.30 Uhr: Sonne am Tejo genießen

Den Bahnhof Cais do Sodré umrundend landen Sie wieder am Tejo und dem Urban Beach, wo Müßig-

Der richtige Ort, um sich wehmütigem Fernweh hinzugeben: die Liegestühle des Urban Beach am Cais do Sodré am Tejo.

gänger in Liegestühlen die Sonne genießen. Weiter westwärts passiert die schicke Promenade das Werftgelände, wo kaum zu unterschieden ist, was noch genutzt wird und was verrottet. Bunte Graffiti überziehen bröckelnde Lagerhallen, und am Nachtclub »K Urban Beach« ist es dann Zeit für einen Abstecher über die viel befahrene Av. de Brasilia zum Jardim 9 de Abril.

### 14 Uhr: Es riecht nach Fisch

Mit dem Café Le Chat haben *asparquitectos* einen geschwungenen Glaskiosk auf eine Aussichtsplattform über Hafenanlagen und Werften gestellt – ein wunderbarer Ort für eine *bica* mit Blick auf die Docks. Das Museu do Oriente (www.museudooriente.pt), etwas weiter am Tejo-Ufer gelegenen, wurde in den 1940er Jahren als Edifício Pedro Álvares Cabral zur Lagerung von Stockfisch errichtet. Lange rottete es vor sich hin, dann nahmen sich Architekten seiner an, brachten Licht und Luft in die Räume und verwandelten es in einen genialen Ausstellungsort.

### 15 Uhr: Yachten und Szene

Am großen Alcântara-Dock mit seinen Yachten entlangbum-

Mit dem MAAT hat Lissabon den jüngsten architektonischen Wurf gelandet. Sonnenfreude haben die große Freitreppe in Besitz genommen (unten).

Die LX Factory, ein alternatives Kulturzentrum in der Nähe der Ponte 25 de Abril, verbindet Kultur, Essen, Trinken, Einkaufen (oben). Am Tejo entlang eröffnen sich am Yachthafen zahlreiche Ausgehmöglichkeiten (rechts).

melnd sind Sie schon fast unter der Ponte 25 de Abril angekommen. Unter eben dieser Brücke verarbeitete seit 1849 eine Textilfabrik Garne, wich später einer Druckerei und verwandelte sich nach Jahren des Verfalls in ein Kreativquartier mit Pop-up-Läden, Cafés, Flohmarkt und Coworking Spaces. Diese LX Factory ist ein unablässig im Wandel befindlicher Kreativ-Wildwuchs. Gehen Sie auf Entdeckungsreise!

### 17 Uhr: Das MAAT ruft …

… denn sicher würden Sie gerne einen Blick auf die Werke zeitgenössischer Künstler werfen, für die dieses neu erbaute Museum (S. 43) in Belém gefeiert wird. Übrigens ebenso für seine Architektur und für die berühmte Dachterrasse, auf der Sie spätestens zum Sonnenuntergang stehen sollten. Danach steigen Sie in den Eléctrico 15E und fahren zurück in die Stadt bis zur Haltestelle Santos.

### 19.30 Uhr: Speisen in der Lagerhalle

Das KAIS zählt zu den außergewöhnlichsten Restaurants der Stadt. Die ehemalige Lagerhalle präsentiert sich im Industrial Design und mit feiner Küche als Hotspot der wohlhabenderen Gesellschaft. Das Dinner auf seiner Terrasse mit Fluss-Panorama bildet den idealen Abschluss der Tour am neuen Tejo.

i

**Can the Can**
✈ 219 D1/2 ✉ Praça du Comércio
☎ 914 00 71 00
🌐 www.canthecan.com
🕘 tägl. ab 19 Uhr

**LX Factory**
✈ 218 bei A1 ✉ Rua Rodrigues de Faria 103
🌐 www.lxfactory.com
🕘 tägl. ab 9/10 bis 2 Uhr

**KAIS**
✈ 218 D1/2 ✉ Cais da Viscondessa
☎ 213 93 29 30
🌐 https://kais-k.com
🕘 So/Mo geschl.

# ❸ ★★ Belém

| | |
|---|---|
| Warum? | Spannende Historie, aufregende Moderne und zuckersüße Naschereien |
| Was? | Staunen über manuelinische Architektur, Bummeln am Tejo |
| Wie lange? | Einen halben bis ganzen Tag |
| Wann? | Nicht montags, dann sind einige Sehenswürdigkeiten geschlossen |
| Was noch? | Lissabons schönster Sonnenuntergang auf dem Dach des MAAT |
| Resümee | Dieses kleine Land hat große Geschichte geschrieben |

**Es gibt keinen Ort in Portugal, an dem man die Anziehungskraft des Atlantiks und die Magie des Entdeckerzeitalters intensiver spürt als in Belém. Von hier starteten über ein Jahrhundert lang die portugiesischen Schiffe zu ihren Fahrten in die Neue Welt und kehrten mit ungeahnten Schätzen zurück. Fantastisch-verspielte manuelinische Bauten kontrastieren in Belém mit moderner Architektur.**

Die Straßenbahnlinie 15E fährt vom Stadtzentrum aus nach Belém. Dort angekommen, ist das Padrão dos Descobrimentos (Denkmal der Entdeckungen) das erste Ziel. Es wurde 1960 eingeweiht, um an den 500. Todestag Dom Henriques (Heinrichs des Seefahrers) zu erinnern. Padrão bezeichnete ursprünglich eine von einem Kreuz gekrönte Steinpyramide. Die portugiesischen Seefahrer markierten damit Portugals territoriale Ansprüche auf neu entdeckte Küstenstriche.

Die moderne Version kombiniert eine Karavelle, ein Kreuz und ein Schwert. Der Bug eines Schiffs ragt hinaus aufs Wasser und trägt eine Statue von Prinz Heinrich mit einer Karavelle in der Hand. Hinter ihm reihen sich berühmte Entdecker (S. 18) sowie der Dichter Luís de Camões auf, der das Zeitalter der Entdeckungen in seinen Os Lusíadas (Die Lusiaden; S. 91) feierte. Per Lift gelangt man zur Spitze des 52 m hohen Turms. An seinem Fuß findet sich das Mosaik einer Weltkarte aus Marmor, die Daten markieren portugiesische Eroberungen.

### Wimmelbild aus Stein

Direkt am Ufer steht der Torre de Belém, der von Dom (König) Manuel I. 1515–1520 gebaut wurde. Die elegante Festung ist ein Musterbeispiel für den manuelinischen Stil (S. 20), die portugiesische Version spätgotischer Architektur, die von den Entdeckungen inspiriert wurde.

Markenzeichen dieses Stils ist die reiche Verwendung von Symbolen der Seefahrt. Fenster und Türen sind mit verknoteten Tauen, Ankern, Weltkugeln, exotischen Tieren und Pflanzen sowie anderen maritimen Motiven aus Stein verziert. Zwei Symbole sind ständig präsent: die Armillarsphäre (das Wappen König Manuels und das Kreuz des Christusordens). Man kann den Turm besichtigen und von oben die Aussicht genießen.

### Der Milliardär und seine Schätze

Die weiteren Sehenswürdigkeiten Belems gruppieren sich jenseits der Eisenbahnlinie, um die Grünfläche der Praça do Império. Das Centro Cultural de Belém, errichtet aus dem gleichen Kalkstein wie das Mosteiro dos Jerónimos, ist eines der lebendigsten Kulturzentren Lissabons. Hauptattraktion für Kunstliebhaber ist das Museu Coleção Berardo mit der herrlichen Sammlung des Milliardärs José Berardo, die Werke von Picasso, Warhol, Yves Klein und der portugiesischen Künstlerin Paula Rego umfasst. Die Kunstwerke werden in Wechselausstellungen gezeigt.

Ganz vorne am Bug des Denkmals der Entdeckungen: Heinrich der Seefahrer mit Karavelle

### Ein Kloster für die Seefahrer

Atemberaubend ist der Anblick des Mosteiro dos Jerónimos (Hieronymus-Kloster, UNESCO-Welterbe, S. 44) auf der Längsseite des Platzes. 1502 stiftete König Manuel den Konvent auf dem

Gelände einer früheren Einsiedelei, in der Vasco da Gama 1497 seine letzte Nacht verbrachte, bevor er in See stach, um eine neue Seeroute nach Indien zu finden. Architekten waren der Franzose Diogo de Boitaca und der Spanier João de Castilho, beide Wegbereiter des manuelinischen Stils.

Unmittelbar hinter dem Eingang liegen die Grabmale von Vasco da Gama und Luís de Camões. Der zweigeschossige Kreuzgang ist ein Meisterwerk der manuelinischen Kunst, mit reichen maritimen Verzierungen.

### Seefahrtsgeschichte anschaulich gemacht

Ein Klosterflügel aus dem 19. Jh. beherbergt das sehenswerte Museu de Marinha (Seefahrtsmuseum). Zur Sammlung gehören Bootsmodelle, Karten, Navigationsinstrumente und das Modell von Vasco da Gamas Flaggschiff sowie Karten der damals bekannten Welt mit der Trennlinie zwischen der spanischen und der portugiesischen Einflusssphäre. In einem Anbau sind prächtige königliche Barkassen untergebracht.

### Märchenhafte Kutschen

Das beliebte Museu Nacional dos Coches befindet sich nur noch zum Teil in der ehemaligen königlichen Reithalle aus dem 18. Jh. Ein Großteil der außergewöhnlichen Sammlung

Betört vom Zimtduft – Antiga Confeitaria de Belém

von Karossen aus dem 17. bis 19. Jh. ist in dem großen weißen Neubau gegenüber zu sehen. Zu den Highlights zählt die aufwendig vergoldete Prunkkutsche (1716) von Papst Clemens XI., die mit rotem Samt und goldenem Brokat ausgekleidet ist.

### Eine silberne Hülle für Kunst

Sensationelle Architektur lässt den Neubau des MAAT, des Museums für Kunst, Architektur und Technologie am Tejo-Ufer, wie eine aus dem Fluss steigende Riesenwelle erscheinen. Wechselnde Ausstellungen zeigen zeitgenössische portugiesische und internationale Künstler. Vom Dach des Museums genießen Sie einen der schönsten Sonnenuntergänge Lissabons.

### KLEINE PAUSE

Die berühmten Pastéis de Belém in der **Antiga Confeitaria de Belém** sind ein Genuss (S. 69).

---

218, bei A1 Tram 15E
Belém (Strecke Lissabon–Cascais)

**Padrão dos Descobrimentos**
Av. de Brasília
213 03 19 50
www.padraodosdescobrimentos.pt
März Di–So 10–19, April–Sept. tägl. 10–19 Uhr, Okt.–Feb. tägl. 10–18 Uhr
5 €

**Torre de Belém**
Av. de Brasília
213 62 00 34 www.torrebelem.pt
Mai–Sept. Di–So 10–18.30 Uhr, Okt.–April Di–So 10–17.30 Uhr
6 €, Kombiticket mit dem Mosteiro dos Jerónimos 12 €

**Museu Coleção Berardo**
Praça do Império
213 61 28 78
www.museuberardo.pt
Mo–So 10–19 Uhr (letzter Einlass 30 Min. vor Schluss) 5 €, Sa frei

**Mosteiro dos Jerónimos**
Praça do Império
213 62 00 34
www.mosteirojeronimos.pt
Mai–Sept. Di–So 10–18.30 Uhr, Okt.–April Di–So 10–17.30 Uhr
10 €, Kombiticket zusammen mit Torre de Belém 12 €

**Museu de Marinha**
Praça do Império
211 93 84 70
http://ccm.marinha.pt
Mai–Sept. tägl. 10–18 Uhr, Okt.–April tägl. 10–17 Uhr
6,50 €

**Museu Nacional dos Coches**
Picadeiro Real, Praça Afonso de Albuquerque; Neubau Av. da Índia 136
213 61 08 50, Museu 210 73 23 19
www.museudoscoches.pt
Di–So 10–18 Uhr (letzter Einlass 30 Min. vor Schluss)
10 € beide, einzeln 4/8 €

**MAAT – Museu de Arte, Arquitetura e Tecnologia**
Av. Brasília
210 02 81 30
www.maat.pt
tägl. außer Di 11–19 Uhr 5 €

# Mosteiro dos Jerónimos

**Das Kloster der Hieronymiten steht als Symbol für Portugals Goldenes Zeitalter und für seine wirtschaftliche und kulturelle Blüte, die mit der Entdeckung und Eroberung anderer Kontinente einherging.**

❶ Südportal Dem heiligen Hieronymus gewidmet: Szenen aus seinem Leben und zwei Löwen, das Wappentier des Heiligen.

❷ Eingang und Westportal Das Westportal ist manuelinisch dekoriert. Die Steinmetzarbeiten stammen von Nicolas de Chanterennes und stellen u. a. König Manuel I. und seinen Schutzheiligen Hieronymus dar.

❸ Hauptchor Mit den von Elefanten getragenen Königsgräbern von Manuel I. und João III.

❹ Südliches Querschiff Grabmal für König Sebastião, der vermutlich 1578 in Marokko fiel, wodurch Portugal unter spanische Fremdherrschaft geriet.

❺ Kreuzgang Oft als prächtigster Kreuzgang der Welt bezeichnet: Renaissance-Architektur mit feinstem manuelinischen Dekor, das von

der Entdeckung fremder Welten erzählt. Zu sehen ist auch der Grabgedenkstein für den Dichter Fernando Pessoa.

6 Kapitelsaal Mit schönem gotischen Deckengewölbe versehen. Er birgt das Grab von Alexandre Herculano, einem berühmten Dichter und Historiker des 19. Jhs.

7 Refektorium Der einstige Speisesaal für die Mönche trägt ein Netzgewölbe und ist von einem Fliesensockel umzogen. Blau-weiß schimmern hier die Azulejos.

8 Museu Nacional de Arqueologia Im lang gestreckten westlichen Flügel des Klosters befand sich das Dormitorium. Heute ist hier das Museu Nacional de Arqueologia untergebracht.

# ❹ ★★ Sintra

| | |
|---|---|
| Warum? | Tolle Landschaft, verrückte Paläste, verzauberte Wälder |
| Was? | Viel laufen und oft bergauf |
| Wie lange? | Einen halben bis ganzen Tag |
| Wann? | Möglichst bei schönem Wetter und möglichst früh – die Touristenbusse kommen! |
| Was noch? | Ein Abstecher ins Mini-Versailles |
| Resümee | Einfach irre! Aber nach dem dritten Palast reicht's |

**Wer in Lissabon nur Zeit für einen Ausflug hat, sollte nach Sintra fahren. Hier hatten die portugiesischen Könige ihre Sommerresidenz, heute ist es UNESCO-Welterbe. Hügellandschaft, Märchenschlösser, Pinienwälder und Granitfelsen bilden ein spektakuläres Ensemble aus Natur und Kultur.**

Der Palácio Nacional de Sintra – im 14. Jh. begonnen und im manuelinischen Stil vollendet – beherrscht mit seinen zwei riesigen, kegelförmigen Schornsteinen das Stadtzentrum. Sehenswert sind die Sala dos Cisnes (Schwanensaal) und die Sala das Pegas (Elsternsaal), benannt nach den Vögeln in den Fresken. Die Wände der Sala dos Brasões (Waffensaal) schmücken Azulejos (S. 28), auf denen Jagdszenen dargestellt sind.

Der Palácio da Sintra überragt das Städtchen Sintra.

### Maurischer Aussichtspunkt und Märchenschloss

Das Castelo dos Mouros wurde im 9. Jh. hoch über dem heutigen Sintra errichtet und von Afonso Henrique 1147 erobert. Man kann die Burgwälle entlanggehen: Der Blick schweift weit über Lissabon und den Tejo hinweg Richtung offenes Meer. Vom Königsturm bietet sich ein grandioser Blick auf den Palácio da Pena, auf einem Granitfelsen gegenüber.

Der Aufstieg zum Palácio Nacional da Pena (S. 48) führt durch den bewaldeten Parque da Pena mit seinen Teichen und Brunnen. Die Türme und goldenen Kuppeln haben den Palast zu einer der bekanntesten Sehenswürdigkeiten des Landes gemacht. Das Märchenschloss wurde um 1840 von Prinz Ferdinand von Coburg-Koháry errichtet, dem Ehemann von Königin Dona Maria II. Ferdinand war Ehrenkönig Portugals und wählte das Gelände eines von Manuel I. gestifteten Klosters für sein Bauprojekt aus. Das Kloster selbst war aus Dank für die erfolgreiche Rückkehr der Flotte Vasco da Gamas aus Indien gestiftet worden.

Fast wie ein Märchenschloss: Palácio da Pena mit tollem Blick

### Romantische Fantastereien

Der Palácio da Pena war der letzte Königspalast, der in Portugal gebaut wurde. Der deutsche Architekt Baron von Eschwege durfte seiner Fantasie freien Lauf lassen. Fratzen blicken von den Türöffnungen herunter und Kronleuchter werden von lebensgroßen Statuen gestützt. Das Vorzimmer der Königin ist komplett mit Meißner Porzellan dekoriert und den Arabischen Saal zieren verspielte Trompe-l'œil-Wände. Der Zustand des Palasts spiegelt originalgetreu die Zeit, als Dom Manuel II. 1910 ins Exil ging. Man hat den Eindruck, der König und die Königin könnten jeden Moment zurückkommen. Vom Belvedere sieht man Cruz Alta, den höchsten Punkt der Serra de Sintra. Er wird von einem Steinkreuz und einer Statue des Barons von Eschwege markiert.

# Palácio da Pena in Sintra

**Einen Palast, in dem die unterschiedlichsten Baustile vorkommen, so lautete der Auftrag von Ferdinand von Coburg-Koháry. Wilhelm von Eschwege hat sich deutlich an diese Vorgabe gehalten. Entstanden ist eine Mischung aus Mittelalter und Manuelinik.**

1 Kapelle Die Kapelle gehörte zu einem Kloster des 16. Jhs. Sie sollte in den Palastbau mit einbezogen werden. Der Renaissance-Altar wurde von Nicolas Chanterène geschaffen.

2 Kreuzgang Zu dem Kloster gehörte auch dieser zweistöckige manuelinische Kreuzgang, der mit schönen Azulejos ausgekleidet ist.

3 Hauptturm Der Hauptturm ist in Anlehnung an die Torre de Belém entstanden.

4 Sala Árabe Im Arabischen Saal scheint man vollends im Orient gelandet zu sein: Wände und Decken sind über und über mit Trompe-l'œil-Malerei von Paolo Rizzi versehen. Wichtiges Gestaltungselement sind die arabischen Bögen. Mobiliar, Keramik und Souvenirs unterstreichen diesen Stil zusätzlich.

**5 Salão Nobre** Die Raumwirkung des Fest- oder Ballsaals geht in dem üppigen Mobiliar etwas unter. Die Wände sind mit geometrischen arabischen Ornamenten gestaltet. Licht wurde nicht nur durch den Kronleuchter erzeugt, sondern auch durch die vier orientalischen Figuren, die Leuchter mit jeweils 25 Kerzen tragen.

**6 Schlafgemach Manuels II.** Ein ovaler Raum mit leuchtend roten Wänden. Hier schlief Portugals letzter König, wenn er seine Mutter im Palácio Pena besuchte. Ein Porträt Manuels II. hängt über dem Kamin.

**7 Küche** Die Palastküche ist in gewölbeartigen Räumen eingerichtet. Zu sehen ist u. a. Porzellan aus Vista Alegre, das Ferdinand von Coburg-Koháry eigens für den Palácio da Pena anfertigen ließ.

Im luxuriösen Palácio Nacional de Queluz verbrachten einst die Mitglieder des Königshauses Bragança den Sommer.

### Kurioses und moderne Kunst

Skurrilitäten, unterirdische Kammern, Grotten und Brunnen können Sie in der üppig grünen Anlage Quinta da Regaleira aus dem 19. Jh. erkunden, eine Vision des italienischen Bühnenbildners Luigi Manini.

Weitere wichtige Anlaufstationen im Verbund der »Parques de Sintra« sind der Convento de Capuchos, ein Kapuzinerkloster aus dem 16. Jh., sowie Chalet e Jardim da Condessa d'Edla, eine Villa mit Park aus der zweiten Hälfte des 19. Jhs.

### Versailles war gestern

Das imposante Rokoko-Schlösschen Palácio de Queluz, etwa 15 km nordwestlich von Lissabon und unweit der Bahnlinie von der Hauptstadt nach Sintra, ist das portugiesische Pendant zu Versailles. Hier erwartet Sie eine Orgie von steinernen Putten und Girlanden, von romantischen Fresken und verspielten Gartenanlagen inklusive eines Marmorbeckens, in dem die königliche Familie Boot fuhr.

#### KLEINE PAUSE

Lust auf Süßes? **Queijadas** (süßes Quark- und Zimtgebäck) werden in Sintra schon seit maurischer Zeit hergestellt. Besonders lecker sind die aus der **Fábrica das Queijadas da Sapa** (Volta do Duche 12, Mo geschl.).

✝ 226 A4
✉ Praça da República 23
☎ 219 23 11 57
🌐 www.cm-sintra.pt
🚆 von Estação do Rossio nach Sintra

**Palácio Nacional de Sintra**
✉ Largo Rainha Dona Amélia
☎ 219 23 73 00
🌐 www.parquesdesintra.pt
🕐 März–Ende Okt. tägl. 9.30–19 Uhr, Ende Okt.–Feb. tägl. 9.30–18 Uhr (letzter Einlass 30 Min. vorher)
🎟 10 € (Hauptsaison), 8,50 € (Nebensaison)

**Castelo dos Mouros und Convento dos Capuchos**
☎ 219 23 73 00
🌐 www.parquesdesintra.pt
🕐 März–Ende Okt. tägl. 9.30–20 Uhr, Ende Okt.–Feb. tägl. 10–18 Uhr (letzter Einlass 1 Std. vorher)
🎟 Castelo 8 €, Convento 7 €

**Palácio Nacional da Pena**
✉ Estrada da Pena
☎ 219 23 73 00
🌐 www.parquesdesintra.pt
🕐 März–Ende Okt. tägl. 9.45–19 Uhr, Ende Okt.–Feb. tägl. 10–18 Uhr (letzter Einlass 1 Std. vor Schluss)
🎟 14 €

**Quinta da Regaleira**
✉ Rua Barbosa du Bocage
☎ 219 10 66 56
🌐 www.regaleira.pt
🕐 Nov.–Jan. tägl. 10–17.30 Uhr, Feb., März und Okt. 10–18.30 Uhr, April–Sept. 10–20 Uhr (letzter Einlass 30 Min.–60 Min. vor Schluss)
🎟 6 €

**Chalet e Jardim da Condessa d'Edla**
☎ 219 23 73 00
🌐 www.parquesdesintra.pt
🕐 tägl. 9.30–19 Uhr, Ende Okt.–Feb. tägl. 10–18 Uhr, letzter Einlass 17 Uhr
🎟 9,50 €

**Palácio de Queluz**
🚆 S-Bahn Linha de Sintra ab Rossio
☎ 219 23 73 00
🌐 www.parquesdesintra.pt
🕐 März–Ende Okt. tägl. 9–19 Uhr, Ende Okt.–Feb. tägl. 9–17.30 Uhr, letzter Einlass 60 Min. vorher 🎟 10 €

Auch Exzentriker haben sich in Sintra verwirklicht, etwa beim Gestalten von Palast und Park der Quinta da Regaleira.

# ❾ ★★ Castelo de São Jorge

| | |
|---|---|
| Warum? | Die besten Aussichtspunkte über Lissabon |
| Was? | Burgmauern, Park und viel Getümmel |
| Wie lange? | Eine halbe bis ganze Stunde |
| Wann? | Am Nachmittag gutes Licht für die besten Fotos! |
| Was noch? | Der Weg durch die Alfama nach oben ist fast schon das Ziel |
| Resümee | Die Mauren wussten, warum sie hier bauten |

**Trutzig erhebt sich das Castelo de São Jorge über das Häusermeer der Alfama. Die Burg hat eine lange, wechselvolle Geschichte hinter sich. Trotz ihrer kriegerischen Vergangenheit ist sie heute einer der friedlichsten Orte Lissabons mit zahlreichen herrlichen Aussichtspunkten über die Stadt und den Fluss.**

Wo jetzt die Burg thront, schlugen schon phönizische Händler ihr erstes Lager auf, als sie Lissabon im 8. Jh. v. Chr. besiedelten. Die Römer und später die Westgoten befestigten den Hügel, während die maurischen Herrscher hier ihren Palast errichteten.

Über den Burggraben gelangen Besucher heute ins Castelo de São Jorge, das ein massiver Mauerring umschließt.

## Den Mauren entrissen

Die Burg wurde von Portugals erstem König, Afonso Henrique, 1147 nach einer 17-wöchigen Belagerung erobert. Unterstützt wurde er dabei von englischen und französischen Kreuzfahrern. Nach der christlichen Eroberung nutzten die portugiesischen Könige den Maurenpalast für sich persönlich, bis Manuel I. den Königspalast an dem Terreiro do Paço, die heutige Praça do Comércio, verlegte.

Man betritt den äußeren Bereich der Burganlage durch den Arco de São Jorge. Hier befindet sich in einer

Nische das Bild des hl. Georgs. Man gelangt in das *bairro* von Santa Cruz, ein dorfähnliches Viertel mit mittelalterlichen Häusern rund um die Kirche Santa Cruz do Castelo (18. Jh.). Ein separater Torweg führt in die eigentliche Burg; eine Statue von Afonso Henrique dominiert den Paradeplatz.

Groteske Bildhauerarbeit auf dem Festungswall

### Miradoures und Pfaue

Von der Terrasse aus bieten sich herrliche Perspektiven über den Rio Tejo und weite Teile der Stadt. Fußwege führen an den Burgmauern entlang; im Sommer stolzieren bunte Pfaue durch den im Inneren der Burg angelegten Park, mitunter bauen Künstler ihre Stände neben den Wallanlagen auf. Eine Dauerausstellung zeigt Fundstücke aus dem archäologischen Areal und legt Zeugnis der Kulturen und des Lebens vom frühen Mittelalter bis ins 18. Jh. ab; die maurische Periode spielt dabei eine besondere Rolle.

### Heimliche Beobachter

Interessant ist das Périscópio im Torre de Ulisses. Hier werden in der Câmara escura regelmäßig 360°-Rundblicke über die Stadt gezeigt, und man kann unbemerkt Leute unten auf der Praça do Comércio beobachten.

### KLEINE PAUSE

Innerhalb der Burg gibt es ein attraktives Café und ein Restaurant. Das Restaurant trägt nicht zufällig den Namen **Casa do Leão,** »Löwenhaus«, da hier im Spätmittelalter in einem Flügel des Königspalasts aus Afrika importierte Löwen lebten. In der Hochsaison kann reger Andrang herrschen.

---

219 D/E 3/4
Bus 737; Straßenbahn 12, 28

**Castelo**
☎ 218 80 06 20
http://castelodesaojorge.pt
März–Okt. tägl. 9–21 Uhr, Nov.–Feb. tägl. 9–18 Uhr (letzter Einlass 30 Min. vor Schluss) 8,50 €

**Périscópio**
tägl. 10–17.20 Uhr, allerdings abhängig von den Wetterverhältnissen
im Eintritt zum Castelo inbegriffen

# ⑪ Museu Calouste Gulbenkian

| | |
|---|---|
| Warum? | Fantastische Sammlung von Kunst aus allen Regionen und Stilen |
| Was? | Modernes Museum, hübscher Park, nettes Café |
| Wie lange? | Zwei Stunden bis ein halber Tag |
| Wann? | Ideal für Schlechtwettertage, nur nicht dienstags, da ist es geschlossen |
| Was noch? | Konzerte im Sommer |
| Resümee | Der künstlerische Rundumschlag macht Lust auf mehr |

Das wichtigste Kunstmuseum Portugals baut auf der Privatsammlung eines einzigen Mannes auf. Zu sehen sind Kunstwerke der westlichen und östlichen Kunst aus allen Epochen. Jedes einzelne Ausstellungsstück ist sehenswert, doch die Sammlung ist so übersichtlich und gut präsentiert, dass man auch in knapper Zeit einen guten Überblick gewinnt.

Calouste Gulbenkian (1869–1955) war ein armenischer Ölmagnat mit dem Spitznamen »Mr. Five Per Cent«, weil er sich einen fünfprozentigen Anteil an den Ölfeldern des Iraks sicherte. Einen Großteil seines Gelds gab er für Kunstwerke aus. Sein Interesse reichte von römischen Münzen über die Alten Meister, die er von der Eremitage in St. Petersburg erwarb, bis hin zu zeitgenössischen Künstlern. Während des Zweiten Weltkriegs ließ er sich in Portugal nieder und vermachte dem Land später sein Vermögen und seine Kunstsammlung. Die Stiftung, die nach seinem Tod ins Leben gerufen wurde, ist inzwischen eine der größten Kulturinstitutionen weltweit.

## Ali-Baba-Höhle der Kunst

Das Museu Calouste Gulbenkian wurde 1969 eröffnet und zeigt die wertvollsten Exponate der Gulbenkian-Sammlung. Zu den Höhepunkten der antiken Kunst Ägyptens zählen Grabbeigaben, Bronzeskulpturen und eine Alabaster-Schale aus der Zeit um 2700 v. Chr. Aus Mesopotamien stammt das

lebensgroße Relief eines assyrischen Kriegers aus dem 9. Jh. v. Chr. Auch die Exponate des antiken Griechenlands und Roms, so griechische Münzen aus dem 5. und 4. Jh. v. Chr., sind sensationell. Einige der wertvollsten Kunstschätze befinden sich in der Galerie der islamischen und orientalischen Kunst. Hier sind persische Teppiche, ottomanische Keramiken, lackierte Gläser sowie ein verglaster Keramik-*Mihrab* (Gebetsnische) aus dem späten 13. Jh. zu sehen.

### Von Rembrandt bis Lalique

Der größte Teil des Museums widmet sich der europäischen Kunst vom 13. bis zum 21. Jh. Den Anfang machen reich verzierte Bibeln und ein französisches Triptychon aus dem 14. Jh. mit Szenen aus dem Leben der Jungfrau Maria. Zu den besonders erwähnenswerten Gemälden gehören das »Porträt eines Alten Mannes« von Rembrandt sowie Rubens' sinnliches Porträt von Helena Fourment, seiner zweiten Frau. Aus der impressionistischen Periode sind das »Selbstporträt« von Degas und »Junge mit Seifenblasen« von Manet zu sehen. Weitere Werke prominenter europäischer Künstler stammen von Gainsborough, Turner, Renoir, Monet und Rodin.

Das Interesse des Sammlers Calouste Gulbenkian spiegelt sich in den großartigen Werken Alter Meister in seinem Museum.

Eine weitere Besonderheit ist die Sammlung René Lalique, der auf originelle Weise Motive aus Flora und Fauna in seinem Art-nouveau-Designerschmuck verarbeitete. Lalique war ein Freund von Calouste Gulbenkian. Nach Gulbenkians Tod widmete sich die Stiftung vor allem zeitgenössischer Kunst portugiesischer und internationaler Kreativer, deren Werke in Wechselausstellungen präsentiert werden.

**KLEINE PAUSE**

Für eine Rast zwischendurch bieten sich die museumseigene Cafeteria oder das Selbstbedienungsrestaurant an.

---

i

218 bei B5 São Sebastião oder Praça de Espanha, Bus 713, 716, 726, 742, 746, 756
Av. de Berna 45A

218 80 06 20
https://gulbenkian.pt
tägl. außer Di 10–18 Uhr
10 €, So ab 14 Uhr frei

# ⓬ Alfama

| | |
|---|---|
| Warum? | Wo Lissabon noch sehr einfach und ursprünglich ist |
| Was? | Treppauf, treppab durch Gassen und Innenhöfe bummeln, Kirchen besichtigen und in Museen einkehren |
| Wie lange? | Zwei bis drei Stunden |
| Wann? | Am Vormittag und nachts ist es am lebhaftesten |
| Was noch? | Auf dem Flohmarkt der Diebin stöbern |
| Was nehme ich mit? | Eine tolle Vintage-Clutch |

Das älteste Stadtviertel Lissabons ist gleichzeitig das reizvollste. Es erstreckt sich labyrinthartig um einen Hügel zwischen dem Castelo de São Jorge und dem Rio Tejo. Kopfsteingepflasterte Gassen, Durchgänge, Treppen und versteckte Gärten prägen das Viertel.

Beim Bummel durch die Gassen der Alfama entdeckt man viel Überraschendes – einen wunderbaren Hinterhof, ein verstecktes Plätzchen oder eine Marienstatue, die in einer Nische hoch oben in einer Mauer angebracht ist. Die Alfama ist immer noch ein typisches Viertel mit besonderer Atmosphäre, das die Bewohner auf ihre Art zu lieben wissen. Das Leben findet in Häusern mit schmiedeeisernen Balkonen

Die Alfama: das bekannteste wie beliebteste Altstadtviertel von Lissabon

und Azulejos an den Wänden statt. Alt und Neu liegen eng beieinander. Manches ist vom Verfall gezeichnet, anderes frisch renoviert.

### Kirche oder Wehrburg

Der Name Alfama leitet sich wahrscheinlich vom arabischen *al hama* (Brunnen) ab. Schon die Römer und Mauren lebten hier. Kurz nach der Eroberung der Stadt durch Afonso Henrique 1147 errichteten die Christen ihre Sé (Kathedrale) an der Stelle der einstigen Hauptmoschee. Die Kirche wurde im romanischen Stil erbaut und ähnelt stark einer Festung. Das Rosettenfenster an der Hauptfassade wird von markanten Zwillingstürmen eingerahmt.

Direkt oberhalb der Kathedrale liegt das Teatro Romano. Das teilweise freigelegte römische Theater wurde zur Zeit Kaiser Augustus' errichtet und unter Kaiser Nero im 1. Jh. n. Chr. umgebaut. Das Theater selbst befindet sich in der Rua de São Mamede. Es ist seit Mitte 2015 einer der Standorte des Museu de Lisboa, beherbergt archäologische Funde und veranschaulicht römische Stadtgeschichte.

### Ausblicke und Einblicke

Oberhalb der Kathedrale erreicht man den Miradouro de Santa Luzia. Dieser Aussichtspunkt bietet einen herrlichen Blick über die Alfama und den Rio Tejo. Ein Kachelbild auf der südlichen Mauer der nahe gelegenen Kirche zeigt Lissabon vor dem Erdbeben, ein anderes christliche Soldaten mit Helmen, Schwertern und Schilden beim Angriff auf das Castelo de São Jorge (S. 52).

### Zu Gast beim Banker

Um die Ecke liegt das Museum mit der Sammlung des portugiesischen Bankiers Ricardo do Espírito Santo Silva. Zu sehen sind portugiesische Möbel sowie Keramiken, Uhren, Fächer und Waffen. Auf keinen Fall verpassen sollten Sie die »Giraffe Parade«, einen farbenfrohen flämischen Wandteppich aus dem 16. Jh. in der Haupthalle. Zudem bietet das Museum Workshops an, bei denen Kunsthandwerker traditionelle Kunst wie Buchbinden und das Bemalen von Azulejos zeigen.

### Stadtpatron mit Aussicht

Gegenüber vom Museum bietet die Terrasse des Largo das Portas do Sol einen Blick über die Alfama. Bemerkenswert ist die Statue von Lissabons Stadtheiligem São Vicente mit dem Stadtwappen: ein Boot mit zwei Raben. Der Legende nach wurde die Leiche des Heiligen von Afonso Henrique auf einem Boot nach Lissabon gebracht, Raben gaben ihm Geleit. Im Osten beherrschen zwei Kirchen die Stadtsilhouette: die massige São Vicente de Fora und die kuppelgekrönte Santa Engrácia.

### Die marmorne Königsgruft

São Vicente de Fora bedeutet wörtlich »Heiliger Vinzenz jenseits der Mauer«, denn die Kirche stand früher außerhalb der Stadtmauern. Das erste Gotteshaus wurde an dieser Stelle kurz nach der christlichen Eroberung errichtet, die jetzige Kirche stammt von 1629. Durch einen Seiteneingang betritt man das Kloster und den Kreuzgang.

Sehenswert ist die Sakristei aus dem 18. Jh., deren Wände mit mehrfarbigem Marmor sowie Azulejos (S. 28) verkleidet sind. Sie zeigen Szenen aus Fabeln des Satirikers La Fontaine aus dem 17. Jh. Im früheren Refektorium befindet sich die Königsgruft des Hauses Bragança. Zu sehen sind die Grabmäler einiger Monarchen, darunter das Grab der Katharina von Bragança (Königin von England), des ermordeten Königs Carlos I. sowie seines Sohns, König Manuel II., der 1932 starb.

### Portugals Nationalheroen vereint

Die Barockkirche Santa Engrácia wird als Panteão Nacional bezeichnet. Hier stehen Denkmäler für portugiesische Helden wie Vasco da Gama und Luís de Camões und für die Fadosängerin (*fadista*) Amália Rodrigues. Wer mit dem Lift auf die Dachterrasse fährt, hat einen fantastischen Ausblick über die Stadt und den Tejo.

Der offene Platz zwischen den zwei Kirchen heißt Campo de Santa Clara. Hier findet jeden Dienstag und Samstag etwa 9–18 Uhr der lebhafteste Flohmarkt Lissabons statt, die Feira da Ladra (Markt der Diebin). Die Wurzeln dieses bunten Markts reichen ins Mittelalter zurück.

Die festungsartige Kathedrale ist die erste und damit älteste Kirche der Stadt (links). Stöbern auf dem Markt der Diebin (oben). Bis zum Tejo mit seinen Schiffen reicht der Blick vom Miradouro de Santa Luzia (unten).

## Melodien der Sehnsucht

Die Alfama ist die Urheimat des Fado (S. 24). Jeden Abend wird er in unzähligen Clubs gespielt. Im Museu do Fado erfährt man mehr über diesen Musikstil, über die Geschichte und Traditionen des Fado und der portugiesischen Gitarre. Das mandolinenähnliche Instrument führten britische Händler im 18. Jh. ein. Es finden häufig Live-Aufführungen statt und im Shop erhalten Sie Fado-Bücher und CDs. Dank der Kombination aus Audioguide und nummerierten Stopps können Sie beim Rundgang den Fado sinnlich erleben.

Das Museu do Fado portraitiert die wichtigsten Künstlerinnen und Künstler.

### KLEINE PAUSE

Cafés, Fado-Bars und Restaurants drängen sich an und um die **Rua de São Pedro, Rua São João da Praça** und **Rua dos Remédios.** Im **Restaurant des Fado-Museums** (A Travessa do Fado) können Sie draußen sitzen. Auch im **Museu de Artes Decorativas** gibt es ein Café.

---

*i*

219 E/F3
Bus 737; Straßenbahn 12, 28

**Sé**
219 E2
Largo da Sé
218 87 66 28
Museum tägl. 10–17 Uhr, Kreuzgang 10–18 Uhr, Kathedrale Di–Sa 9–19, So/Mo bis 17 Uhr
Kirche frei, Kreuzgang 5 €

**Teatro Romano – Museu de Lisboa**
219 E2 Rua de São Mamede 3A
218 82 03 20
www.museudelisboa.pt
Di–So 10–18 Uhr 3 €

**Museu de Artes Decorativas**
219 E3
Largo das Portas do Sol 2
218 81 46 00
www.fress.pt
tägl. außer Di 10–17 Uhr
4 €

**São Vicente de Fora**
219 F4
Largo de São Vicente
218 81 05 59
Kirche Di–Sa 9–13, 14.30–17, So 9–13 Uhr, Kreuzgang Di–So 10–18, letzter Einlass 17 Uhr
5 €

**Santa Engrácia (Panteão Nacional)**
219 bei F4
Bus 734
Campo de Santa Clara
218 85 48 20
Di–So 10–17 Uhr
4 €

**Museu do Fado**
219 F3
Largo do Chafariz de Dentro 1
218 82 34 70
www.museudofado.pt
Di–So 10–18 Uhr
5 €

# Fado bewegt

Eng und laut ist es in der Tasca do Chico. Kellner schleppen mit *petiscos* beladene Tabletts und schenken Wein nach. Es wird gequatscht, gelacht, mit Geschirr geklimpert. Plötzlich geht das Licht aus. Ein Scheinwerfer schält zwei Gitarre spielende Senioren aus der Finsternis und eine junge Frau mit Fransentuch. Zwei, drei Takte, die Sängerin setzt ein, klagt, als gäbe es kein Morgen. Es ist mucksmäuschenstill.
*Tasca do Chico, Rua do Diário de Notícias 39, Tel. 961 33 96 96, tägl. 19–3 Uhr*

# ⑬ Parque das Nações

| | |
|---|---|
| Warum? | Wo Lissabon plötzlich futuristisch wird |
| Was? | Wegweisende Architektur, kunterbunte Fische und ein riesiges Shoppingcenter |
| Wie lange? | Zwei bis drei Stunden |
| Wann? | Möglichst früh ins Oceanário, wegen der vielen Schulklassen |
| Was noch? | Azulejo-Tableaus bekannter Künstler entdecken |
| Resümee | Sieht so Lissabons Zukunft aus? |

Eintauchen ins tiefe Blau: Becken im Oceanário

Als Veranstalter der Expo 98 nutzte Lissabon die Gelegenheit, ein groß angelegtes Projekt der städtischen Erneuerung zu starten. Ein heruntergekommenes Gelände am Tejo-Ufer voller maroder Lagerhäuser und Ölraffinerien 5 km östlich des Stadtzentrums verwandelte sich in den Uferpark Parque das Nações (Park der Nationen). Langfristig entstand daraus ein Büro- und Wohnviertel mit Kultur- und Freizeiteinrichtungen, die so attraktiv sind, dass jetzt mehr Besucher hierherkommen als zur Zeit der Expo.

Spektakulär ist die aus Stahl und Glas errichtete, muschelförmige Metrostation Estação do Oriente, entworfen vom berühmten spanischen Architekten Santiago Calatrava. Azulejo-Tableaus schmücken die U-Bahn-Station, die zu einem riesigen Shoppingcenter überleitet.

### Unter Fischen und ein Hauch von Dubai

Das Oceanário ist eines der größten Ozeanarien Europas. In dem zwei Etagen hohen Zentralbecken lassen sich z. B. Haie und Mantas aus nächster Nähe beobachten. Umrahmt wird das große Becken von vier separaten Tanks, die sich den Ökosystemen des Nordatlantiks, des Südatlantiks, des Pazifiks und des Indischen Ozeans widmen. Es gibt mehr als

Der Teleférico pendelt hoch über den Köpfen der Flanierenden in Richtung Torre Vasco da Gama.

15 000 Meerestiere und Vögel zu sehen, darunter Papageitaucher, Pinguine, Seeotter, Spinnenkrabben.

Von hier aus spazieren Sie am Ufer des Tejo entlang bis zum segelförmigen Torre Vasco da Gama, einer skelettartigen Struktur, die sich 145 m über dem Fluss erhebt. Nach jahrelangen Umbauarbeiten flankiert ihn ein von den Architekten so nicht geplantes Luxushotel. Der Tejo wird von der 18 km langen Brücke Ponte Vasco da Gama überspannt, einem gewaltigen Werk. Über die Hälfte der Brücke verläuft direkt über dem Wasser, und man hat den Eindruck, sie würde schwimmen.

## KLEINE PAUSE

Über das Gelände verteilt, finden sich Dutzende **Restaurants** mit einer reichen Auswahl. Erholsam ist auch die Fahrt mit der Gondelbahn **Teleférico** am Tejo-Ufer entlang.

---

i

226 B4 Oriente
www.portaldasnacoes.pt

**Oceanário**
218 91 70 00
www.oceanario.pt
Juni–Sept. tägl. 10–20 Uhr, Nov.–März 10–20 Uhr (letzter Einlass 1 Std. vor Schluss) 15 € (18 € mit den Wechselausstellungen)

**Teleférico (Gondelbahn)**
218 95 61 43
www.telecabinelisboa.pt
tägl. mit saisonal wechselnden Zeiten: Anfang Nov.–Feb. 11–18 Uhr, März–Anfang Juni 11–19 Uhr, Anfang Juni–Ende Sept. 10.30–20 Uhr, Ende Sept.–Anfang Nov. 11–19 Uhr
3,95 € (einfache Fahrt), 5,90 € (Hin- und Rückfahrt)

# Nach Lust und Laune!

Stark im Ausdruck: Barocke Skulpturen im Museu Nacional de Arte Antiga

## 14 Museu Nacional de Arte Antiga

Das Nationalmuseum für Alte Kunst verfügt über die vollständigste Sammlung portugiesischer Kunst vom Mittelalter bis zur frühen Neuzeit, internationale Werke von Weltrang wie Albrecht Dürers »Der hl. Hieronymus im Gehäus« und Exponate der von den Portugiesen beeinflussten Kulturen, darunter indo-portugiesische Möbel und chinesisch-portugiesische Keramiken. Das Museum beherbergt zudem eine komplette Barockkapelle aus dem Karmelitenkloster, das einst an dieser Stelle stand. Bemerkenswert sind das vergoldete Holz und die außergewöhnlichen Azulejos.

218 bei A1
Bus 713, 714, 732; Straßenbahn 15E, 18E, 25E
Rua das Janelas Verdes
213 91 28 00
www.museudearteantiga.pt
Di–So 10–18 Uhr
6 €

## 15 Estrela

Die Endhaltestelle der Straßenbahnlinie 28 liegt in Estrela, einem reichen Wohnviertel 2 km westlich des Bairro Alto. Die Gegend wird von der Basílica da Estrela dominiert. Die Barockkirche aus dem späten 18. Jh. ist in der Stadt kaum zu übersehen. Auf der anderen Straßenseite liegt einer der schönsten öffentlichen Gärten Lissabons, der Jardim da Estrela mit einem Musikpavillon, einem Spielplatz und einem kleinen Teich. Ein Stück weiter hinter Estrela erreicht man den Cemitério dos Prazeres, einen sehenswerten Friedhof von riesigen Ausmaßen mit beachtlichen Grabdenkmälern.

218 bei A3
Straßenbahn 25E, 28

**Basílica da Estrela**
Praça da Estrela
213 96 09 15
Basilika tägl. 7.30–19.45 Uhr, Kuppel/Terrasse 10–18.40 Uhr
frei (Blick von der Kuppel 5 €)

## 16 Bairro Alto

Die Gassen im Bairro Alto (Oberstadt) wurden im 16. Jh. angelegt. Das Viertel ist für das ausgeprägteste Nachtleben von Lissabon bekannt, hier erklingen die klagenden Töne des Fado jeden Abend im Wettbewerb mit afrikanischen und lateinamerikanischen Klängen. Dem ehemaligen Arbeiterviertel Bairro Alto wurde mit Cocktail-

Der Parque Eduardo VII zieht sich von der Praça Marquês de Pombal hügelaufwärts.

Bars, zahlreichen Livemusik-Lokalen, Bars, Pubs und Diskotheken neues Leben eingehaucht. Mit seinen Geschäften, die von alternativer Mode bis hin zu Accessoires im Vintage-Stil, moderner Kunst und Designer-Mode alles anbieten, eignet es sich auch hervorragend für Shoppingtouren zu jeder Stunde.

Ganz in der Nähe befindet sich die historische Jesuitenkirche Igreja de São Roque mit reicher Innenausstattung, besonders in den üppigen Nebenkapellen. Die Capela de São João Baptista besteht aus einer Dekor-Orgie aus Marmor, Alabaster, Lapislazuli, Amethyst, Mosaiken, Silber und Gold. Erschaffen wurde sie in Rom und im Auftrag von König João V. nach Lissabon gebracht.

Am Rand des schicken Einkaufsviertels Chiado liegt das Museu Arqueológico do Carmo in einem ehemaligen Karmeliterkloster, das durch das Erdbeben 1755 zerstört wurde. Im archäologischen Museum sind auch ägyptische und peruanische Mumien ausgestellt.

Die stimmungsvollen Straßen des Bezirks Bairro Alto bei Nacht

218 A3
Tram 28, Elevador da Glória

**Igreja de São Roque**
218 B4
Largo Trindade Coelho
☎ 213 23 54 44
www.museu-saoroque.com
April–Sept. Mo 14–19, Di–So 10–19 Uhr, Okt.–März Mo 14–18, Di–So 10–18 Uhr Museum 2,50 €

**Museu Arqueológico do Carmo**
218 B/C3
Largo do Carmo
☎ 213 47 86 29 www.museuarqueologicodocarmo.pt
Juni–Sept. Mo–Sa 10–19 Uhr, Okt.–Mai Mo–Sa 10–18 Uhr 4 €

## 17 Parque Eduardo VII

Dieser große Park wurde gegen Ende des 19. Jhs. angelegt und später nach dem britischen König Edward VII. benannt. Der Höhepunkt eines Parkbesuchs ist der Ausblick von der oberen Terrasse, wo ein stei-

nernes Denkmal an die Revolution von 1974 erinnert. Von hier kann man über die weiten Rasenflächen und die Avenida da Liberdade bis hinunter zum Rio Tejo schauen. Ganz in der Nähe befindet sich ein Garten, welcher der Fado-Sängerin Amália Rodrigues gewidmet ist.

218 bei B5
Marquês de Pombal, Parque, São Sebastião
tägl. 9 Uhr bis Sonnenuntergang

## 18 Museu Nacional do Azulejo

Es ist nur eine kurze Fahrt vom Stadtzentrum zum besuchenswerten Nationalmuseum, in dem sich alles um die bunten Kacheln dreht. Das Museum zeichnet die Entwicklung der Azulejos ab dem 15. Jh. nach und residiert im ehemaligen Konvent der Madre de Deus mit seiner schönen Barockkirche und dem manuelinischen Kreuzgang, dessen Wände mit Azulejos geschmückt sind. Höhepunkt ist ein Tableau aus dem 18. Jh. mit über 1300 Kacheln, auf denen ein Panorama von Lissabon vor dem großen Erdbeben dargestellt ist. Die Ausstellungen zum 20. Jh. dokumentieren, wie es die Azulejos aus den Klöstern in die Einkaufszentren, U-Bahn-Stationen und in die abstrakte Kunst geschafft haben.

Es lebe das Ornament! Mehrfarbige Fliesen im Museo do Azulejo.

Hier stürzt Europa ins Meer: Cabo da Roca.

219 bei F3
Bus 718, 742, 794
Rua Madre de Deus 4
218 10 03 40
www.museudoazulejo.pt
Di–So 10–18 Uhr (letzter Einlass 30 Min. vor Schluss)
5 €

## 19 Estoril & Cascais

Diese Zwillingsbäder sind durch eine attraktive Uferpromenade miteinander verbunden und liegen im Herzen des Lissabonner Küstenabschnitts. Estoril, das weltoffenere und mondänere der beiden Bäder, hat ein Kasino, einen Golfplatz, eine Rennstrecke sowie eine Pseudoburg am Strand.

Cascais, einst eine Fischersiedlung, hat sich als Urlaubsort mit Kulturangebot profiliert. Es gibt mehrere Museen, darunter das Museu Condes de Castro Guimarães, die Casa das Histórias Paula Rego und das Farol Museu de Santa Marta (Leuchtturmmuseum). Jenseits von Cascais führt eine Küstenstraße an der Boca do Inferno (Teufelsmund) vorbei, wo die Wellen an die Klippen donnern. Dahinter erreicht man die Dünen an der Praia do Guincho, die bei Windsurfern sehr beliebt ist. Und

Sommerliches Strandvergnügen an der Praia da Rainha bei Cascais.

schließlich ist man am Cabo da Roca, dem westlichsten Punkt des europäischen Festlands, angekommen.

Die Gegend eignet sich hervorragend für einen Kurzurlaub in der Nähe Lissabons, da man einen Badeurlaub mit einer Städtetour verbinden kann. Züge nach Lissabon passieren dabei die Ferienorte São Pedro do Estoril und Carcavelos.

226 A4
von Cais do Sodré

## 20 Palácio de Mafra

Das Palácio-Convento de Mafra aus pinkfarbenem Marmor liegt 40 km nordwestlich von Lissabon. Es wurde 1717 vom prunkliebenden König João V. errichtet, um Gott für die Geburt eines Erben zu danken. Genau wie El Escorial bei Madrid, mit dem es oft verglichen wird, diente es sowohl als Königspalast wie auch als Kloster.

Doch das Bauwerk hat seine Schattenseiten, denn der Bau und die 50 000 Arbeiter wurden mit brasilianischem Gold finanziert. Basilika und Palast lassen sich auf einer geführten Tour besichtigen: Gezeigt werden die Mönchszellen, der Trophäensaal und die Barockbibliothek. Es werden auch Führungen durch das *tapada real* angeboten, das ehemalige königliche Jagdgebiet, das heute ein Wildpark ist.

226 B5
Mafrense Bus (www.mafrense.pt)
261 81 75 50
www.palacionafra.gov.pt
im Sommer tägl. außer Di 9–18 Uhr (letzter Einlass 17 Uhr) 6 €

Ein Gang im spektakulären Palácio-Convento de Mafra

# Wohin zum ... Übernachten?

Preise für ein Doppelzimmer pro Nacht in der Hauptsaison:

| | |
|---|---|
| € | unter 80 € |
| €€ | 80–130 € |
| €€€ | 130–180 € |
| €€€€ | über 180 € |

**LISSABON**

### Albergaria Senhora do Monte €€€

Die Zimmer sind in Pink und Weiß gehalten, die Badezimmer aus Marmor. So passen sie zu der romantischen Lage im ruhigen *bairro* von Graça. Es gibt insgesamt 28 moderne Zimmer, eine Bar und eine Terrasse mit Blick über die Stadt bis zum Fluss. Das Hotel hat teurere Zimmer mit Balkonen zur Südseite, doch der Zuschlag lohnt sich. Mit der Straßenbahn ist man schnell im Zentrum.

219 E5 Calçada do Monte 39
218 86 60 02
http://albergaria-senhora-do-monte.lisbon-hotel.org
Martim Moniz Tram 28

### Casa do Bairro €€

Gelegen in einem umgebauten Stadthaus aus dem 19. Jh. im Bezirk Santa Catarina auf einem der Hügel Lissabons, ist dieses B&B lediglich fünf Gehminuten von Bairro Alto entfernt. Holzböden und kräftige Farben kontrastieren mit schönen Originalmerkmalen wie Stuck und Azulejos in den mit Kabelfernsehen und WLAN ausgestatteten Zimmern. Das Hotel gehört zu den »Shiadu Boutique Guesthouses«.

218 bei A2 Beco do Caldeira 1
914 17 69 69
nächste Metrostation Baixa-Chiado

### Hotel Heritage Av Liberdade €€€€

Dieses Hotel gehört zu einer kleinen Kette renovierter historischer Gebäude in Lissabon, die in luxuriöse Boutique-Hotels verwandelt wurden. Renoviert vom portugiesischen Architekten Miguel Câncio Martins, erhielt dieses Stadthaus aus dem 18. Jh. etliche Auszeichnungen. Das gemütliche Hotel bietet großzügige Zimmer, Marmorbäder und einen kleinen beheizten Pool im Keller. In der schönen Bar im Erdgeschoss werden Frühstück und abends Bar-Snacks serviert. Außerdem liegt es nur einen kurzen Spaziergang vom Stadtzentrum entfernt. Alle Zimmer haben WLAN.

218 B5 Av. da Liberdade 28
213 40 40 40
www.heritageavliberdade.com
Restauradores

### Jerónimos 8 €€€€

Gegenüber dem herrlichen Jerónimos-Kloster in Belém gelegen, ist dieses moderne, clever gestaltete Hotel perfekt für die Erkundung von Belém. Die öffentlichen Bereiche des Hotels sind elegant und modern mit niedrigen Sofas in hellen Farben und großen Gemälden an den Wänden eingerichtet. Mehrere Terrassen auf den höheren Etagen bieten sich für einen Drink an warmen Tagen an. Die Zimmer sind großzügig, übersichtlich und komfortabel. In der beliebten Buçaco-Weinbar werden verschiedene Drinks und Cocktails sowie eine Auswahl einfacher, aber leckerer Bar-Gerichte serviert.

218 bei A1 Rua dos Jerónimos 8
213 60 09 00 www.almeidahotels.pt
Tram 15E

### Memmo Alfama €€€€

Im Herzen der Alfama, eingebettet in Düfte und Töne des Viertels, zugleich aber ruhig gelegen, todschick, minimalistisch im Design und mit überaus aufmerksamem Personal.

Spätestens wenn Ihnen der Kellner an der Terrassenbar neben dem rot gekachelten Pool des Hotels einen Portwein serviert, wissen Sie, dass Sie den tollsten Aussichtspunkt Lissabons und ein wunderbares Hotel entdeckt haben.
✢ 219 E2
✉ Travessa das Merceeiras 27
☎ 210 49 56 60
🌐 www.memmohotels.com 🚋 Tram 28E

**Pensão Londres €**
Die einfache und gut geführte *pensão* liegt im Bairro Alto. Viele Zimmer bieten einen fantastischen Blick über die Dächer der Stadt. Fast alle der 36 Zimmer (Einzel-, Doppel- und Mehrbettzimmer) verfügen über eigenes Bad/WC. Die größten Doppelzimmer sind mit stilvollen Möbeln ausgestattet; einige Zimmer haben Stuckdecken. Das Frühstück wird in einem Speisesalon mit schöner Aussicht serviert. Homosexuelle Paare sind willkommen.
✢ 218 A4 ✉ Rua Pedro V 53/1
☎ 213 46 22 03
🌐 www.pensaolondres.com.pt
🚌 Bus 91; Elevador da Glória

**Zuzabed & Breakfast €€**
Dieses heimelige B&B mit seinem freundlichen, gut informierten Gastgeber Luís Zuzarte liegt im Viertel Chiado und lohnt den Aufstieg über die Calçada do Duque. Er hat in jedem der individuell dekorierten, hellen Zimmer mit eigenem Balkon seine eigene künstlerische Note hinterlassen. Von der Terrasse aus können Sie den traumhaften Blick über Lissabon genießen. Kostenloses WLAN und hausgemachte Kuchen zum Frühstück machen das Angebot perfekt.
✢ 218 B4 ✉ Calçada do Duque 29
☎ 936 99 12 23 🌐 www.zuzabed.com
🚋 Rossio 🚌 Elevador da Glória

### SINTRA

**Cinco B&B €€**
Hoch oben auf einem Hügel liegt einer der charmantesten Rückzugsorte Sintras. Carole und Stuart begrüßen Sie im attraktiven Stein-Cottage der Familie. Das großzügige, geschmackvoll dekorierte Apartment mit einem Schlafzimmer verfügt über eine voll ausgestattete Kochnische, ein helles Wohnzimmer und eine Terrasse mit einem herrlichen Ausblick. Der Swimmingpool steht den Gästen des Hauses zur Verfügung. Der Preis gilt für ein bis zwei Personen im Apartment mit einer Zusatzgebühr für weitere Personen.
✢ 226 A4 ✉ Largo da Caracota 5
☎ 914 50 22 55
🌐 www.stayatcinco.com
🚋 Estação do Rossio

## Wohin zum ... Essen und Trinken?

Preise für ein Drei-Gänge-Menü ohne Getränke:

| | |
|---|---|
| € | unter 20 € |
| €€ | 25–40 € |
| €€€ | 40–60 € |
| €€€€ | über 60 € |

### LISSABON

**100 Maneiras €€€€**
Hier werden fantasievolle Gerichte aus frischen Zutaten vom Markt serviert. Der Service ist aufmerksam und die Atmosphäre künstlerisch, aber bescheiden. Ein Degustationsmenü wird angeboten – seien Sie offen und lassen Sie sich überraschen. Gerichte wie marinierte Sardinen mit Basilikum und Passionsfrüchten, zarter Lammrücken mit Pistazienkruste und köstliches Ingwer-Sorbet sind eine perfekte Kombination. Die Angebote auf der Speisekarte wechseln, im Voraus reservieren!
✢ 218 A4 ✉ Rua do Teixeira 35
☎ 910 91 818 81
🌐 www.restaurante100maneiras.com
🕐 tägl. 19–23, Bar bis 2 Uhr
🚌 Bus 202, 758, 790; Elevador da Glória

**Antiga Confeitaria de Belém €**
Auch wenn es hier Sandwiches und Kuchen gibt, kommen die meisten Lissabonner und Touristen nur wegen der frisch gebackenen *pastéis de nata*. Hier gibt es wohl die besten knusprigen, mit Eierpudding (*pastéis*)

gefüllten Törtchen von ganz Portugal. Jede Woche gehen rund 200 000 Stück über die Theke. Das »Standardmenü« besteht aus einem Törtchen und einem Getränk.
218 bei A1 Rua de Belém 84–92
213 63 74 23 www.pasteisdebelem.pt
Juli–Sept. tägl. 8–24 Uhr, Okt.–Juni tägl. 8–23 Uhr Bus 714, 729, 751,Tram 15 E

**A Bica do Sapato €€€€**
Das Restaurant mit toller Inneneinrichtung liegt direkt am Wasser. Es gibt die schicke Café-Bar, den Sushi-Bereich oder das Restaurant, das kreative Kombinationen wie Weichschalenkrabben-Tempura, Lachs-*temaki* und würzigen *hosomaki* serviert. Das Restaurant ist eines der wenigen in Lissabon, das ein vegetarisches Menü anbietet.
219 bei F3 Av. Infante Dom Henrique Armazém B, Cais da Pedra
218 81 03 20 www.bicadosapato.com
Restaurant: Mo 17–23.30, Di–So 12.30–14.30, 20–23.30 Uhr, Sushi Bar: Mo–Sa 19.30–1 Uhr, Café: Mo 17–1, Di–So 12–15.30, 19.30–1 Uhr
Santa Apolónia Bus 9, 28, 35, 81, 82, 90

**A Brasileira €–€€**
Nur wenige Traditionscafés haben in Lissabon überlebt: Hier treffen sich Studenten, Intellektuelle und andere Stammgäste bei exzellentem Kaffee und *pastéis*. Das Brasileira ist auch ein Denkmal für Fernando Pessoa, der hier ein- und ausging. Mit der Bronzestatue davor lassen sich viele Touristen ablichten, oft ohne von dem großen Schriftsteller des 20. Jhs. gehört zu haben. Es ist etwas touristisch und nicht günstig, aber eine Institution!
218 B3 Rua Garrett 120 213 46 95 41
tägl. 8–2 Uhr Baixa-Chiado

Geschmückte Straßen und der Duft frisch gegrillter Sardinen beim Fest des Santo António

**Café Martinho da Arcada €€€**
Unter den Arcaden der Praça do Comérçio gelegen, zählt dieses Café mit über 230 Jahren Firmengeschichte zu den ältesten Portugals und bietet eine breite Auswahl, von der Dorade bis zum gegrillten Kaninchen. Die Weinkarte ist hervorragend, und die freundlichen Kellner empfehlen Ihnen gern Gerichte, deren Zutaten von den örtlichen Märkten stammen.
219 D2 Praça do Comérçio 3
218 87 92 59 www.martinhodaarcada.pt
Mo–Sa 7–23 Uhr Tram 15, 28

**Casa do Alentejo €–€€**
Hinter einer schmucklosen Fassade verbirgt sich ein fantastisches Patrizierhaus mit maurischen *patios* und herrlichen Dachfenstern. Der leicht dekadente Eindruck wird durch das geschnitzte Holz, die leuchtenden Azulejos und die riesigen Palmen unterstrichen. Das Essen ist zuverlässig gut. Es wird in zwei Speisesälen serviert. Die Küche ist typisch für die Alentejo-Region, mit z. B. *carne de porco à alentejana* (Schweinefleisch mit Koriander und Venusmuscheln).
218 B5
Rua das Portas de Santo Antão 58
213 40 51 40
www.casadoalentejo.com.pt
tägl. 12–15, 18.30–22 Uhr Restauradores

**Cervejaria Trindade €–€€**
In die laute, aber nette *cervejaria* (Bierkneipe) kommen vor allem Gäste des nahe gelegenen Theaters. Lauter wird es noch, wenn Krabbenscheren mit einem Hammer aufgeschlagen werden. Das ehemalige Kloster schmücken schöne Deckengewölbe und Azulejos. Serviert werden einfache Gerichte aus Fisch und Meeresfrüchten (können ziemlich teuer sein). Dazu schmecken die

portugiesischen Fassbiere gut. Das *sagres* wird eiskalt im *imperial* (kleines Bierglas) ausgeschenkt.
218 B3 Rua Nova da Trinidade 20
213 42 35 06 www.cervejariatrindade.pt
tägl. 12–24 Uhr
Rossio Bus 202, 758, 790

**Chafariz do Vinho €–€€**
Das Weinlokal residiert in einem ehemaligen Speicher der Lissabonner Trinkwasserleitung und serviert eine gute Auswahl an unterschiedlichsten landesspezifischen und auch internationalen Weinen glasweise. Dazu schmecken *petiscos*, Aufschnittplatten und andere kleine Gerichte.
218 A5
Rua da Mãe d'Água à Praça da Alegria
213 42 20 79 www.chafarizdovinho.com
Di–So 18–2 Uhr
Avenida Bus 202, 758, 773

**Comida de Santo €€€**
Unter den vielen brasilianischen Restaurants serviert das Comida die vielleicht beste Küche. Die Bedienung in der tropischen Umgebung ist freundlich. Es gibt sogar ein stilisiertes Dschungelfresko. Vor allem sonntags kann es ziemlich voll werden. Man sollte dann reservieren. Die Portionen der *vatapás* (scharfes Garnelenpüree) und der saftigen *muquecas* (Hühnchen in Kokosnussmilch) sind schmackhaft, außerdem gibt es Hauptgerichte für Vegetarier. Frische Mangos und Papayas oder Papayacreme und ein Pudding aus Kokosmilch runden das Essen ab.
218 bei A4
Calçada Engenheiro Miguel Pais 39
213 96 33 39
www.comidadesanto.pt
Mi–Mo 12.30–15.30 und 19.30–1 Uhr
Rato Bus 202, 758, 730

**Cruces Credo €**
Vor dem netten Café-Restaurant mit entspanntem Ambiente hinter der Kathedrale Sé kann man draußen sitzen. Innen ist es gemütlich. Es gibt schmackhafte Kleinigkeiten, von Toasts bis zu portugiesischen Spezialitäten. Am späteren Abend besuchen gern Studenten und junge Nachtschwärmer die Bar.
218 E2
Cruzes da Sé 29, Alfama
218 82 22 96 tägl. 10–2 Uhr Tram 28

**Solar do Vinho do Porto €**
Die schummerig beleuchtete moderne Bar ist mit den gemütlichen Sofas ein Ort zum Entspannen. So kann man sich in Ruhe einige der 300 Portweine von der umfangreichen Getränkekarte gönnen.
218 A4
Rua de São Pedro de Alcântara 45
213 47 57 07 www.ivdp.pt
Mo–Fr 11–24, Sa 15–24 Uhr
Bus 202, 758, 790, Elevador da Glória

**Tágide €€€€**
Eine vielgepriesene Küche auf der Höhe der Zeit, hilfsbereites Personal. Einen Fensterplatz muss man schon frühzeitig buchen. Die unglaublich schöne Aussicht über die Stadt und den Fluss würde sicherlich vom Essen ablenken, wenn dieses nicht so hervorragend wäre. Der Weinkeller hat einen Spitzenplatz in Lissabon, zu den verschiedenen regionalen Gerichten kann man sich den passenden Wein wählen. Ein werktägliches Mittagsmenü ist erschwinglich (€€).
218 B2 Largo da Academia Nacional de Belas Artes 18
213 40 40 10
www.restaurantetagide.com
Mo–Sa 12.30–15, 20–24 Uhr Tram 28

**Wine Bar do Castelo €**
Wenn Sie nicht in der Stimmung für ein gediegenes Abendessen sind, ist diese kleine Weinbar in der Nähe der Burg ideal für ein leichtes Gericht. Freiliegende Steinwände und warmes Holz bilden die Kulisse für einige der besten Weine Portugals. Fragen Sie den Manager nach seiner Empfehlung. Von frischen Alentejo-Weißweinen bis zu vollmundigen Douro-Rotweinen passt die Auswahl hervorragend zu *tapas* wie Oliven, Käse, Räucherschinken und knusprigem Brot.
219 E3
Rua Bartolomeu de Gusmão 11–13
218 87 90 93
tägl. 13–22 Uhr
Bus 737, Tram 28

**SINTRA**

**Tulhas €€**
Charmantes Restaurant direkt im Stadtzentrum von Sintra. Das Essen ist abwechslungsreich, und man findet sowohl Fleisch- wie auch Fischgerichte auf der Speisekarte. Auf jeden Fall sollte man *lombos de vitela com vinho de Madeira* (Kalbfleisch-Medaillons in Madeira-Soße) probieren, die Spezialität des Hauses. Das Tulhas ist ideal für ein ruhiges Mittagessen während eines Trips nach Sintra.
226 A4 Rua Gil Vicente 4–6
219 23 23 78 Do–Di 12–15.30, 19–22 Uhr
Estação do Rossio

Kunterbunte Fischkonserven sind ein beliebtes Mitbringsel.

## Wohin zum ... Einkaufen?

### MÄRKTE UND EINKAUFSZENTREN

Die Feira da Ladra (Campo de Santa Clara, São Vicente; Di und Sa ca. 6–17 Uhr) ist Lissabons Flohmarkt. Was die Wochenmärkte betrifft, so finden sich annähernd 30 in den verschiedensten Stadtvierteln.
Der interessanteste traditionelle Markt ist der Mercado da Ribeira (Cais do Sodré, Av. 24 de Julho; Mo–Sa 6–14 Uhr, Food Court tägl. 10–2 Uhr). In einer der beiden Hallen hat 2014 ein moderner Food Court mit 35 Ständen eröffnet. Hier können Gourmets hochwertige portugiesische Speisen und Getränke probieren. Auch den traditionellen Mercado de Campo de Ourique (Rua Coelho da Rocha; Mo–Fr 10–23, Sa 10–1 Uhr) ergänzt ein hipper Food Court.
Lissabon ist stolz auf seine modernen Einkaufszentren, vor allem das Armazéns do Chiado (Rua do Carmo 2; www.armazensdochiado.com), in dem einige außergewöhnliche Läden Waren anbieten.
Für einen Einkaufsbummel gibt es reichlich Auswahl: die Hochhaustürme des Amoreiras (Av. Engenheiro Duarte Pacheco), das gigantische Centro Comercial Colombo (Av. Lusíada, Benfica) sowie das bestens mit Shops und Einkehrmöglichkeiten für zwischendurch bestückte Centro Comercial Vasco da Gama (Av. Dom João II) im außerhalb gelegenen Parque das Nações.

### KLEIDUNG UND SCHUHE

Beliebte Shoppingzonen für Mode mit Boutiquen, Schuhen, Accessoires etc. sind Baixa, Bairro Alto und Chiado. Gardenia im Chiado in der Rua Garrett 54 verkauft angesagte Marken und ist auch in den Galerias Chiado Plaza 38 vertreten. Das Luvaria Ulisses (Rua do Carmo 87A) ist ein Handschuhladen mit dem Flair vergangener Tage. Im A Outra Face da Lua (Av. Almirante Reis 94 A) finden Sie Vintage-Mode, auch Schuhe im Retrolook und glitzernde Ballkleider.
Die beste Auswahl an Fado-CDs und Vinyls hat die Discoteca Amália (Rua Aurea 274) zu bieten und dazu auch kompetente Beratung. Ein Mitbringsel für Liebhaber von bunten Fischkonserven (+ Inhalt) findet man in der Conserveria de Lisboa (Rua dos Bacalhoeiros 34). Hüte und Mützen für jeden Kopf hat die Á Fabrica dos Chapéus (Rua da Rosa 118) parat. Portugals bekanntester Modedesigner Filipe Faísca präsentiert seine eleganten Entwürfe im gleichnamigen Laden in der Calçada do Combro 99.

### KUNSTHANDWERK

Ein hervorragender portugiesischer Design-Shop ist Alma Lusa (Rua de São

Bento 363) mit Filialen in Lissabon und am Lissabonner Flughafen.
Azulejos werden vielerorts angeboten. Reproduktionen finden Sie bei Sant'Ana (Rua do Alecrim 95, Chiado), ein weiterer Showroom liegt in der Calçada da Boa-Hora 94B. Wer einige tausend Euro übrig hat, kann sich in der Casa dos Tapetes Arraiolos wunderbare handgemachte Teppiche aus Arraiolos (S. 165) kaufen (Rua da Imprensa Nacional 116).

### ESSEN UND TRINKEN

Manteigaria Silva (Rua Dom Antão de Almada 1C–D) verkauft den besten *bacalhau* (S. 26), Käse, Schinken und Wein, während Manuel Tavares (Rua da Betesga 1A–B) eine große Auswahl an Delikatessen unterschiedlichster Art, auch Weine, vorrätig hat. Garrafeira Nacional (Rua de Santa Justa 18) trumpft mit wohlsortierten Spirituosen auf. Konditoreiwaren und Brote verkauft die Pastelaria São Roque in Bairro Alto (Rua Dom Pedro V. 57). In der Antiga Confeitaria de Belém (Rua de Belém 84–88, S. 42) kann man frisch gebackene Zucker- und-Zimt-*pastéis* erstehen.

## Wohin zum ... Ausgehen?

### INFORMATION

Tickets für Sportveranstaltungen, Konzerte und andere Events buchen Sie am besten online unter Blue Ticket vorab (www.blueticket.pt). Alternativen vor Ort sind die FNAC-Läden in den Shopping Malls.

### KUNST UND KULTUR

Das CCB (Centro Cultural de Belém, S. 41) bringt Theater-, Tanz- und Musikveranstaltungen auf die Bühne und organisiert Ausstellungen.
Die Expo-Pavillons im Parque das Nações (S. 62) werden erfolgreich für längerfristige Kulturprojekte genutzt. Das Teatro Camões (Tel. 218 92 34 70, www.cnb.pt) beherbergt die exzellente Companhia Nacional de Bailado (Nationalballett).
Bewährte Theateradresse in der Innenstadt ist das Teatro Polietama (Rua das Portas de Santo Antão 109, Tel. 213 40 57 00, www.teatro-politeama.com).

### ZUSCHAUERSPORT

Fußballfans können in den Stadien der beiden Topteams Lissabons ein Spiel verfolgen: Sporting (Estádio de Alvalade, Edificio Visconde de Alvalade, Rua Professor Fernando da Fonseca; www.sporting.pt) und Benfica (Estádio da Luz, Av. General Norton de Matos, www.slbenfica.pt).

### MUSIK

Der Clube de Fado (Rua São João da Praça 94, Tel. 218 85 27 04, www.clube-de-fado.com) ist eines der besten Fado-Lokale Lissabons, auch das Café Luso (Travessa da Queimada 10, Tel. 213 42 22 81, www.cafeluso.pt) hat regen Zulauf. Große Konzerte steigen im Parque das Nações in der MEO-Arena. Das Teatro Nacional de São Carlos (Rua Serpa Pinto 9, Tel. 213 25 30 45) bietet klassische Opernaufführungen.

### NACHTLEBEN

Für eine Partynacht bietet sich das Bairro Alto (S. 64) an. In den Fado-Lokalen der Alfama wird authentischer Fado (S. 24) aufgeführt. Die pulsierende Clubszene der Stadt trifft sich auf der Avenida 24 de Julho und an den Docas de Santos. Eine reich gefüllte Agenda bietet das **Lux** (Avenida Infante Dom Henrique, Armazém A, Santa Apolónia, www.luxfragil.com). Im Club Noir (Rua da Madalena 201, Fr/Sa 23–4 Uhr) donnern Rhythmen wie Hard Rock, Heavy Metal, Post-Punk oder Gothic Rock. Schwulenclubs finden Sie im Bezirk Principe Real. Populäre Gay-Bar im Bairro Alto ist das Etilico (Rua Grémio Lusitano 8). Infos über die Szene finden Sie unter www.lisbongaycircuit.com. Lesben, Gays und Heteros treffen sich im im Purex (Rua das Salgadeiras 28).

Der Douro sucht sich seinen Weg zwischen den terrassenförmigen Weinbergen.

# Nordportugal

Herbe Gebirge, Granitdörfer im Schatten mächtiger Burgen und das geschäftige Porto bilden den reizvollen Dreiklang im Norden.

Seiten 74–105

# Erste Orientierung

Portugals Wiege liegt im Norden: Guimarães, ist Geburtsort König Afonsos I. (1109–1185). Er gründete das erste unabhängige portugiesische Königreich mit Guimarães als Kapitale. Der Norden brachte auch das letzte und am längsten herrschende Monarchengeschlecht hervor, die Herzöge aus dem Haus Bragança. Sie bestiegen den Thron 1640 und behielten ihn bis zur Ausrufung der Republik 1910.

Porto ist die größte Stadt des Nordens. Sie wurde im Zeitalter der Entdeckungen reich, als Seeleute und Händler nach Brasilien segelten, um mit Gold und Diamanten zurückzukehren. Damit wurden die extravaganten Kirchen und Paläste Portos finanziert. Später gab die Stadt ihren Namen dem Portwein und profitierte vom Portweinhandel. Noch immer dominiert er das südlich des Duoro gelegene Vila Nova de Gaia und die Täler des oberen Douro.

Der Norden ist eine Region der Kontraste. Der Minho liegt im historischen Gebiet Portucale zwischen den Flüssen Douro und Minho. Das Land ist hier aufgrund der höchsten Niederschläge Portugals grün und ertragreich. Ein Großteil des Bodens wird von

Kleinbauern bewirtschaftet, obwohl es auch eine große Anzahl von stattlichen Gutshäusern gibt. In dieser dicht besiedelten Gegend Portugals finden einige der größten Landmärkte statt. Auch zwei wichtige historische Städte liegen hier: Portugals erste Hauptstadt Guimarães, deren mittelalterliches Zentrum zum UNESCO-Weltkulturerbe gehört, und das religiöse Zentrum Braga. Trás-os-Montes ist eine schroffe, wilde Bergregion mit entlegenen Dörfern und rauem Klima. Nur wenige Nutzpflanzen können hier angebaut werden. Lediglich die widerstandsfähigsten Weine sowie einige Trauben für den Mateus Rosé und die Portweinproduktion vertragen das Klima.

TOP 10

7 ★★ Vale do Côa

10 ★★ Porto

Nicht verpassen!

21 Vila Nova de Gaia

22 Casa de Mateus

23 Braga & Bom Jesus

24 Parque Nacional da Peneda-Gerês

Nach Lust und Laune!

25 Guimarães

26 Viana do Castelo

27 Chaves

28 Bragança

29 Miranda do Douro

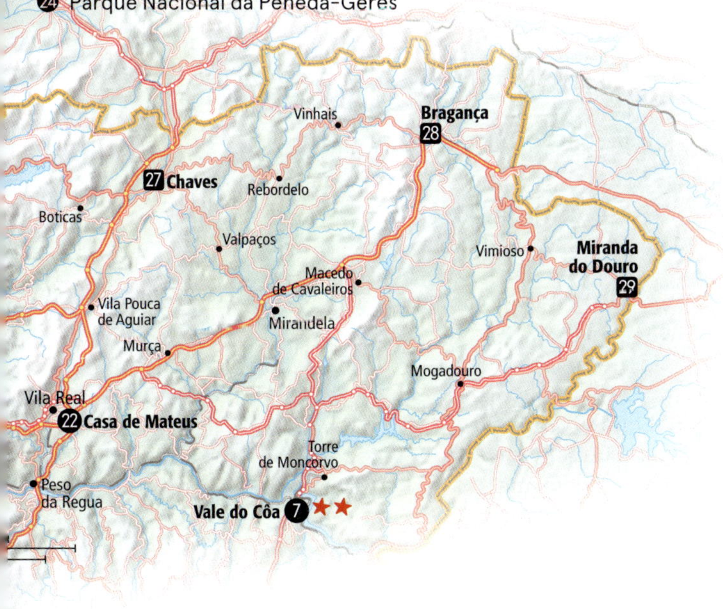

# Mein Tag rund um den Portwein

Ausgangspunkt dieser Tour per Bahn und Boot durch das Douro-Tal ist Peso da Régua. Die Stadt ist Hauptumschlagsplatz für den Portwein, der zu den Kellereien in Vila Nova de Gaia transportiert wird.

### 9 Uhr: Im Bummelzug durchs Tal

Heute heißt's früh aufstehen, denn die Douro-Linie in Richtung Pinhao startet bereits um 9.10 Uhr ab Bahnhof Régua (Fahrpläne unter www.cp.pt). Das Ticket für die knapp halbstündige Fahrt kostet 2,85 €.

Sichern Sie sich einen Sitzplatz auf der rechten Seite, der Ihnen tolle Ausblicke auf den Douro und die gegenüberliegenden Hänge mit ihren Quintas und Weinpflanzungen ermöglicht. Gemütlich rattert das Bähnchen am Fluss entlang, pfeift warnend vor unbeschrankten Bahnübergängen und hält an winzigen Bahnhöfen. Pinhão ist der dritte Stopp.

### 9.30 Uhr: Azulejos und Schinken

Pinhãos Hauptattraktion betreten Sie automatisch: Es ist der berühmte, mit blau-weißen Azulejos geschmückte Bahnhof. Und hier dreht sich alles um den Weinbau! Eine knappe Stunde haben Sie Zeit, um sich mit Leckereien für ein Mittagspicknick einzudecken.

Bei Qualifer (S. 81) haben sie die Qual der Wahl: Hausgeräucherter

Schinken und Würste, Käse von befreundeten Schafzüchtern, selbstgebackenes Brot, dazu eine Flasche spritzigen Douro-Weins – das Mittagessen ist gesichert. Dann geht's weiter zur Anlegestelle des Douro-Boots beim Hotel Vintage House.

### 10.30 Uhr: Bootsfahrt in bester Weinlage

Das Rabelo-Boot von Magnifico Douro (S. 81) wartet schon. Die folgenden zwei Stunden schippert Sie die »Dona Antónia« elektrisch angetrieben gemütlich durch das immer enger und steiler werdende Tal. Per Audioguide lassen Sie sich Wissenswertes erzählen. Pinhão ist Mittelpunkt der besten Portweinlage. Weiße Herrenhäuser und riesige Werbebanner sprenkeln die weinbepflanzten Hänge des Tals.

In Tua wird schließlich nach einer Stunde gewendet, und wenn Zeit bleibt sogar eine kleine Badepause gemacht. Auf dem Rückweg

Der Bahnhof von Pinhão ist mit beeindruckenden Fliesenbildern verziert, die regionale Themen wie die Weinlese abbilden (links). Die Tour im Rabelo-Boot bis Tula führt durch die malerische Landschaft des Douro-Tals (Mitte).

überzeugen Sie sich bei einer Kostprobe von der Güte des Portweins.

### 13 Uhr: Picknick am Fluss

Zurück in Pinhão laufen Sie von der Anlegestelle ein paar hundert Meter flussaufwärts und suchen sich einen schattigen Platz fürs Picknick, während der Douro leise an Ihnen vorbeigurgelt. Um 14.20 fährt der Zug zurück nach Régua!

### 15 Uhr: Ihre Wein-Fragen ...

... beantwortet nach der Ankunft in Régua das moderne Museu do Douro (S. 81) u. a. mit einem Duft-Test, bei dem Sie unterschiedliche Port-Sorten erschnüffeln sollen. Untergebracht ist die Ausstellung in einem symbolträchtigen Bau: Das Haus wurde anlässlich der Gründung der Companhia Geral da Agricultura das Vinhas do Alto Douro 1756 errichtet, die die weltweit erste Weinbauregion mit geschützter Herkunftsbezeichnung überwachen sollte. Der Besuch in der Wine Bar des Museums mit Blick über den Tejo rundet die Tour ab.

### 17.30 Uhr: Zeit für eine Atempause

Im Spa des Hotels Vila Galé, das in den Hang hineingegraben wurde,

»Es gibt nicht den einen Moment für ein Glas Portwein, aber sicher gibt es einen passenden Port für jeden Moment.«

bestehen die Wände aus natürlich gewachsenem Fels und damit aus eben jenem Gestein, das den Rotweinen ihr unvergleichliches Aroma schenkt: aus dunklem Schiefer. Lassen Sie sich verwöhnen!

### 20 Uhr: Feinschmecken in der Lagerhalle

Man erwartet Sie im Castas e Pratos, dem sehr angesagten Feinschmeckerlokal in einer ehemaligen Lagerhalle der Eisenbahngesellschaft. Das Essen ist portugiesisch-international, die Weinliste phänomenal und die Aromen des Douro-Tals, sie sind stets präsent.

i

**Qualifer**
221 E2
Rua António Manuel Saraiva 45, Pinhãos
254 73 21 56

**Magnifico Douro**
221 E2 Anlegestelle in Pinhão
913 12 98 57
www.magnificodouro.pt 2 Std., 2 €

**Museu do Douro**
221 D2
Rua Marquês de Pombal, Peso da Régua
254 31 01 90 www.museudodouro.pt
März–Okt. tägl. 10–18, sonst bis 17.30 Uhr
6 €

**Castas e Pratos**
221 D2
Av. J. Vasques Osório, Peso da Régua
254 32 32 90 www.castasepratos.com
tägl. 10.30–22.30 Uhr

# ❼ ★★ Vale do Côa

| | |
|---|---|
| Was? | Felsbilder von Tieren im Tal des Flusses Côa |
| Warum? | Eine Reise in die Steinzeit |
| Wann? | Keinesfalls im Hochsommer, dann ist es unerträglich heiß |
| Wie lange? | Einen halben Tag |
| Was noch? | Ein tolles Museum und eine abenteuerliche Fahrt mit dem Jeep |
| Resümee | Etwas anstrengend, aber lohnenswert! |

Die prähistorischen Gravuren im Vale do Côa zeigen Stiere, Pferde, Ziegen, Hirsche und Jäger.

**Die Entdeckung der Felsbildgalerie war eine Sensation! Bei Vorbereitungsarbeiten für ein Staudammprojekt im Tal des Côa-Flusses fanden die Ingenieure Anfang der 1990er-Jahre die Felswände auf einer Länge von 17 km bedeckt mit steinzeitlichen Gravuren.**

Pferde galoppierten über die Schluchtwände, Auerochsen grasten friedlich, eine Armbrust schoss Pfeile ab, seltsame Symbole erschienen wie magische Beschwörungen. Die Felsbilder sind nicht nur zahlreich und sehr alt, sondern in Europa einzigartig. Bislang hatte man derartige Zeugnisse steinzeitlicher Kreativität nur in Höhlen und nie an offenen Felswänden entdeckt. Deshalb wurden sie zum UNESCO-Weltkulturerbe erklärt.

**KLEINE PAUSE**

Ob Sie nur einen Kaffee trinken oder ein Mittagessen bestellen: Das **Café-Restaurant des Museums** versteht es nicht nur, fein zu kochen, seine Terrasse begeistert zudem mit dem tollen Blick übers Tal.

i

222 A2
Rua do Museu, Vila Nova de Foz Côa
279 76 82 60/1 www.arte-coa.pt
Museum: Okt.–Feb. 9–17.30, März–Mai bis 18, Juni–Sept. bis 19 Uhr, 6 €; Besichtigung der Felsbilder: Buchung Okt.–Feb. 9–17.30 Uhr, März–Mai 9.30–12, 13.30–18 Uhr, Juni–Sept. 9.30–12, 14–18 Uhr Tagestour (je nach Ziel 1,5–2,5 Std.) 15 €

## Wenn Stein zu leben beginnt

Die Jeeps starten im letzten Tageslicht am Côa-Museum. Wenn Sie die Felsbilder erreichen, ist es tiefschwarze Nacht. Im Licht der Taschenlampen beginnen die Linien auf den Felsen zu tanzen, die Bilder treten plastisch hervor, die übereinander eingeritzten Tiere scheinen sich zu bewegen. Die von den steinzeitlichen Künstlern beabsichtigte Magie dieser Bilder, vor 25000 Jahren durch das Flackern des Feuers erweckt, sie ist unmittelbar spürbar!

*Parque Arqueológico do Vale do Côa, Nachttour (3 Std., mind. 4 Teilnehmer) 20 €*

# ⑩ ★★ Porto

| | |
|---|---|
| Was? | Quirliges Stadtleben, steile Gassen, moderne Architektur |
| Warum? | Eine tolle Metropole mit überraschenden Seiten |
| Wann? | Lieber in der Nebensaison, Porto ist im Sommer überlaufen |
| Wie lange? | Ein bis drei Tage |
| Was noch? | Douro-Schiffstörn von Brücke zu Brücke |
| Resümee | Viel mehr als nur Portwein |

**Portugals zweitgrößte Stadt hat eine konkurrenzlose Lage an den steilen Abhängen des nördlichen Douro-Ufers und bietet sich als idealer Ausgangspunkt für einen Besuch Nordportugals an. Die Hafenstadt fasziniert mit geschäftigem Flair und dem Nebeneinander renovierter schicker und sehr ärmlicher Viertel.**

Porto (»der Hafen«) ist schon seit mindestens 3000 Jahren besiedelt. Die Römer bauten hier bei Portus einen Hafen, hier querte die Straße von Lissabon nach Braga den Fluss. Die Siedlung am Südufer, wo jetzt Vila Nova de Gaia liegt, hieß damals Cale. Diese beiden Städte gaben ihren Namen der Grafschaft Portucale, die Teresa von Kastilien 1095 als Mitgift

Die stählerne Bogen-Brücke Ponte Dom Luis I verbindet Porto mit Vila Nova de Gaia.

in die Ehe mit Heinrich von Burgund einbrachte. Als ihr Sohn, Afonso Henrique, den Rest des Landes von den Mauren eroberte, nannte er sein neues Königreich Portugal.

Die Uferpromenade Cais de Ribeira ist das Zentrum des Altstadtviertels Ribeira.

## Das Porto der großzügigen Avenuen

Das Herz der modernen Stadt ist die Avenida dos Aliados. Ihre zentrale Promenade führt zum Rathaus, das für seinen Uhrenturm bekannt ist. Am Ende der Avenida liegt die Praça da Liberdade. Von hier kann man westlich die Barockkirche und den Turm von Clérigos sehen. Der italienische Architekt Nicolau Nasoni schuf diese erste ovale Kirche Portugals. Der 75 m hohe Turm ist einer der höchsten des Landes. Von oben hat man einen guten Blick auf die Stadt und die Weinhäuser in Vila Nova da Gaia (S. 88).

Östlich der Avenida dos Aliados liegen in der Baixa die meisten Geschäfte der Stadt rund um den Markt Bolhão. Zu den Angeboten der Händler zählen Gemüse, Maisbrot, Fisch und Fleisch, auch Innereien. Auf der anderen Straßenseite gibt es mehrere *confeitarias* (Konditoreien) und Delikatessengeschäfte, in denen unter anderem *bacalhau* (Stockfisch) verkauft wird. Der durch langes Trocknen ganz flach gepresste und gesalzene Kabeljau, der wie Pappe aussieht und ziemlich heftig riecht (S. 26) ist in der portugiesischen Küche allgegenwärtig.

An der Rua de Santa Catarina gibt es Schmuck- und Ledergeschäfte sowie das traditionelle Café Majestic (S. 87, 103). Schließlich gelangt man zur Praça da Batalha.

## Von der Sé ins Altstadtlabyrinth

Man kann die Sé (Kathedrale) deutlich von hier sehen, da sie auf einem Felsvorsprung oberhalb des Douro erbaut wurde. Im 12. Jh. wurde sie als romanische Festungskirche begonnen und später gotisch umgebaut. Der Kreuzgang aus dem 14. Jh. ist mit Azulejos verziert, auf denen das Leben Marias dargestellt ist.

Die polygonale Musikhalle Casa da Música wurde 2005 mit einem Konzert von Lou Reed eingeweiht.

Das Labyrinth aus engen Gassen, steilen Treppen und bonbonfarbenen Häusern zwischen Sé und dem Ufer ist UNESCO-Weltkulturerbe. Spazieren Sie durch das älteste Viertel Bairro da Sé, das der Lissabonner Alfama (S. 56) ähnelt. Das tägliche Leben findet zwischen alten Kirchen und Mauern aus Azulejos statt. Erhaschen Sie Einblicke in den Alltag der Portugiesen!

### Porto prunkverliebt

Auf der Praça do Infante steht eine Statue von Heinrich dem Seefahrer. In der Nähe des ehemaligen Zollhauses soll er geboren worden sein. Auch der Palácio da Bolsa säumt die Praça do Infante. Die Börse wurde 1834 auf den Ruinen des Klosters São Francisco errichtet und überrascht im Inneren mit überreichem, neomaurischem Dekor.

Hinter dem Gebäude liegt die mit vergoldeten Barockschnitzereien reichlich verzierte Igreja de São Francisco. Einstmals bedeckten mehr als 400 kg Gold die Wände aus Kastanienholz, bevor die Kirche von Napoleons Truppen geplündert wurde.

Beachtenswert ist die die Nordwand schmückende Wurzel Jesse aus geschnitztem und vergoldetem Holz. Der Besuch schließt auch die Katakomben mit ein, wo sich ein Beinhaus aus menschlichen Knochen befindet.

### Das Porto der Armen

Das Fischerviertel Ribeira ist das stimmungsvollste der Stadt. Enge Gassen und bunte Häuser klettern von den Arkaden am Fluss bergauf. Richtig zum Leben erwacht die Ribeira abends, wenn die Restaurants und Bars am Fluss im Schatten des Ponte Dom Luís I sich mit Gästen füllen. Diese imposante zweistöckige Eisenbrücke wurde 1886 von einem Schüler Gustave Eiffels entworfen. Sie verbindet Porto mit Vila Nova de Gaia (S. 88).

## Wegweisende Architektur

Zwei architektonische Highlights liegen etwas abseits des Zentrums: Portos markante Casa da Música entwarf Stararchitekt Rem Koolhaas. Bei Aufführungen des Sinfonieorchesters erleben Sie die fantastische Akustik des Konzertsaals.

Einige Busstationen weiter schmückt das Museu de Arte Contemporânea den Park der im Art-déco-Stil errichteten Casa de Serralves. Architekt war der in Porto geborene Álvaro Siza Vieira. Neben der Ausstellung zeitgenössischer portugiesischer Werke sind auch der Rosengarten, das Arboretum, das Teehaus, der See und der Skulpturenpark sehenswert.

### KLEINE PAUSE

**Café Majestic** (S. 103) ist eine Belle-Epoque-Schönheit mit eichengerahmten Spiegeln und Lederbänken. Serviert werden köstliches Frühstück, auch warme Gerichte, Kuchen und Gebäck.

---

i

220 B2
Rua Clube dos Fenianos 25 (am Beginn der Av. dos Aliados)
300 50 19 20
http://visitporto.travel

**Torre dos Clérigos**
Rua de São Filipe Néry
222 00 17 29
www.torredosclerigos.pt
tägl. 9–19 Uhr Kirche frei, Turm 5 € (mit Audioguide 6,50 €)

**Sé**
Terreiro da Sé
222 05 90 28
Kirche: tägl. 9–19 Uhr; Museum und Kreuzgang: Mo–Sa 9–18.30, So 14.30–18.30 Uhr
Kirche frei, Kreuzgang 4 €

**Palácio da Bolsa**
Rua Ferreira Borges
223 39 90 00
www.palaciodabolsa.com
April–Okt. tägl. 9–18.30 Uhr, Nov.–März 9–13, 14–17.30 Uhr
9 € (Teilnahme an Führungen)

**Igreja de São Francisco**
Rua do Infante Dom Henrique
222 06 21 25
www.ordemsaofrancisco.pt
Juli–Sept. tägl. 9–20 Uhr, März–Juni und Okt. tägl. 9–19 Uhr, Nov.–Feb. tägl. 9–17.30 Uhr
6 €

**Casa da Música**
Metro Linie A, B, C, F
Av. da Boavista 610
220 12 02 20
www.casadamusica.com
Führung tägl. 11 und 16 Uhr (engl.)
€ 10

**Museu de Arte Contemporânea**
Bus 201, 502
Rua Dom João de Castro 210
226 15 65 00
www.serralves.pt
April–Sept. Di–Fr 10–19, Sa/So 10–20 Uhr, Okt.–März Di–Fr 10–17, Sa/So 10–19 Uhr
Museum 10 €, nur Park 5 €

# ㉑ Vila Nova de Gaia

| | |
|---|---|
| Was? | Alle namhaften Portwein-Produzenten |
| Warum? | Portwein-Verkostung und Blick auf Porto |
| Wann? | Am späten Nachmittag ist es am lebhaftesten |
| Wie lange? | Ein bis zwei Stunden für die Besichtigung |
| Was noch? | Seilbahn fahren mit tollem Panorama |
| Resümee | Toll für Portweinliebhaber |

**Die Neonreklamen berühmter Portwein-Exporteure wie Sandeman, Ferreira und Taylor´s locken die Gäste nach Vila Nova de Gaia, denn hier ist die Heimat des Portweinhandels. In kühlen Kellern und Lagerhäusern reift der feine Tropfen in Fässern der Vollendung entgegen.**

Auch wenn die Trauben für den Port im Douro-Tal wachsen, findet der Reifungsprozess in Vila Nova de Gaia statt. Britische Händler wählten im 18. Jh. das Südufer der Rio-Douro-Mündung wegen seiner Ausrichtung nach Norden, die den Kellereien Feuchtigkeit und eine kühlende Meeresbrise garantierte. Inzwischen verlegen die Porthäuser ihre Lager zuweilen an Standorte außerhalb der Stadt und bauen ihre historischen Lodges (Lager) zu Restaurants, Hotels und Museen mit Führungen um.

Einstimmen können Sie sich mit einem Besuch und einer Probe im Portwein-Themenzentrum Espaço Porto Cruz mit schönem Blick von der Dachterrasse. Auf dem Douro schaukeln die *barcos rabelos,* jene traditionellen Boote mit flachem Rumpf, die zum Transport des Portweins vom Douro-Tal flussabwärts genutzt wurden.

### Hoch über dem Trubel

Die Standseilbahn Teleférico de Gaia hat für einen starken Aufschwung gesorgt. Die 562 m lange Strecke verbindet die Cais de Gaia mit dem Jardim do Morro auf der Avenida da República und bietet einen herrlichen Blick auf die Stadt.

Ansonsten geht man zu Fuß von Porto (S. 84) über die Ponte Dom Luís I nach Vila Nova de Gaia. Von der unteren

Ebene gelangt man direkt auf die Uferpromenade.

Bekanntes Markenzeichen von Sandeman ist der in einen schwarzen Umhang gehüllte »Don«.

## Wohin zum Verkosten

In der Tourist Information erkundigen Sie sich nach besuchbaren Portweinkellereien bzw. checken diese online unter www.cavesvinhodoporto.com. Manche Besucher beginnen bei Sandeman. Der Brite George Sandeman gründete den Betrieb 1790. Doch auch die kleineren Firmen sind einen Besuch wert. Ferreira liegt ebenfalls am Ufer und wurde 1751 gegründet. Weitere Kellereien sind Cálem und Ramos Pinto. Der steile Aufstieg zur historischen Lodge von Taylor's lohnt sich ebenfalls. Der Blick von der Terrasse auf den Douro und die Ponte Dom Luís I ist fantastisch.

## KLEINE PAUSE

Am Ufer liegen verschiedene Restaurants und Cafés. Oder Sie reservieren bei **Barão Fladgate** (S. 103) in der Taylor's Lodge, das hervorragende Meeresfrüchte und Portwein serviert.

---

i

220 B2

**Espaço Porto Cruz**
✉ Largo Miguel Bombarda 23
🌐 http://myportocruz.com
◐ Weinladen Di–So 11–19 Uhr, Restaurant Di–Sa 12.30–15, 19.30–23, So 12.30–15 Uhr, Terrasse Lounge 360° Di–Do 12.30–24.30, Fr/Sa bis 1.30, So bis 19 Uhr

**Teleférico de Gaia**
🌐 www.gaiacablecar.com
◐ Im Sommer tägl. 10–20 Uhr, sonst je nach Jahreszeit 10–18/19 Uhr
einfache Fahrt 5 €, Hin- und Rückfahrticket 8 €

**Sandeman**
✉ Largo Miguel Bombarda 3
🌐 www.sograpevinhos.com
◐ März–Okt. tägl. 10–12.30, 14–18, sonst 9.30–12.30 und 14–17.30 Uhr

**Ferreira**
✉ Av. Ramos Pinto 70
🌐 www.sograpevinhos.com
◐ tägl. 10–12, 14–18 Uhr

**Cálem**
✉ Av. Diogo Laite 344
🌐 www.calem.pt ◐ Mai–Okt. tägl. 10–19 Uhr, sonst 10–18 Uhr

**Ramos Pinto**
✉ Av. Ramos Pinto 400
🌐 www.ramospinto.pt ◐ tägl. 10–18 Uhr

**Taylor's**
✉ Rua do Choupelo 250
🌐 www.taylor.pt
◐ tägl. 10–18 Uhr

# ㉒ Casa de Mateus

| | |
|---|---|
| Was? | Ein imposanter Landsitz mit romantischem Garten |
| Warum? | Weil Sie ab und an Mateus Rosé trinken? |
| Wann? | Möglichst im Frühsommer zur Rosenblüte |
| Wie lange? | Ein bis zwei Stunden |
| Was noch? | Erfrischung im hübschen Café |
| Resümee | Mateus hat nichts mit Roséwein zu tun |

**Auf dem Etikett jeder Flasche Mateus Rosé ist ein portugiesischer Landsitz abgebildet. Der Besuch dieser Casa de Mateus mit ihren herrlichen Möbeln, Gemälden, Gärten sowie einer Familienkapelle ermöglicht einen seltenen Einblick in das Leben des portugiesischen Adels.**

Das Haus wurde 1745 vom dritten Morgado de Mateus erbaut. Seine Nachfahren, die Grafen von Vila Real, leben noch immer in einem Flügel des Gebäudes. Schon die Fassade des Herrenhauses ist beeindruckend: Weiß getünchte Mauern und Granitbrüstungen spiegeln sich in einem Teich wider.

Der wunderschöne Garten der Casa de Mateus

Der Vorhof wird von einer ausladenden Doppeltreppe dominiert. Die Brüstungen führen das Auge zum Giebel, der von klassischen Statuen flankiert und von einem Familienwappen gekrönt wird.

Den Palast kann man nur im Rahmen einer Führung besichtigen. Man beginnt in der Eingangshalle, wo die geschnitzte Kastaniendecke, die Sänften aus dem 18. Jh. sowie das Familienwappen an der Wand ins Auge stechen. Danach gelangt man in den Saal der vier Jahreszeiten, der seinen Namen von einem eigenwilligen Gemälde bekam, auf dem Gemüsesorten in menschlicher Form dargestellt sind.

Im folgenden Blauen Saal ist chinesisches Porzellan aus dem 17. Jh. zu sehen. Im Speisesaal steht ein brasilianischer Geschirrschrank aus Jakarandaholz. Im Saal der vier Ecken trafen sich die Damen nach dem Abendessen, während die Herren rauchten und einen Portwein genossen.

### Ein Mateus als Mäzen

Das Familienmuseum zeigt einige seltene Kostbarkeiten. Dazu gehören originale Kupferplatten der limitierten Auflage von »Os Lusíadas« (Die Lusiaden) des portugiesischen Dichters Luís de Camões. Die produzierten Bücher wurden 1817 vom Morgado de Mateus an 250 europäische Bibliotheken und adlige Familien verschickt.

Auf jeden Fall sollte man in den Garten gehen, wo eine dunkle Zederngasse, akkurat getrimmte Hecken, üppige Rosenhaine und die schöne Aussicht locken.

Übrigens: Mit dem Mateus Rosé hat das Anwesen nichts zu tun. Dafür können Sie im Shop den hauseigenen Wein Alvarelhão kaufen. Unter dem Label »Casa de Mateus« gibt's auch Marmeladen etc.

### KLEINE PAUSE

Das kleine **Café im Garten** serviert im Sommer Snacks und Erfrischungen.

---

221 D3 ✉ 4 km östlich von Vila Real
☎ 259 32 31 21
www.casademateus.com
Mai–Sept. tägl. 9–19 Uhr, April 9–18.30 Uhr, Nov.–März tägl. 9–17 Uhr

Der Komplettpreis von 12 € schließt den Palast und den Besuch der Gärten ein; der Gartenbesuch allein kostet 8,50 €

# ㉓ Braga & Bom Jesus

| | |
|---|---|
| Was? | Eine der faszinierendsten Kathedralen Portugals, ein wunderbares Diözesanmuseum und eine sympathische Stadt |
| Warum? | Religiös und urban – eine tolle Mischung |
| Wann? | Im Herbst und Frühjahr häufig Regen, lieber im Frühsommer |
| Wie lange? | Ein bis zwei Tage |
| Was noch? | Die imposante Wallfahrtskirche Bom Jesus |
| Was nehme ich mit? | Die Erinnerung an eine anrührende Madonna |

Braga sei das portugiesische Rom, behaupten Lokalpatrioten stolz. Eine besonders religiöse Stadt ist Braga sicherlich, das belegen alleine schon die Vielzahl von Kirchen und die Wallfahrtsstätte Bom Jesus. Zugleich aber ist es auch der dynamische Mittelpunkt des Minho.

## Braga: die elegante Stadt des Nordens

Ein altes Sprichwort besagt, dass »Coimbra studiert, Lissabon spielt, Porto arbeitet und Braga betet«. Der römische Bischof Sankt Martin von Braga bekehrte im 6. Jh. den germanischen Stamm der Sweben zum Christentum. Er führte die immer noch gebräuchliche Methode ein, die Wochentage lieber nach ihrer numerischen Abfolge und nicht nach heidnischen Göttern zu benennen: So ist der Montag also *segunda-feira*, der »zweite Tag«, Dienstag heißt *terça-feira*, der »dritte Tag« usw. Seit dem 12. Jh. ist Braga Sitz der portugiesischen Erzbischöfe.

Die elegante Praça da República grenzt an eine große Parkanlage mit Brunnen und Spielplätzen. Unter den Arkaden des Arcada genannten Baus aus dem 18. Jh. lädt das nostalgische Café Vianna zum Verweilen. Entlang der verkehrsberuhigten, von hübschen Häusern gesäumten Rua do Souto zur Sé reiht sich Laden an Laden. Am ehemaligen Bischofspalast vorbei erreichen Sie den Largo da Sé mit der ältesten Kathedrale Portugals.

Der Bau der Sé begann 1070; sie ersetzte eine Moschee. Der ursprünglich romanische Baustil wurde später durch gotische, Renaissance- und barocke Elemente ergänzt. Das romanische Hauptportal auf der Westseite ist noch erhalten, auch wenn es von gotischen Steinmetzarbeiten aus dem späten 15. Jh. eingerahmt wird. Unter den Künstlern, die an der Kathedrale gearbeitet haben, war auch João de Castilho, einer der Architekten des Mosteiro dos Jerónimos in Lissabon (S. 44).

Durch den Kreuzgang gelangt man zum Museu de Arte Sacra, das mit den Exponaten seines Domschatzes einen Zeitraum von etwa 1500 Jahren abdeckt. In der Reihe der wertvollsten Stücke stehen Kelch und Patene von S. Geraldo (10./11. Jh.), ein hispano-arabisches Kästchen (11. Jh.) aus Holz und Elfenbein sowie die Renaissance-Skulptur der »Nossa

Entspannte Abendstunden im Café Vianna an der Praça da República in Braga

Senhora do Leite« (Unsere Liebe Frau von der Milch) des Franzosen Nicolas Chanterène, die ursprünglich an der Choraußenwand stand – eine faszinierende Madonnenfigur! Außerdem gibt es Ölgemälde, liturgische Gegenstände und einen Sarkophag aus der spätrömischen Epoche zu sehen.

Die Museumstour führt auch durch die Capela dos Reis, wo Heinrich von Burgund und Teresa von Kastilien begraben liegen. Mit der teureren Karte erhalten Sie außerdem Zugang zum Coro Alto (oberen Chorraum) mit seinen vergoldeten barocken Orgeln und geschnitzten Chorstühlen.

### Bom Jesus: ein wichtiger Wallfahrtsort

Besonders an Wochenenden kommen zahlreiche Wallfahrer und Tagesbesucher in das 5 km östlich von Braga gelegene

Über tausend Stufen führen zur Wallfahrtskirche Bom Jesus do Monte.

Bom Jesus do Monte. Der nach Fátima wichtigste Wallfahrtsort Portugals ist nicht nur ein Platz der Andacht und Stille. Die Besucher picknicken am nahen See oder gehen im Garten und den umliegenden Wäldern spazieren. Im Mittelpunkt steht der barocke Treppenaufgang mit mehr als tausend Stufen. 1722 begonnen wurde er erst im 19. Jh. vollendet. Inbrünstige Wallfahrer rutschen vor allem während der Karwoche (Semana Santa) die Treppe auf Knien hinauf, aber die meisten Besucher gehen oder nehmen die Standseilbahn.

Die Via Sacra beginnt mit einem mäandernden Kreuzweg, flankiert von Kapellen, in denen lebensgroße Terrakotta-Figuren die Szenen von Christis Leidensweg nachstellen. Kurz vor dem Gipfel erreicht man eine verzierte Doppeltreppe. Brunnen symbolisieren vier menschliche Sinne, indem Wasser aus Ohren, Augen, Nase und Mund sprudelt. Weiter oben sind an der Treppe der drei Tugenden Glaube, Hoffnung und Nächstenliebe durch allegorische Figuren dargestellt.

**KLEINE PAUSE**

In der Nähe des Heiligtums können Sie im **Panorama-Restaurant des Hotels do Elevador** (www.hotelsbomjesus.com, €€) einkehren; dort werden regionale Gerichte wie Kohlsuppe mit Brot oder Ente mit Reis aufgetischt.

---

i

220 C4
Av. da Liberdade 1
253 26 25 50

**Sé/Museu de Arte Sacra**
Rua Dom Paio Mendes
253 26 33 17

www.se-braga.pt
Juni–Sept. Di–So 9–12.30, 14–18.30 Uhr, Okt.–Mai Di–So 9–12.30, 14–17.30 Uhr
ständige Sammlung des Kathedralmuseums 3 €, Bereich aus Kapellen und Oberem Chor 2 €, Kathedrale 2 €

# ㉔ Parque Nacional da Peneda-Gerês

| | |
|---|---|
| Was? | Bewaldete Gebirgszüge, Seen, Hochalmen und Römerstraßen |
| Warum? | Ein Ausflug in herrliche Natur- und Berglandschaft |
| Wann? | Da sehr regenreich am besten im Sommer |
| Wie lange? | Ein bis drei Tage |
| Was noch? | Wetterfeste Kleidung nicht vergessen |
| Was nehm' ich mit? | Einen kuscheligen Wollpullover |

**Einsame Gipfel, tief eingeschnittene Flusstäler, archaische Steindörfer – in dem 700 km² großen Nationalpark verbinden sich wilde Felsszenerie und sanfte Hochalmen zu einer reizvollen Berglandschaft. Unter den vielen Aktivitäten steht Wandern an erster Stelle: Ob auf Fernwanderwegen oder einem kurzen Abschnitt Römerstraße sei Lust und Laune überlassen.**

Die beiden unter Naturschutz stehenden Gebirgszüge Serra da Peneda und Serra do Gerês trennt das Tal des Flusses Rio Lima. Nur wenige Hinweise machen dem Besucher klar, dass er sich auf Nationalparkgelände befindet. Bei der Tourist Information in Braga, Ponte da Barca oder Caldas do Gerês erhalten Sie Karten der *trilhos* (Wanderwege) im Park. Zwei der besten sind der Trilho da Peneda rund um Penada sowie der Trilho Castrejo.

## Wilde Natur, traditionelles Leben

Steinadler, Wölfe und eine fast ausgestorbene, nur in Nordportugal beheimatete Wildpferdeart, die Garranos, sowie seltene Pflanzen wie die Gerês-Lilien und besondere Farne haben hier ihre Heimat. Neben dem Schutz der Natur ist es aber auch Anliegen des Nationalparks, den ursprünglichen Lebensstil der Einheimischen zu bewahren. In den einsam gelegenen Dörfern scheint die Zeit stillzustehen; wie ihre Vorfahren ziehen die Hirten auch heute noch mit ihren Herden im

Sommer auf hoch gelegene Almen, wo die autochthonen Minho-Rinder mit ihren langen, geschwungenen Hörnern meist sich selbst überlassen bleiben.

### Rätselhafte Getreidespeicher

Ein Tagesausflug mit dem Auto startet am besten in Braga oder an der Minho-Küste. Durch das Lima-Tal geht es dann von Ponte da Barca über Soajo nach Lindoso. Und beide sind für ihre *espigueiros* bekannt: Die charakteristischen Kornspeicher der Region bestehen aus behauenen Steinplatten, sind mit einem Kreuz geschmückt und stehen zum Schutz vor Nagetieren auf Steinstützen über dem Boden.

In Lindoso drängen sich gleich 60 *espigueiros* eng unterhalb der Burg, sodass man unwillkürlich an einen Friedhof denkt.

### Wallfahrt, Kur und römische Spuren

Eine kleine Straße führt zwischen den beiden Orten nach Norden. Auf dem Weg nach Peneda genießen Sie den Blick über das Lima-Tal. Im kleinen Ort befindet sich die interessante Wallfahrtsstätte Nossa Senhora da Peneda, die Bom Jesus (S. 95) nachempfunden wurde.

Die direkteste Route zwischen den beiden Nationalparkteilen führt über Spanien, später durch waldreiche Landschaft hinunter in den Kurort Caldas do Gerês, wo an Straßenständen Wildkräuter, Wildblütenhonig und Wollpullover verkauft werden. Nostalgische Kurhotels säumen die Hauptstraße, außerhalb bietet ein *miradouro* einen atemberaubenden Blick über den Stausee Caniçada. Weiter nach Westen sind um Campo do Gerês noch Reste einer Römerstraße und römische Meilensteine erhalten.

### KLEINE PAUSE

In Soajo, Lindoso und Caldas do Gerês gibt es dörflich geprägte **Cafés und Bars.** Ansonsten sollte man sich in den nahe gelegenen Städten für ein **Picknick** eindecken.

---

i

220 C4

**Parkverwaltung**
Av. António Macedo, Braga

253 20 34 80
www.natural.pt
Mo–Fr 9–12.30, 14–17.30 Uhr

Espigueiros heißen die charakteristischen Kornspeicher der Region (links). Langhörniges Minho-Rind (rechts). Der einzige Nationalpark des Landes ist ein beliebtes Wandergebiet (unten).

## Nach Lust und Laune!

### 25 Guimarães

Seit seiner Ernennung zur europäischen Kulturhauptstadt 2012 hat sich Guimarães einen festen Platz auf der Touristenkarte gesichert. Neben dem malerischen, autofreien mittelalterlichen Stadtzentrum (UNESCO-Weltkulturerbe) können Besucher außerdem viele interessante Errungenschaften wie die Plattform für Kunst- und Kreativität auf dem alten Markt und das Design-Institut entdecken, das in einem umgebauten Fabrikgebäude eingerichtet wurde.

Die erste Hauptstadt Portugals war der Geburtsort des ersten portugiesischen Königs, Afonso Henrique (1109–85). Die meisten Sehenswürdigkeiten liegen in der Altstadt unterhalb der Burg aus dem 10. Jh. Lohnenswert sind eine Besichtigung der Wallanlagen und der romanischen Kapelle São Miguel do Castelo.

Eine Statue Afonsos thront vor dem Paço dos Duques de Bragança. Der Grafenpalast wurde im 15. Jh. vom ersten Herzog von Bragança errichtet und unter Diktator Salazar zum Präsidentenpalast umgebaut. Wer ihn von innen besichtigt, kann flämische Gobelins, persische Teppiche, portugiesische Möbel und historische Waffen bewundern.

Bei einem kurzen Spaziergang über die Kopfsteinpflasterstraße Rua de Santa Maria können Sie eine Gegend erkunden, die sich über Jahrhunderte nicht verändert hat. Die Straßen sind von mittelalterlichen Häusern gesäumt und münden in zwei hübsche Plätze – die Praça de São Tiago und den Largo da Oliveira.

Die Praça de São Tiago säumen Häuser mit hölzernen Balkonen. Auf dem benachbarten Largo da Oliveira steht vor der Kirche Nossa Senhora da Oliveira ein gotischer Schrein. Im Kreuzgang der Kirche ist ein Museum für religiöse Kunst untergebracht. Die Überreste der alten Stadtmauer lohnen ebenfalls eine Erkundung.

220 C3
Largo Cónego José Maria Gomes
253 42 12 21
www.guimaraesturismo.com

**Paço dos Duques de Bragança**
Rua Conde Dom Henrique
253 41 22 73
http://pduques.culturanorte.pt
tägl. 10–18 Uhr (letzter Einlass 30 Min. vorher) 5 €

**Castelo**
tägl. 10–18 Uhr 2 €

**Plataforma das Artes e Criatividade**
Av. Conde Margaride 175
253 42 47 15 www.ciajg.pt
Di–So 10–13, 14–19 Uhr (letzter Einlass 30 Min. vorher) 4 €

### 26 Viana do Castelo

Die Hauptstadt der Costa Verde besticht durch ihre prächtige Lage am Nordufer der Lima-Mündung, unterhalb der Pinienwälder des Monte de Santa Luzia. Einst war Viana ein kleiner Fischerhafen, in dem sich viele Entdeckungsreisende für ihre Fahrten mit Proviant eindeckten. Nach ihrer Rückkehr bauten sie hier Paläste im manuelinischen und im Renaissance-Stil. Die Praça da República ist das Zentrum des öffentlichen Lebens und zieht den Besucher vor allem mit ihrem Brunnen aus dem 16. Jh. und dem wunderschönen Renaissance-Palast in ihren Bann.

Zu Fuß oder – noch deutlich bequemer – mit der Drahtseilbahn (2 € einfach, 3 € Hin- und Rückfahrticket) gelangt man durch die Pinienwälder zu einer sehenswerten Basilika und den Ruinen einer keltiberischen Siedlung. Der nächstgelegene Strand ist die traumhafte Praia do Cabedelo.

Eine Seilbahn fährt von Viana do Castelo hinauf zur Basilika Santa Luzia.

220 A4
Praça da Liberdade
☎ 258 09 84 15
www.cm-viana-castelo.pt

## 27 Chaves

Von Braga führt die N103 mit herrlichen Panoramen 130 km durch die Berge von Gerês und Barroso nach Chaves, das 10 km südlich von der spanischen Grenze hübsch am Ufer des Flusses Tâmega liegt. Der Ort ist für seinen Räucherschinken und seinen Rotwein bekannt und bestand schon in römischer Zeit. Die zwölfbogige Ponte Romana über den Rio Tâmega besteht seit dem 2. Jh.

Mittelpunkt des Städtchens ist die repräsentative Praça de Camões, die die Ruine des auf einem römischen Vorgängerbau errichteten Castelo überragt. Renaissance-Paläste, darunter der Palast der Herzöge von Bragança, rahmen den Platz ein. Ein üppiger Talha-Dourada-Altar und schöne Azulejos zeichnen die Igreja da Misericórdia aus. In den schmalen Altstadtgassen können Sie die charakteristische Architektur der Wohnhäuser mit schattigen Laubengängen und blumengeschmückten Balkonen bewundern.

221 E4
Paço dos Duques de Bragança
☎ 276 34 81 80 www.chaves.pt

## 28 Bragança

Die abgelegene Hauptstadt von Trás-os-Montes hat eine enge Bindung zur letzten portugiesischen Herrscherdynastie. Diese stammt von einem unehelichen Sohn König Joãos I. ab, der zum ersten Herzog von Bragança ernannt wurde. Spätere Herzöge zogen es aber vor, im Palast von Vila Viçosa zu wohnen (S. 154).

Ein Stück außerhalb der Kernstadt erreichen Sie die mauerumgürtete Zitadelle aus dem 12. Jh., die mit ihren weiß getünchten Häusern und Gassen mit Kopfsteinpflaster wie ein Museum wirkt. In der Burg residiert ein kleines Militärmuseum; der Turm (Torre de Menagem) bietet einen prächtigen Ausblick. Der mittelalterliche Pranger davor steht auf einer steinernen Wildschweinskulptur, einem heidnischen Symbol, das wohl noch aus der keltischen Epoche stammt. Das fünfeckige Domus Municipalis ist das einzige noch erhaltene romanische Gebäude Portugals mit ziviler Funktion. Hier fanden öffentliche Versammlungen statt und *homens bons* (gute Männer) schlichteten Streitigkeiten.

Direkt unterhalb der Zitadelle liegt auf dem Weg zur sehenswerten Kathedrale (*Sé*) mit reichem Talha-Dourada-Dekor die Igreja de São Vicente, in der Dom Pedro heimlich Inês de Castro geheiratet haben soll (S. 127). Bragança ist ein guter Ausgangspunkt für Exkursionen in den Naturpark Montesinho.

222 B4
Av. Cidade de Zamora
273 38 12 73
www.cm-braganca.pt

**Castelo und Museu Militar**
273 32 23 78
tägl. 10–18 Uhr
2 €

## 29 Miranda do Douro

Hoch auf einer Klippe thront Miranda do Douro über einer tiefen Schlucht des Rio Douro. Die Einwohner der mittelalterlichen Grenzstadt sprechen *mirandês*, ihren eigenen, besonderen Dialekt. In der Kathedrale aus dem 16. Jh. ist die Statue Menino Jesus da Cartolinha zu sehen. Das Jesuskind trägt hier Kleidung aus dem 17. Jh. und einen Hut.

Das Museu da Terra de Miranda zeigt den Nachbau einer Bauernküche. Sehenswert sind außerdem die landwirtschaftlichen Gegenstände und die Trachten, wie sie beispielsweise von den *pauliteiros* (Stocktänzern) auf örtlichen Festen getragen werden. Miranda ist ein beliebtes Ausflugs- und Shoppingziel der Spanier.

222 C3
Largo do Menino Jesus da Cartolinha
273 43 11 32 www.cm-mdouro.pt

**Museu da Terra de Miranda**
Largo Dom João III
273 43 11 64
Di 14–18, Mi–So 9–13, 14–18 Uhr 2 €

# Wohin zum … Übernachten?

Preise für ein Doppelzimmer pro Nacht in der Hauptsaison:

| | |
|---|---|
| € | unter 80 € |
| €€ | 80–130 € |
| €€€ | 130–180 € |
| €€€€ | über 180 € |

**PORTO**

**Hotel da Bolsa €€**

Dieses Drei-Sterne-Hotel mit seiner exquisiten Lage zwischen den Vierteln Ribeira und Baixa liegt direkt neben dem eleganten Börsengebäude und nur 50 m entfernt vom Portwein-Institut. Hinter der historischen Fassade aus dem 19. Jh. verbirgt sich eine moderne Unterkunft mit geschmackvoll eingerichteten Zimmern. Gleich nebenan ist ein öffentlicher Parkplatz.

220 B2
Rua Ferreira Borges 101
222 02 67 68 www.hoteldabolsa.com

**Hotel Infante de Sagres €€€€**

Wer einen wunderbar altmodischen Stil mag, wird dieses erlesene Fünf-Sterne-Haus lieben. Die Lage ist zentral und günstig. Die renovierten, sehr ansprechenden Zimmer sind auf dem neuesten Stand.

220 B2 Praça Filipa de Lencastre 62
223 39 85 00 www.hotelinfantesagres.pt

**Pensão Favorita €€**

In der Nähe einiger Kunstgalerien, guter Shoppingmöglichkeiten und vom Museu Nacional Soares dos Reis können Sie sich in einer in stilvollem Design restaurierten Villa mit Garten rundum wohl- und schnell wie zu Hause fühlen. Zwölf Zimmer, darunter eine Juniorsuite mit Balkon und zwei Familienzimmer sind modern und geschmackvoll eingerichtet. Im Erdgeschoss ist der traditionelle Kachelboden erhalten. Im Sommer kann man im Garten frühstücken oder auch relaxen.

220 B2
Rua Miguel Bombarda 267
220 13 41 57
www.pensaofavorita.pt

**Pestana Vintage Porto €€€€**

Am Flussufer von Ribeira mit Blick auf die Nachbarstadt Vila Nova de Gaia und die Brücke Dom Luís I liegt dieses luxuriöse Boutique-Hotel in sechs miteinander verbundenen ehemaligen Stadthäusern (alle UNESCO-Weltkulturerbe) aus dem 16., 17. und 18. Jh., die restauriert und aufwendig umgebaut wurden. Die Zimmer dieses Hotels sind äußerst komfortabel. Gastronomisch liegt der Schwerpunkt auf regionalen Speisen und Weinen. Fragen Sie nach einem Zimmer mit Blick auf den Fluss.

220 B2
Praça da Ribeira 1
223 40 23 00
www.pestana.com

Um sehen und gesehen werden geht es auch in Portos Straßencafés

Guimarães gilt als Wiege der Nation.

## BRAGA

### Hotel Bracara Augusta €€

Ein hübsches und perfekt gelegenes Gästehaus direkt in der Fußgängerzone der Stadt. Die Zimmer sind gemütlich eingerichtet, einige bieten einen Blick auf die eindrucksvolle Kathedrale. Das Restaurant Centurium ist mit seinen Steinwänden, Säulen und weißen Tischdecken sehr elegant gestaltet. Bei warmem Wetter können Sie auch auf der Außenterrasse speisen, was sich vor allem für einen Nachmittagstee im Garten lohnt.

220 C4 Av. Central 134
253 20 62 60
www.bracaraaugusta.com

### Dona Sofia €–€€

Nur fünf Gehminuten vom Hauptplatz entfernt ist dieses einladende Gästehaus ein echtes Schnäppchen. Das freundliche englischsprachige Personal hilft Ihnen bei sämtlichen Fragen gern weiter. Die modernen Zimmer sind pieksauber und mit Flachbildfernsehern, Minibars und WLAN ausgestattet. Entspannen Sie im Wohnzimmer mit Flügel oder bei Drinks in der Bar. Im Preis enthalten ist ein umfangreiches Frühstücksbüfett.

220 C4 Largo São João do Souto 131
253 26 31 60 www.hoteldonasofia.com

## GUIMARÃES

### Pousada Mosteiro de Guimarães €€€–€€€€

Eine besonders stimmungsvolle Unterkunft ist eine der portugiesischen *pousadas*. Das ehemalige Kloster aus dem 12. Jh. liegt auf einem Hügel mit herrlichem Blick auf Guimarães und Umgebung. Es bietet 51 große Zimmer, viele davon mit Himmelbetten und prunkvollen Bädern. Entspannen Sie in den großen Gärten mit mehreren Brunnen und einem Bachlauf, einem schönen Außenpool und unterirdischen Höhlen. Auch das Restaurant ist hervorragend.

220 C3 Largo Domingos Leite de Castro
253 51 12 49
www.pousadas.pt

## VIANA DO CASTELO

### Casa Melo Alvim €€€

Am Rand der überschaubaren City von Viana do Castelo steht dieses stattliche manuelinische *solar* (S. 21), das 1509 vom Conde da Carreira errichtet wurde. In den 1990er-Jahren erfolgte die Umwandlung in ein erstklassiges Hotel. Zur Einrichtung gehören luxuriöse Teppiche und Betten. Traditioneller Stil vermischt sich hier auf subtile Art mit moderner Nüchternheit und eleganten Formen. Die überschaubare Zahl von 20 Zimmern und Suiten garantiert einen persönlich gehaltenen Service.

220 A4 Av. Conde da Carreira 28
258 80 82 00
https://hotelmeloalvim.com

## TRÁS-OS-MONTES

### Quinta Entre Rios €–€€

Dieses einladende Farmhaus etwa 3 km außerhalb von Mirandela bietet zehn komfortable Zimmer. Außerdem steht den Gästen ein wunderschöner Salon zur Verfügung. Das Gebäude aus dem 18. Jh. hat großzügige Zimmer, die attraktiv, aber eher praktisch als luxuriös eingerichtet sind. Die Möglichkeiten zum Entspannen sind hier zahlreich: Snookerraum, Karten, Schach, eine große Terrasse zum Lesen und ein Pool. Genießen Sie das hausgemachte Frühstück.

221 F3
Chelas, Mirandela Rua das Eiras 4
278 26 31 60
www.quintaentrerios.com

# Wohin zum ...
# Essen und Trinken?

Preise für ein Drei-Gänge-Menü ohne Getränke:

| | |
|---|---|
| € | unter 25 € |
| €€ | 25–40 € |
| €€€ | 40–60 € |
| €€€€ | über 60 € |

## PORTO

### Café Majestic €

Das Intellektuellen-Café aus den 1920er-Jahren ist eines der berühmtesten Cafés Portugals. Wie durch ein Wunder ist es mit seinen Putten und anderen Stuckverzierungen unbeschadet erhalten geblieben. Hinzu kommen prächtige Lüster, Lederpolster, Marmortische und riesige Art-déco-Spiegel sowie ein gelegentlich für Konzerte genutztes Piano. Das Majestic ist der ideale Ort für Kaffee, Tee und *pastéis*; mittags gibt es auch Snacks und warme Gerichte.

220 B2 Rua de Santa Catarina 112
222 00 38 87
www.cafemajestic.com
Mo–Sa 9.30–23.30 Uhr

### Casa da Música Restaurant €€

Dieses Fusion-Restaurant liegt im 7. Stock der eindrucksvollen Casa da Música und zählt zu den besten Restaurants in Porto. Von der herrlichen Terrasse hat man einen weiten Blick über Porto. Küchenchef Artur Gomes verleiht frischen, saisonalen Gerichten eine kreative Note und bietet seine Speisen zu einem hervorragenden Preis-Leistungs-Verhältnis an. Auch die Weinkarte ist umfassend und liefert eine gute Auswahl an Rotweinen aus dem Douro-Tal und anderen Regionen Portugals.
220 B2 Av. da Boavista 604–610
220 10 71 60
www.casadamusica.com/restaurante
Mo–Mi 12.30–15, 19.30–23, Do–Sa 12.30 bis 15, 19.30–24 Uhr

### O Comercial €€€

Hohe Decken und Kronleuchter setzen dieses elegante Restaurant im Palácio da Bolsa (Börsenpalast) aus dem 19. Jh. in Szene. Der Service ist perfekt und das Essen wird aus den besten Zutaten zubereitet.
220 B2 Rua Ferreira Borges
223 32 20 19 www.ocomercial.com
Mo–Fr 12.30–15, 19.30–22.30, Sa 19.30–23.30 Uhr

## VILA NOVA DE GAIA

### Barão de Fladgate €€€–€€€€

Dieses Restaurant in der Wein-Lodge Taylor's auf einem Hügel bietet den perfekten Blick über Porto und den Fluss Douro. Die Küche ist klassisch portugiesisch mit Schwerpunkt auf Meeresfrüchten. Empfehlenswert sind die hervorragenden Portweine des Hauses. Der Service ist aufmerksam. Zwischen Mai und Oktober öffnet außerdem die Wine & Tapas Bar.
220 B2 Rua do Choupelo 250
223 77 29 51 www.baraofladgate.com
Mo–Sa 12.30–15, 19.30–22, So 12.30–15 Uhr

## BRAGA

### Arcoense €€

Ein wirklich gutes lokales Restaurant, das traditionelle portugiesische Gerichte, diverse regionale Käsesorten und süße Desserts auf Vanillecreme-Basis serviert. Tolle Lage am Fluss Este.
220 C4 Rua Engenheiro J. J. Amorim 96
253 27 89 52 www.arcoense.com
Mo–Sa 12–15, 19.30–22.30, So 12–15 Uhr, Reservierung empfehlenswert

Die Zitadelle oberhalb von Bragança

**Café Vianna €**
Das unauffällige Art-nouveau-Haus bietet sich an, um bei Kaffee und Kuchen Leute zu beobachten. Drinnen oder auf der *esplanada* (Terrasse) werden die himmlischen *pregos* (Brötchen gefüllt mit einem brutzelnden Steak) serviert. Lecker sind auch *rabanadas* (französischer Toast mit Zimtgeschmack) und *charutos de chila* (mit Kürbis gefüllte Teigtaschen).
220 B4
Praça da República
253 26 23 36
Mo–Sa 8–24, So 9–19 Uhr

**GUIMARÃES**

**Tapas e Manias €€**
Das kleine Restaurant bietet eine erfreuliche Auswahl leckerer Tapas und sehr gute portugiesische Weine: prickelnden Weißwein und Sekt. Wer möchte, kann auf dem schönen Platz draußen sitzen.
220 C3 Praça de São Tiago 12
932 95 98 88
Do–Mo 12–15, 19–22, Mi 19–22 Uhr

**VIANA DO CASTELO**

**Tasquinha da Linda €€€**
Frischer können Fisch und Meeresfrüchte nicht sein als in diesem von außen völlig unscheinbaren Hafenrestaurant. Die Cataplana de Peixe e Mariscos ist unübertroffen! Feinschmecker pilgern in Scharen hierher, daher besser reservieren.
220 A4 Doca das Marès A 10
258 84 79 00
Mo–Sa 12.15–15, 19.30–22.30 Uhr

**BRAGANÇA**

**Geadas €€–€€€**
Gute regionale Zutaten in attraktiver Umgebung und eine herrliche Aussicht: Dieses traditionelle Restaurant ist genau das, was sich jeder wünscht, mit hoher Qualität bei Essen und Service. Frischer Fisch und regionale Fleischsorten werden in großen Portionen serviert.
222 B4 Rua do Loreto 32
273 32 60 02
Di–So 12–16, 19–24 Uhr

## Wohin zum … Einkaufen?

**PORTO**

Zwischen Estação São Bento, Universität und Rathaus gibt es die meisten Läden. Entlang der **Rua de Santa Catarina** werden Schreibwaren, Lebensmittel, Kleidung und Schuhe angeboten. Das Einkaufszentrum **Via Catarina** (Rua de Santa Catarina 312–350, www.viacatarina.pt) birgt über 90 Läden. Authentischer geht es jeden Tag auf dem überdachten **Markt Bolhão** auf der Rua Sá da Bandeira bei der Metrostation Bolhão zu – grandioses Angebot. Kunsthandwerk finden Sie in Läden wie **Prometeu Artesanato** (R. de Mouzinho da Silveira 136, Tel. 222 01 70 03) und der **Galeria de Artesanato O Galo** (Rua de Mouzinho da Silveira 68, Tel. 223 32 52 94).
Feine Weine und Port erhalten Sie in der **Garrafeira do Carmo** (Rua do Carmo 17, Tel. 222 00 32 85, http://garrafeiracarmo.com) und in der **Garrafeira A Flor de São Tomé** (Rua Antero de Quental 534, Tel. 225 02 20 34), Oliven aller Art in der **Azeitoneira do Porto** (Cais da Ribeira 36, Tel. 222 00 73 03).
Wenn Sie nicht genügend Zeit haben, mehrere Portwein-Lodges von **Vila Nova de**

Gaia (S. 88) zu besuchen, entscheiden Sie sich für Sandeman oder Taylor's (S. 91).

## Wohin zum … Ausgehen?

### FESTIVALS

Der Johannistag (São Jão, 23./24. Juni) wird im ganzen Land gefeiert. In Porto mit einem großen Fest mit Musik, Tanz, Essen – und Schlägen mit quietschenden Spielzeughämmern. Abschließend finden die Regatta der *barcos rabelos* (S. 17) und ein Feuerwerk statt. Die Kirche Igreja Matriz bei Freixo de Espada à Cinta ist Ausgangspunkt für die Karfreitagsprozession Romaria da Sete Paços. Die Karwoche in Braga wird intensiv gefeiert. Viana do Castelo ist bekannt für seine *romaria* (Nossa Sra da Agonia), die Patronatsfeierlichkeiten um den 20. August mit Prozessionen und Segnungen von Fischerbooten.

### SPORT UND FREIZEIT

Surfausrüstung gibt es bei Viana do Castelo; der Surf Club de Viana (Rua Diogo Álvares, Praia do Cabedelo, Tel. 258 33 20 43, www.surfingviana.com) bietet Surfunterricht an. Amigos do Mar (Av. de Cabo Verde, lote 64, Tel. 963 65 57 41, www.amigosdomar.pt) Tauchen/Segeln. Wanderern ist vor allem der Nationalpark Peneda-Gerês (S. 97) zu empfehlen. Der Caniçada-See bietet dort viele Wassersportmöglichkeiten. Kanus, Motorboote und Surfbretter werden bei AML (Lugar de Paredes, Rua 6, Rio Caldo, Tel. 092 540 20 00, www.aguamontanha.com) verliehen. Schiffsfahrten auf dem Douro bieten Douro Acima (Tel. 222 00 64 18, www.douroacima.pt) und Douro Azul (Rua Miragaia 103, Tel. 223 40 25 00, www.douroazul.com). Letztere veranstalten auch mehrtägige Touren.

### MUSIK UND NACHTLEBEN

Sehr abwechslungsreich ist auch das Programm in der Casa da Música (Av. da Boavista 604–610, Tel. 220 12 02 20, www.casadamusica.com). Der Hot Five Jazz Club (Largo Actor Dias 51, Tel. 934 32 85 83, http://hotfive.pt) ist ein schönes kleines Lokal mit Live-Jazz und -Blues.
Feine Weine und Portweine gibt es in den Bars, Pubs, Lounge-Bars und Straßencafés der Ribeira. Das Plano B (Rua Cândido dos Reis 30, Tel. 222 01 25 00, http://planobporto.net) bietet Livemusik und DJ-Abende.
Angesagte Diskotheken in Porto sind u. a. Stox Club (Rua das Carmelitas 151), More Club (Rua Galeria de Paris 80) und das Tendinha dos Clérigos (Rua do Conde de Vizela 80).
Das Nachtleben in Kleinstädten spielt sich vor allem in den Bars und Restaurants rund um den Hauptplatz ab.

Die Markthalle Bolhao bietet eine große Auswahl an regionalen Produkten in Porto

Dünen in der Lagune von Óbidos.

# Zentralportugal

Ekstatische Manuelinik, kühne Berglandschaften, endlose Dünenstrände – Zentralportugal begeistert mit Vielfalt.

Seiten 106–141

# Erste Orientierung

**Zentralportugal erstreckt sich vom Umland Lissabons bis nach Aveiro und von der spanischen Grenze bis zur Atlantikküste. Es vereint die von breiten Sandstränden geprägte Küste mit ihren Hafenstädten, schroffe Gebirge und wehrhafte Bergdörfer, das lebhaft-studentische Coimbra und das magische Klosterdreieck der Manuelinik um die Christusritterburg von Tomar.**

Das Herz Zentralportugals bilden die Beiras, drei zwischen den Flüssen Douro und Tagus gelegene Provinzen. Hier lebten die Lusitaner, ein Stamm, der den Römern erbitterten Widerstand leistete. Ihr 139 v. Chr. getöteter Anführer Viriatus gilt als Nationalheld.

Coimbra, dessen Name auf die Römersiedlung Conímbriga zurückgeht, war über hundert Jahre lang die Hauptstadt Portugals. Heute ist ist es Mittelpunkt der Beira Litoral, einer Küstenregion mit Sandstränden, Kiefernwäldern und Dünen, die sich bei Sommerurlaubern wie Surfern großer Beliebtheit erfreut.

Die Beira Alta, weiter landeinwärts, ist stolz auf ihre Städte und Dörfer aus Granit, in denen Dão-Weine und Käse produziert werden. Der beliebte Serra-Schafskäse stammt aus dem Hochland Serra da Estrela. In der abgelegenen Beira Baixa liegt Monsanto, eines der beeindruckendsten Bergdörfer.

Estremadura und Ribatejo sind übersät mit Burgen und Monumenten, die an die Zeit der christlichen Rückeroberung des Landes erinnern. Dort findet man die drei großen portugiesischen Klöster Alcobaça, Batalha und Tomar, aber auch den modernen Wallfahrtsort Fátima, der Pilger aus aller Welt anzieht.

## Nicht verpassen!

30 Mosteiro de Alcobaça
31 Tomar
32 Aveiro

## Nach Lust und Laune!

33 Buçaco
34 Conímbriga
35 Óbidos
36 Monsanto
37 Viseu
38 Fátima

## TOP 10

5 ★★ Mosteiro de Batalha
6 ★★ Coimbra
8 ★★ Serra da Estrela

# Mein Tag mit Fischerhäfen und Monsterwellen

Die Tour von Peniche bis Aveiro reiht hübsche Badeorte, einsame Strände und spektakuläre Aussichtspunkte aneinander. Sie begegnen immer wieder Fischern – und Surfern, denn Portugals Atlantikküste gilt als einer der besten Spots weltweit.

### 9.30 Uhr: Von Peniche in die Welt

Früher starteten Entdeckungsfahrten und Fischfangflotten von der Peniche-Halbinsel; heute zählt der Ort mit seinen endlosen Stränden zu den Top-Destinationen für Surfer. Auf der Regionalstraße N 114 erreichen Sie über Óbidos nach 50 km die halbkreisförmige Bucht von São Martinho do Porto mit ihrem wunderbar geschützten Sandstrand. Zeit für eine erste Pause? An der Strandpromenade reiht sich ein Café ans andere.

### 11 Uhr: Ländliches Idyll

Auf der küstennahen N 242 setzen Sie die Fahrt nach Norden durch typische Landschaft fort: Macchiabewachsene Hügel rahmen einsame, goldene Sandstrände ein, die meisten nur zu Fuß erreichbar. Im Hinterland liegen kleine Gehöfte und Ferienhäuser; hier und da werden Wein, Getreide, Oliven angebaut, Fische trocknen am Strand. Nach 20 km führt die Straße zurück an die Küste, passiert Nazarés kleinen Hafen und erreicht den Hauptstrand des Badeortes, Praia da Vila.

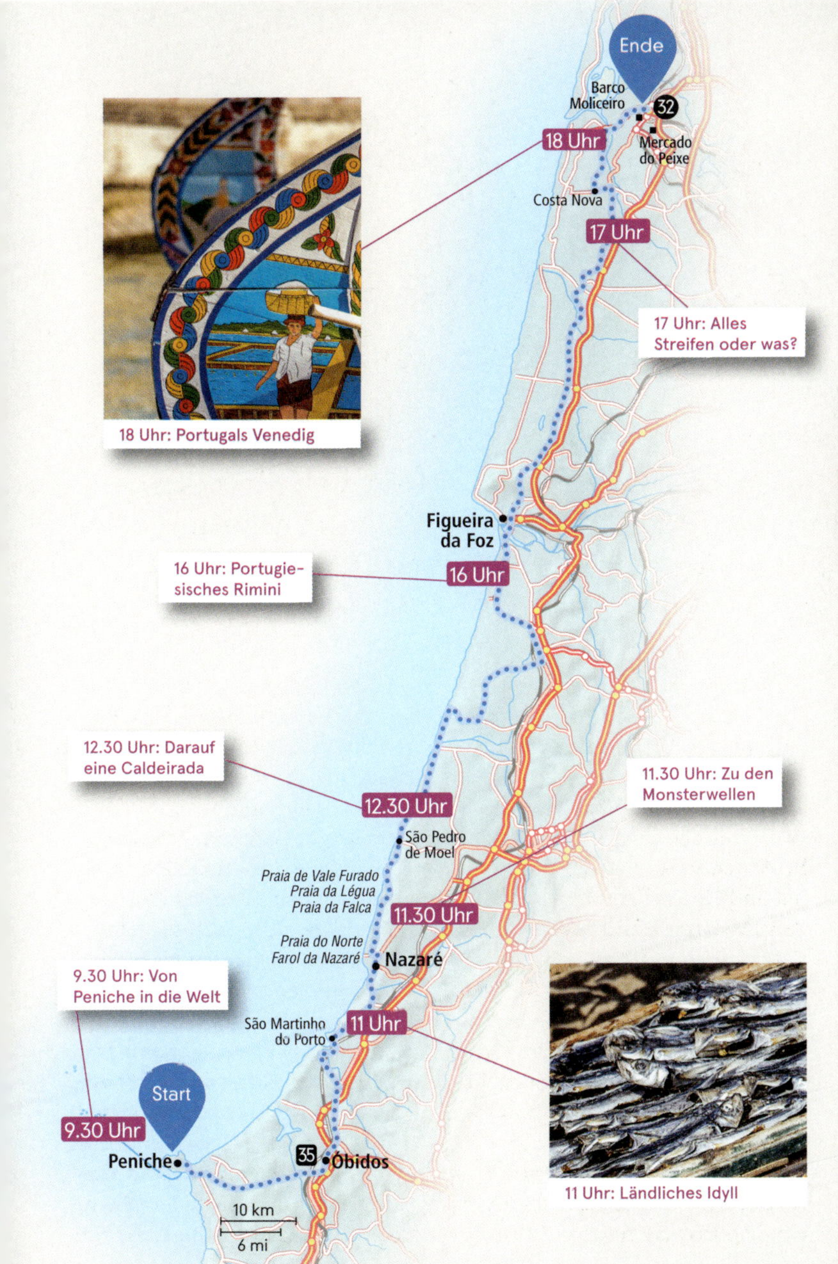


18 Uhr: Portugals Venedig

11 Uhr: Ländliches Idyll

Die sich in Nazaré brechenden Wellen zählen zu den größten surfbaren der Welt.

### 11.30 Uhr: Zu den Monsterwellen

Nazaré ist Mekka der Big-Wave--Surfer, die an der legendären Praia do Norte ihr Leben aufs Spiel setzen. Über den alten Ortsteil Sítio erreichen Sie die Festung, die heute als Leuchtturm dient und deshalb Farol genannt wird. Sie ist berühmt als Aussichtspunkt, denn vor dieser Klippe rollen die höchsten Brecher heran. Surfbretter, Fotos und andere Memorabilien erinnern im Fort an die großen Momente mit den Riesenwellen von Nazaré.

### 12.30 Uhr: Darauf eine Caldeirada ...

... oder eines der anderen fein zubereiteten Fischgerichte im A Tasquinha, bevor Sie sich auf die Weiterfahrt machen. Auf den folgenden 20 km haben Sie mit Praia da Falca, Praia da Légua und Praia de Vale Furado eine Reihe schöner, geschützter Strände für ein Sonnen- oder gar Atlantikbad zur Auswahl, nur denken sie bitte an die teils gefährlichen Strömungen!

In São Pedro de Moel wäre es dann Zeit für eine *bica*. Der Badeort ist reizvoll gelegen und besitzt trotz der vielen Souvenirläden und Pensionen noch authentisches Flair.

### 16 Uhr: Portugiesisches Rimini

Figueira da Foz ist ein Badeort für diejenigen, die Action,

Die bunten Ferienhäuser von Costa Nova waren einst Fischerhütten (oben). Die »Moliceiros« schaukeln nun Touristen durch die Kanäle von Aveiro (rechts).

Shopping und Kasinos schätzen. Der Strand ist fantastisch und bestens gepflegt. Die Promenade einmal rauf und runter, dann haben sie eigentlich schon alles gesehen.

### 17 Uhr: Alles Streifen oder was?

Auf dem letzten Drittel durchqueren Sie die Ria de Aveiro, ein Haff, das sich zu einer weit verzweigten Lagune weitet. In Holzhäuschen wie jenen von Costa Nova bewahrten die Fischer ihre Gerätschaften auf. Irgendwann erkannten sie den touristischen Wert der Hütten, restaurierten sie, pinselten sie bunt an und vermieteten sie nun an Feriengäste. Hübsch, nicht wahr?

### 18 Uhr: Portugals Venedig

In ㉜ Aveiro checken sie im Hotel ein, reservieren für 20 Uhr einen Tisch im Restaurant Mercado do Peixe und suchen sich einen Barco Moliceiro, eines der traditionellen Tangfischerboote, mit denen sie eine romantische Stadtrundfahrt auf den Kanälen unternehmen. Danach genießen Sie die kreative Fischküche des Restaurants über dem Fischmarkt.

*i*

**A Tasquinha**
✈ 223 E2 ✉ Rua Adriao Batalha 54, Nazaré
☎ 262 55 19 45 ◑ Mo geschl., €€

**Mercado do Peixe**
✈ 223 F5 ✉ Largo da Praça do Peixe 1, Aveiro
◑ www.restaurantemercadodopeixeaveiro.pt

# ❺ ★★ Mosteiro de Batalha

| | |
|---|---|
| Was? | Kirche und Kloster zum Dank für einen Sieg |
| Warum? | So ein Gotteshaus haben Sie noch nie gesehen |
| Wann? | Am späten Nachmittag mit dem schönsten Licht |
| Wie lange? | Eine Stunde |
| Was noch? | Auch Batalha selbst ist ein hübscher Ort |
| Resümee | Manuelinische Kunst kann selbst blutige Schlachten in Poesie verwandeln |

**Fantasie oder Realität? Eine Flut von Zinnen, Türmchen, Strebepfeilern und bizarren Figuren aus honigfarbenem Kalkstein umhüllt das Mosteiro de Batalha. Das Meisterwerk gotisch-manuelinischer Architektur ist ein Symbol der portugiesischen Unabhängigkeit von Spanien. Denn nicht weit entfernt, bei Aljubarrota, besiegte João I. 1385 die Spanier in einer legendären Schlacht, *batalha*.**

Das Mosteiro de Santa Maria da Vitória ist allgemein als Mosteiro da Batalha (Kloster der Schlacht) bekannt. Drei Jahre nach dem Sieg unter König João I. begannen die Arbeiten an der Abtei. Bewundern Sie zunächst das Äußere der Kirche und das Reiterstandbild des Nuno Álvares Pereira auf dem Vorplatz. Der Offizier gilt als eigentlicher Held der Schlacht; nur dank seiner strategischen Leistung und der Unterstützung durch 500 englische Bogenschützen gelang der Sieg.

Am Hauptportal findet man Apostelstatuen, eine Darstellung Christi, Engel, Heilige und das Wappen Joãos I. Das lange, ungewöhnlich hohe Mittelschiff ist mit seinen gotischen Pfeilern und Gewölben und den Buntglasfenstern wunderbar schlicht gehalten. Gleich rechts vom Eingang ruht unter einer einfachen Grabplatte der federführende Baumeister dieses Gotteshauses, Mateus Fernandes († 1515).

Rechts vom Hauptportal befindet sich die Capela do Fundador, die Gründerkapelle, in der João I. und seine Gattin beigesetzt sind. Auf dem Sarkophag ist das Paar Hand in Hand abgebildet. Ihre vier jüngeren Söhne liegen ebenfalls hier, darunter Heinrich der Seefahrer.

### Manuelinisches Bilderbuch

Der ursprüngliche Claustro Real (Königlicher Kreuzgang) ist reich mit manuelinischem Maßwerk von Diogo de Boytac verziert. Alle Symbole der manuelinischen Kunst sind hier versammelt: Armillarsphären, das Kreuz der Christusritter, verschlungene Zweige und exotisches Blattwerk. Auf einer Seite des Kreuzgangs befindet sich auch die Sala do Capítulo (Kapitelsaal) mit einem Mahnmal für die Unbekannten Soldaten aus dem Ersten Weltkrieg und die Opfer portugiesischer Kolonialkriege in Afrika.

Durch einen zweiten Kreuzgang gelangt man zu den Capelas Imperfeitas, den unvollendeten Kapellen. Dom Duarte, der älteste Sohn Joãos I., ließ sie als Mausoleum für sich und seine Gemahlin, Leonor de Aragón, erbauen. Die an der Rückseite der Kirche gelegenen Kapellen mit einem indisch inspirierten manuelinischen Portal aus der Hand des Mateus Fernandes und einer unvollendeten Rotunde sind vielleicht sogar die Hauptattraktion der gesamten Anlage.

### KLEINE PAUSE

Nach dem Besuch der Abtei bietet sich das Restaurant **Burro Velho** (Rua Nossa Sra. do Caminho 6A, Tel. 244 76 41 74, www.burrovelho.com, Mo–Sa 12–15, 19–22, So 12–15 Uhr) für ein Glas Wein oder ein typisches portugiesisches Gericht an.

---

i

223 F2 ☎ 244 76 54 97
www.mosteirobatalha.gov.pt
Okt.–März 9–17.30 Uhr, April–Sept. 9–18.30 Uhr (letzter Einlass 30 Min. vor Schließung)
6 €

Die Abtei des Mosteiro de Santa Maria de Vitória ist für Portugal ein nationales Symbol.

# Das Kloster von Batalha

**Das Kloster von Batalha, der heiligen Maria des Sieges geweiht, ist Sinnbild für Portugals Unabhängigkeit von Spanien. Vor der legendären Schlacht (= *batalha*) bei Aljubarrota 1385 legte König João I. das Gelübde ab, dass er im Fall eines Siegs ein Kloster gründen werde.**

1 Westportal Der Haupteingang: Insgesamt 78 Figuren sind dargestellt, u. a. zwölf Apostel, Engel, Propheten, Könige und Heilige.

2 Capela do Fundador Kapelle mit dem Sarkophag des Gründerpaars und Gräbern ihrer Kinder, u. a. dem von Heinrich dem Seefahrer.

3 Klosterkirche Der eindrucksvolle Innenraum hat eine Länge von 88 m, eine Breite von 32 m und eine Höhe von 32,5 m und ist damit an Größe mit dem Kölner Dom und Notre-Dame in Paris vergleichbar.

4 Capelas Imperfeitas Die Unvollendeten Kapellen waren als achteckiger Grabraum angelegt. Vorgesehen war ein Kuppeldach, für das die acht Strebepfeiler notwendig waren, die nun in den Himmel ragen.

5 Claustro Dom João I. Eines der schönsten Beispiele manuelinischer Ornamentik. Zwei Grundmotive im Maßwerk sind das Christusritterkreuz und die Armillarsphäre. Den angrenzenden Kapitelsaal überwölbt eine freischwebende Kuppel.

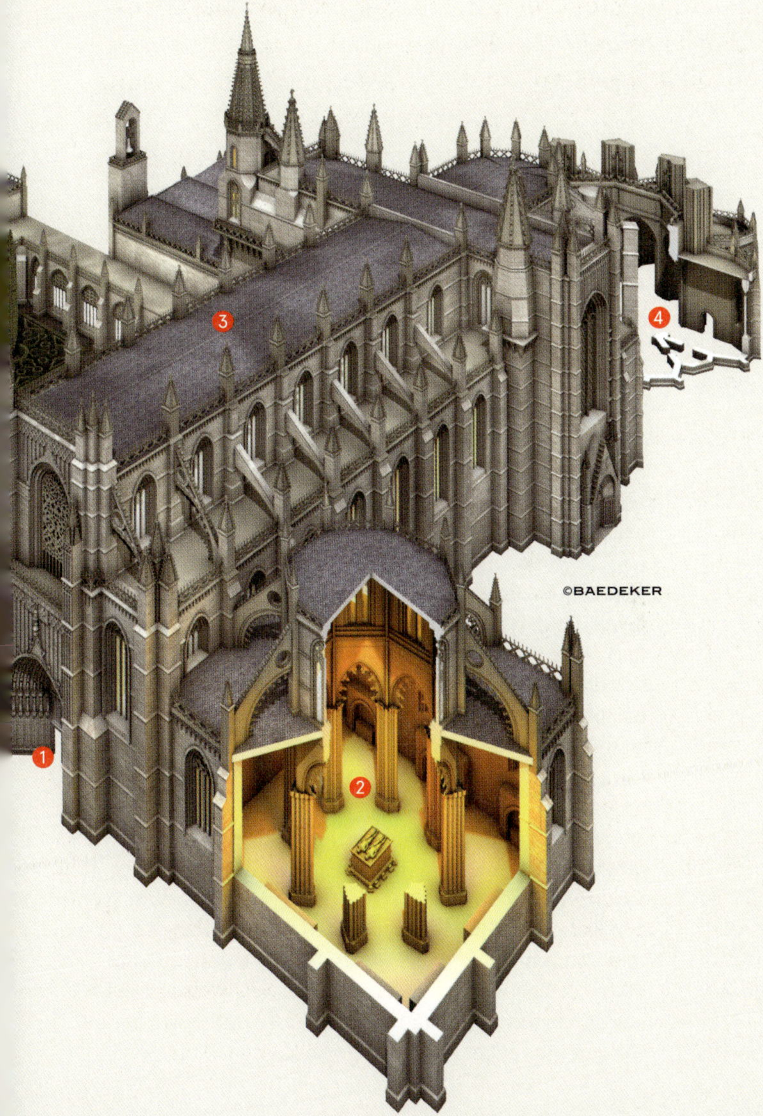
3
4
©BAEDEKER
1
2

# ❻ ★★ Coimbra

| | |
|---|---|
| Was? | Portugals älteste Universität, eine quirlige Altstadt und eine unglückliche Liebe |
| Warum? | Eine lebhafte, junge, liebenswerte Stadt |
| Wann? | Anfang Mai erleben Sie die Queima das Fitas, mit der die Studenten ihren Abschluss feiern |
| Wie lange? | Zwei, drei Tage |
| Was noch? | Coimbra pflegt einen besonderen Fado |
| Was nehme ich mit? | Durchtrainierte Beinmuskeln und verbesserte Kondition |

**Portugals älteste Universität thront auf einem Hügel oberhalb des Mondego. Mit seinen historischen Bauten, den Kirchen, Parks und Gärten und einer lebendigen Studentenszene gehört Coimbra zu den bemerkenswertesten Städten des Landes.**

Afonso Henriques (1109–85), der erste König Portugals, verlegte seine Hauptstadt hierher; sein Nachfolger, Dom Dinis, gründete 1290 die noch heute berühmte Hochschule. Die Universität wechselte mehrfach zwischen Lissabon und Coimbra hin und her, bevor sie 1537 im Königspalast Joãos III. auf dem Hügel Alcáçova in Coimbra eine dauerhafte Bleibe fand. Obwohl die Universität sehr an ihren Traditionen hängt, sind ihre Studenten für ihre liberale Haltung bekannt. So war Coimbra im 20. Jh. ein Zentrum der radikalen Opposition gegen die Regierung Salazar.

## Steil bergauf zu Wissen und Erkenntnis

Trotz der beachtlichen Steigungen erkundet man die Stadt möglichst zu Fuß. Den hübschen Pátio das Escolas betreten Sie durch die Porta Férrea (Eisernes Tor) von 1634; sie ist mit allegorischen Darstellungen der ursprünglichen Fakultäten und Statuen von Dom Dinis und João III. geschmückt. Den Platz rahmen an drei Seiten Universitätsgebäude ein; die vierte Seite öffnet sich zu einer Terrasse mit herrlichem Blick auf den Mondego. Eine Statue von König João III. in der

Von der gegenüberliegenden Seite des Flusses hat man den schönsten Blick auf Coimbra (oben). Die Universitätsbibliothek Biblioteca Joanina zählt zu den beeindruckendsten der Welt (rechts).

Mitte und ein barocker Glockenturm sind der einzige Schmuck des harmonischen Komplexes. Für die Besichtigung der Highlights, der Bibliothek und des Hauptgebäudes, benötigen Sie ein Ticket.

Die Biblioteca Joanina besitzt eine Sammlung von mehr als 300 000 Büchern, die bis ins 12. Jh. zurückgehen. Sie ist nach ihrem Gönner João V. benannt und prunkvoll in den

Farben Gold, Grün und Rot ausgestattet. Insekten, die den kostbaren Bestand schädigen könnten, rückt die Universitätsverwaltung übrigens mit Fledermäusen zu Leibe. Sobald die Tore für Besucher schließen, ist die Stunde der nächtlichen Jäger gekommen.

Ältestes Gebäude ist der Flügel an der Nordseite des Platzes mit seinen Arkaden, in denen Studenten früher nur Lateinisch sprechen durften. Hier befindet sich die rubinrote

Die Universität von Coimbra ist die älteste des Landes.

Sala dos Capelos (Zeremoniesaal), in der die Studenten ihre Abschlusszeugnisse erhalten; ursprünglich wurden darin rauschende, königliche Feste gefeiert. Eine vertäfelte Decke und Porträts portugiesischer Könige schmücken den einstigen Festsaal.

### Eine grüne Oase

Von der Praça Dom Dinis führen Treppen hinunter zur Praça da República mit ihren Studentencafés. Hinter dem Aquädukt São Sebastião, das im späten 16. Jh. vom italienischen Architekten Filippo Terzi mit 21 Bögen errichtet wurde, liegt der weitläufige Jardim Botânico da Universidade de Coimbra. Der Garten ist die größte botanische Gartenanlage Portugals und wurde im späten 18. Jh. gestaltet.

Steigen Sie die Stufen wieder hinauf, um den Rest der Oberstadt zu erkunden. Die Sé Nova (Neue Kathedrale) wurde eigentlich schon 1598 errichtet und mit dem Chorgestühl und Taufbecken der älteren Kathedrale ausgestattet. Etwas unterhalb präsentiert das Museu Nacional Machado de Castro in Räumen eines historischen Bischofspalastes aus dem 16. Jh. und einem modernen Annex mittelalterliche Malereien und Skulpturen und sehenswerte Sammlungen archäologischer Exponate, Keramik, Schmuck und Textilien. Einen Höhepunkt bildet der unterirdische, Criptoportico genannte Bereich mit dem ehemaligen römischen Forum und Resten eines Aquädukts.

## Wo Portugals erste Könige ruhen

Die weiter hügelabwärts gelegene Sé Velha (Alte Kathedrale) ist eine romanische Wehrkirche in ebenso schlichter wie imposanter Architektur. Besonders beachtenswert sind der Kreuzgang aus dem 13. Jh. und die maurischen Kacheln an den Wänden. Von hier aus gelangen Sie zum Arco de Almedina, dem alten Stadttor (12. Jh.).

Hinter dem Tor nach rechts erreichen Sie durch eine Fußgängerzone das Mosteiro de Santa Cruz. Viele führende Künstler aus der Schule von Coimbra, darunter Jean de Rouen, arbeiteten im 16. Jh. für dieses Kloster. Das Portal mit den beiden das Wappen haltenden Engeln stammt von Diogo de Castilho und Nicolas Chanterène. Letzterer entwarf auch die Kanzel und die prunkvollen Grabmäler der ersten portugiesischen Könige, Afonso Henriques und Sancho I. Eine Eintrittskarte benötigt man für die Sala do Capítulo (Kapitelsaal) von Diogo de Boytaca mit der imposanten manuelinischen Decke sowie für den Kreuzgang Claustro do Silêncio, eines der schönsten Beispiele manuelinischer Kunst.

## Liebesschwüre und Entsagung

Über die Brücke Ponte de Santa Clara, von der sich ein schöner Blick auf die Altstadt und den Universitätshügel eröffnet, kommt man zur Ruine des gotischen Klosters Santa Clara-a-Velha am Südufer. Der Konvent wurde über die Jahrhunderte durch die Überschwemmungen des Mondego fast zerstört,

# Im Garten der Tränen

Efeu überwuchert die Ruine eines Kreuzgangs, im Liebesbrunnen plätschert das Wasser, Vögel zwitschern. Mächtige Zypressen und Judasbäume werfen ihre Schatten über diese Inszenierung, mit der das romantische 19. Jh. der Legende von Pedro und Inês (s. S. 127) im Park der Quinta das Lágrimas einen Ort der Erinnerung einrichtete. Alles Fake? Da wäre noch die Fonte das Lagrimas, an der Inês angeblich wirklich auf ihre Mörder traf und ihr Leben aushauchte. Spüren Sie den plötzlichen kalten Windhauch? Manche sagen, Inês sei immer noch da!

*Quinta das Lágrimas, Rua António Augusto Gonçalves, Coimbra*

ab den 1990er-Jahren aber wieder freigelegt und um ein modern gestaltetes Besucherzentrum mit Ausstellung erweitert. Die gezeigten Exponate dokumentieren die wechselhafte Geschichte des Klosters. Inês de Castro, Geliebte des Infanten Dom Pedro, wurde hier beigesetzt, bevor Pedro sie nach Alcobaça (S. 126) überführen ließ. Ermordet wurde sie der Legende nach im nahen Garten Quinta das Lágrimas, in dem der Fonte dos Amores (Brunnen der Liebenden) an das unglückliche Liebespaar erinnert.

Die romanische Wehrkirche Sé Velha von Coimbra

**KLEINE PAUSE**

Die **Studentencafés** rund um die Praça da República und **O Trovador** (S. 140) an der Sé Velha bieten Erholung.

---

i

224 A4 ✉ Largo da Portagem
☎ 239 48 81 20
🌐 www.turismodocentro.pt

**Universidade Velha (Biblioteca Joanina und Sala dos Capelos)**
✉ Paço das Escolas
☎ 239 85 99 00 🌐 www.uc.pt
🕐 Ostern bis Mitte Okt. tägl. 9–19.30 Uhr, Mitte Okt. bis Ostern Mo–Fr 9.30–13, 14–17.30, Sa/So 10.30–16.30 Uhr 🎫 12 €, Turm 1 €, Audioguide 2,50 €; der Ticketshop liegt im Atrium der Biblioteca Geral, Largo da Porta Férrea (gegenüber der Faculdade de Letras)

**Jardim Botânico da Universidade de Coimbra**
✉ Calçada Martim de Freitas
☎ 239 85 52 33
🌐 www.uc.pt/jardimbotanico
🕐 April–Sept. tägl. 9–20 Uhr, Okt.–März 9–17.30 Uhr
🎫 Zugang kostenlos

**Museu Nacional Machado de Castro**
✉ Largo Dr José Rodrigues
☎ 239 85 30 70
🌐 www.museumachadocastro.pt
🕐 April–Sept. Mi–Mo 10–19, Okt.–März bis 18 Uhr, Di 14–18 Uhr
🎫 6 €, Criptopórtico 3 €

**Sé Velha**
✉ Largo da Sé Velha
☎ 239 82 52 73
🌐 http://sevelha-coimbra.org
🕐 Mo–Fr 10–17.30, Sa bis 18.30, So 11–17 Uhr, kein Zugang bei Gottesdiensten 🎫 2,50 €

**Mosteiro de Santa Cruz**
✉ Praça 8 de Maio
☎ 239 82 29 41
🕐 Mo–Fr 9–17, Sa 9–12, 14–17, So nur 16–17.30 Uhr
🎫 Kirche frei, weitere Innenbereiche 2,50 €

**Santa Clara-a-Velha**
✉ Rua das Parreiras ☎ 239 80 11 60
🌐 http://cultura centro.pt
🕐 Mo–Fr 9–17, Sa 9–12, 14–17, So nur 16–17.30 Uhr
🎫 4 €

# ❽ ★★ Serra da Estrela

| | |
|---|---|
| Was? | Wanderwege, Aussichtsberge und ein Traumhotel |
| Warum? | Gebirgslandschaft mit eigenwilligem Charakter |
| Wann? | Frühsommer bis Herbst; noch im Mai kann Schnee liegen |
| Wie lange? | Zwei, drei Tage |
| Was noch? | Die feinsten Wolldecken Portugals |
| Was nehme ich mit? | Ein Plaid von Burel |

**Gletscher haben einst die Täler der Serra da Estrela geformt; das 100 km lange und 30 km breite »Sternengebirge« ist Kontinental-Portugals höchster Gebirgszug. Im Sommer wandern Sie dort über duftende Teppiche aus Gras und Wildblumen, im Winter sind die Gipfel mit Schnee bedeckt.**

Ein großer Teil dieser Landschaft wurde zum Naturschutzgebiet erklärt, sie wird aber auch intensiv genutzt: Im Mittelpunkt steht die Land- und Forstwirtschaft, vor allem die Schafzucht: Hirten versorgen ihre Herden, produziert werden Käse und Wolle. Der aktive Tourismus hat an Bedeutung gewonnen. Guten Zugang zu den Bergen bietet Covilhã, eine geschäftige Industriestadt mit Bergpanorama, in der man Handschuhe, Jacken und Wollwaren kaufen kann. Von hier aus führt die N339 durch Penhas da Saúde, Portugals einziges Skiresort, ins Gebirge. Die Stadt eignet sich gut als Ausgangspunkt einer Rundfahrt.

### Wolldecken von glücklichen Schafen

Die N338 führt am schönen Zêzere-Tal entlang, einem tiefen Gletschertal. Erstes Ziel ist Manteigas, eine Kleinstadt im Zentrum des Naturparks, wo sich der Besucher über Bergwanderungen informieren kann, besonders schön ist die zum Wasserfall Poço do Inferno. Interessant ist auch ein Besuch in der Wollweberei Burel, die tolle Decken, Plaids und Accessoires aus Filz in zeitgenössischem Design herstellt.

Von Manteigas aus windet sich die N232 in Richtung Gouveia immer höher hinauf und bietet dabei herrliche Ausblicke über das Zêzere-Tal. Die Landschaft ist überwältigend; man entdeckt merkwürdige, von der Erosion geformte Granitskulpturen, etwa die Cabeça do Velho, den Kopf eines alten Mannes. Einen Abstecher lohnt das charmante Hotel Casa das Penhas Douradas (S. 138), das von bizarren Granitbrocken umgeben ist.

Von Gletschern geformt: das Zêzere-Tal

### Zum höchsten Punkt des Festlands

Eine Nebenstraße führt nach Sabugueiro, dem höchstgelegenen Dorf Portugals. Hier werden Produkte der Region verkauft – Käse, Schinken, Würste und Wolldecken. Anschließend folgt man der Straße N339, die langsam bis zum höchsten Berg des Landes ansteigt. Der Torre (1993 m) verdankt seinen Namen einem Steinturm, der auf seinem Gipfel errichtet wurde, damit er die 2000-Meter-Marke erreichte. Halten Sie auf dem Rückweg nach der Marienstatue Nossa Senhora da Boa Estrela in einer Felsnische Ausschau.

Eine gute Basis für einen Besuch des Parks bilden Guarda, die höchstgelegene Stadt Portugals (1056 m) mit einer gotischen Kathedrale, und Belmonte, der Geburtsort von Pedro Álvares Cabral (S. 19), dem Entdecker Brasiliens. In Belmonte fanden zahlreiche *marranos*, Juden, nach ihrer Vertreibung aus anderen Regionen Portugals 1497 Schutz. In der Stadt gibt es immer noch eine große jüdische Gemeinde, wovon auch eine neuere Synagoge zeugt.

### KLEINE PAUSE

In allen größeren Dörfern gibt es Sandwiches mit dem aromatischen, regionalen Schafskäse *queijo da serra*.

---

225 D5

**Tourist Information**
2 Rua Carvalho, Manteigas
275 98 11 29
https://cm-manteigas.pt

**Burel Factory**
Rua de Benguela 4, Manteigas
275 09 89 32
www.burelfactory.com
geführte Fabrikbesichtigung Mo–Sa 11 Uhr, Anmeldung nötig, Shop Mo–Fr 10–17, Sa 10–13 Uhr

# ㉚ Mosteiro de Alcobaça

| | |
|---|---|
| Was? | Gotik und Manuelinik in Perfektion |
| Warum? | Kirche und Kreuzgang sind atemberaubend schön |
| Wann? | Nicht an Wochenenden, zu voll |
| Wie lange? | Eine Stunde |
| Was noch? | Portugals berühmtestes Liebespaar |
| Resümee | Große Liebe rostet nicht |

**Die gewaltige, zum Weltkulturerbe zählende Klosteranlage von Alcobaça ist ein Musterbeispiel gotischer Architektur und allein deswegen einen Besuch wert. Darüber hinaus erinnert ihre Kirche an eine der tragischsten Liebesaffären in der Geschichte Portugals.**

Ein filigranes Meisterwerk: das Grab von Inês de Castro

Das Mosteiro de Alcobaça wurde 1153 von Afonso Henriques (S. 118) als Dank für den Sieg über die Mauren bei Santarém gegründet. Die barocke Fassade stammt zwar aus dem 18. Jh., doch das Innere ist rein gotisch. Im Gegensatz zu vielen detailverliebten portugiesischen Kirchen vermitteln die klaren Linien und die hohen Säulen dieses Mittelschiffs den Eindruck reiner Harmonie. Dekor fehlt nahezu vollständig; einzige Ausnahme ist das reich mit Skulpturen geschmückte Portal zur Sakristei hinter dem Hochaltar. Das von João de Castilho im manuelinischen Stil des 16. Jhs. entworfene Portal weist exotisches Blattwerk auf.

### Liebe in Stein gemeißelt

Die Geschichte soll sich tatsächlich so zugetragen haben: Inês de Castro, Hofdame bei Dom Pedros Gemahlin Constanza von Kastilien, unterhielt eine Affäre mit dem Prinzen. Dessen Vater Afonso IV. verbannte Inês, um die Beziehung zu beenden, doch diese kehrte nach Constanzas Tod zurück und lebte mit Pedro in Coimbra. Dort, angeblich im Garten der Quinta das Lágrimas (S. 122), ließ Afonso IV. sie 1355 ermorden, weil er einen spanischen Einfluss auf den Thron von Portugal fürchtete. Als Pedro zwei Jahre später selbst den Thron bestieg, nahm er Rache: Er ließ die Mörder foltern und exekutieren. Inês Leichnam wurde exhumiert und in Alcobaça beigesetzt.

Die reich mit Bibelszenen und Ereignissen aus dem Leben der Verstorbenen geschmückten Grabmäler der beiden stehen einander gegenüber. Pedro wünschte dies, damit die Liebenden bei der Auferstehung am Jüngsten Tag einander ansehen können.

### Ein Kreuzgang zum Träumen

Auf dem Weg zum Kreuzgang kommt man durch die Sala dos Reis mit ihren von Mönchen gefertigten Statuen portugiesischer Könige und Szenen aus der Klostergeschichte auf den gekachelten Wänden. Der im 14. Jh. ergänzte Claustro de Silêncio gilt mit seinen Orangenbäumen als einer der schönsten Gotik-Kreuzgänge Portugals.

Die Küchen (aus dem 18. Jh.) waren einst für die Vorbereitung ausgefallener Bankette berühmt. Der Zugang zum Fluss Alcôa garantierte frischen Fisch. Angrenzend an die Küchen liegt das einstige Refektorium mit eindrucksvollem Kreuzrippengewölbe und einer Lesekanzel. Während die Mönche schweigend aßen, las ein Bruder aus hl. Schriften vor.

**KLEINE PAUSE**

Am großen **Platz vor der Klosteranlage** und in den Sträßchen rundherum laden Cafés und Restaurants zur Einkehr.

---

223 E2
☎ 262 50 51 20
www.mosteiroalcobaca.pt

Okt.–März tägl. 9–18 Uhr, April–Sept. 9–19 Uhr (letzter Einlass 30 Min. vor Schließung) 6 €

# ㉛ Tomar

| | |
|---|---|
| Was? | Kirche und Kloster der Tempel- bzw. Christusritter |
| Warum? | Sitz eines geheimnisumwitterten Ordens |
| Wann? | Möglichst nicht in der Hauptsaison, dann heißt's anstehen |
| Wie lange? | Zwei, drei Stunden |
| Was noch? | Das hübsche Tomar lohnt eine Übernachtung |
| Resümee | Neuer Vorsatz: Dan Browns »Sakrileg« noch mal lesen |

**Ein mittelalterliches Kloster, der Convento de Cristo, und die wuchtige Christusritterburg erheben sich oberhalb von Tomar. Das einst mächtige kirchliche und militärische Zentrum ist heute eine friedliche Stadt am Ufer des Nabão. Von hier aus kann man wunderbar Ausflüge ins Umland unternehmen.**

## Das Kloster

1157 wurde der Konvent von Gualdim Pais, dem ersten Ordensmeister der Tempelritter in Portugal, gegründet. Die militärische Vereinigung mit stark religiöser Prägung bekam die Ländereien von Afonso Henriques (S. 118) zum Dank für die Hilfe bei der Befreiung von den Mauren. Tomar entwickelte sich zum Hauptsitz der Templer, bis Papst Klemens V. 1312 den mächtigen Orden auflöste. In Portugal wurde er unter Dom Dinis als Christusorden weitergeführt.

Der Rundgang durch das Kloster beginnt in den beiden Kreuzgängen, dem Claustro da Lavagem und dem Claustro do Cemitério; beide wurden von Heinrich dem Seefahrer (1394–1460, S. 18) hinzugefügt. Als Nächstes kommt man in die Charola, das geistliche Zentrum der Anlage, eine wahrhaft eigenwillige Rundkirche aus dem 12. Jh. In der achteckigen Kapelle wohnten die kriegerischen Ordensleute angeblich zu Pferde den Gottesdiensten bei. Die Charola bildet heute den östlichen Teil einer Kirche aus der Zeit Manuels I., die zu Portugals schönsten Beispielen des manuelinischen Stils zählt.

Von hier aus begibt man sich in den Claustro Principal, den 1557 unter dem Einfluss der Renaissance angelegten großen Kreuzgang. Vom Dach aus hat man den besten Blick auf das großе Westfenster von Diogo de Arruda und auf das Südportal von João de Castilho, zwei glänzende Beispiele der manuelinischen Kunst in Portugal. Von hier aus gehen Sie – durch Korridore und an Mönchszellen vorbei – zur Dachterrasse, bevor Sie den Rundgang um die Burgmauern herum fortsetzen.

Blick in den zweistöckigen Kreuzgang des Claustro Principal des Klosters von Tomar.

## Die Stadt

Die Häuser der westlich des Flusses gelegenen Altstadt gruppieren sich um die elegante Praça da República. Freitags zum Wochenmarkt Feira Semanal geht es hier besonders lebhaft zu. Die Kirche São João Baptista besitzt ein elegantes manuelinisches Portal und eine Kanzel mit Templerkreuz und dem königlichen Wappen. Unmittelbar südlich steht die älteste erhaltene Synagoge Portugals.

Ein Gewirr enger Gassen führt hinunter zum Fluss Nabão. Auf der gegenüberliegenden Flussseite bummeln Sie zur Igreja de Santa Maria do Olival: Von dem ersten Kirchenbau um 1160 stehen noch Vorhalle und Portal mit zierlicher Rosette. Im Inneren befinden sich die Gräber zahlreicher Ordensmeister und Ritter, darunter auch das von Gualdim Pais.

### KLEINE PAUSE

Im **Restaurante Infante** (Av. Cândido Madureira 106, www.restauranteinfante.com) bekommen Sie täglich Mittag- und Abendtisch mit typisch regionaler Küche.

---

i

✈ 224 A2
✉ Av. Dr Cândido Madureira 13
☎ 249 32 24 27
🌐 www.cm-tomar.pt

**Convento de Cristo**
✉ 15 Min. zu Fuß, oberhalb der Stadt ☎ 249 31 50 89
🌐 www.conventocristo.pt
● Juni–Sept. tägl. 9–18.30 Uhr, Okt.–Mai 9–17.30 Uhr 🎫 6 €

**Sinagoga/Museu Hebraico Abraão Zacuto**
✉ Rua Dr Joaquim Jacinto 73
● Mai–Sept. Di–So 10–13, 15–19 Uhr, Okt.–April Di–So 10–13, 14–17 Uhr

**Igreja de Santa Maria do Olival**
✉ Av. Dona Maria II.
● Di–So 10–13, 15–18, Winter 10–12, 14–17 Uhr

# Convento da Ordem de Cristo

**Die Christusritterburg von Tomar ist eines der herausragenden Baudenkmäler des Landes. Von kunstgeschichtlichem Interesse sind vor allem die Templerkirche aus dem 12. Jh. und die manuelinische Fassade, die ihre Krönung in dem berühmten »Fenster von Tomar« findet.**

1 Templerkirche Das Kernstück der Christusritterburg bildet die Templerkirche, die nach dem Vorbild der Grabeskirche in Jerusalem entstand. Sie wurde im 12. Jh. als sechzehneckiger Zentralbau mit einem achteckigen Mittelraum, der Charola, errichtet.

2 Christusritterkirche Im 16. Jh. begann man mit dem Bau der Christusritterkirche, die nach Plänen von João de Castilho direkt an die Templerkirche angebaut wurde. Als Chor der neuen Kirche fungierte nun die alte Templerkirche. Fast zwei Drittel der Christusritterkirche werden vom Hochchor ausgefüllt, der ehedem Betsaal der Mönche war. Darunter liegt der Kapitelsaal.

**3** Südportal Das Eingangsportal der Christusritterkirche ist reich mit Ornamenten verziert. Es ist ein Werk von João de Castilho.

**4** Manuelinisches Fenster Das vermutlich berühmteste Fenster Portugals ist am besten vom Claustro de Santa Bárbara aus zu sehen. Manuelinisches Dekor in seiner ganzen Pracht: Steinerne Taue, Blüten, Muscheln, Korallen und über allem das portugiesische Wappen, die Krone und das Kreuz der Christusritter, zu beiden Seiten Armillarsphären.

**5** Claustro Principal Der italienisch inspirierte Hauptkreuzgang ist ein Werk der Spätrenaissance.

**6** Claustro de Santa Bárbara Von hier bietet sich der beste Blick auf das manuelinische Fenster.

**7** Claustro da Hospedaria Hier wurden Gäste des Klosters beherbergt.

**8** Claustro do Cemitério Hier befindet sich u. a. das Grab von Diogo da Gama, einem Bruder Vasco da Gamas. Der elegante Brunnen wurde durch ein Aquädukt mit Wasser versorgt.

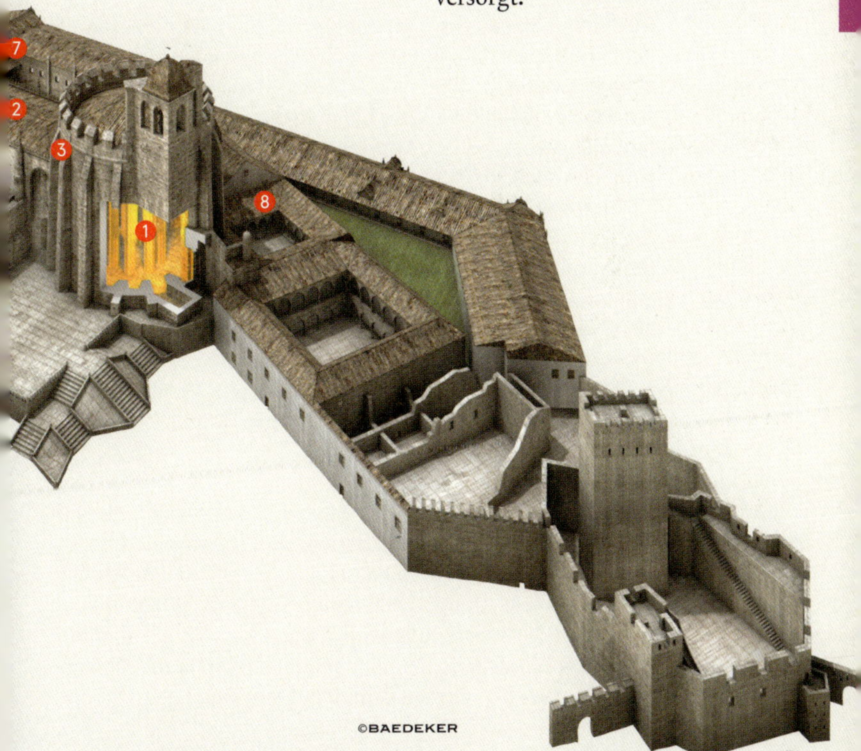

# 32 Aveiro

| | |
|---|---|
| Was? | Kanäle, Jugendstil und ein unter Naturschutz stehendes Haff |
| Warum? | Eine der bezauberndsten Städte an der Küste |
| Wann? | Im Winter eher ungemütlich |
| Wie lange? | Ein Tag |
| Was noch? | Ausflug ins bunt gestreifte Costa Nova |
| Resümee | Lange nicht mehr so frischen Fisch gegessen |

**Aveiro wird gerne als portugiesisches Venedig gefeiert, doch seine eigentliche Attraktion sind nicht die (wenigen) Kanäle, sondern die in allen Stilrichtungen an den Hausfassaden erblühende Arte Nova, die portugiesische Variante des Jugendstils.**

Auch die Lage an einem verzweigten Haff, in dem es gelegentlich schwerfällt, die Grenzen zwischen Wasser und Land zu unterscheiden, trägt zu den Reizen Aveiros bei. Sie beschert der Stadt ein weiches Licht, in der die teils restaurierten, teils melancholisch-verfallenden Fassaden toll zur Geltung kommen.

In römischer Zeit war Talábriga ein bedeutender Hafen; die Verlandung entfernte die Siedlung im Lauf der Jahrhunderte knapp 7 km von der offenen See. Die Ria, wie das Haff genannt wird, ernährte die Menschen mit Fisch, Seetang, der zum Düngen der Felder benötigt wurde, und Salz aus den Salinen. Heute spielt Aveiro als gut geschützter Hafen und als Standort einer vor allem im digitalen Bereich innovativen Universität eine wichtige Rolle im Wirtschaftsleben.

### Wer ist die Schönste in der Stadt

Entlang der beiden die Altstadt umrundenden Kanäle reihen sich Jugendstilfassaden aneinander, eine exzentrischer als die andere. Der Arte Nova ist das kleine Museu de Arte Nova gewidmet, dessen verspieltes Entrée bereits die Vorfreude auf die Ausstellung weckt. Vor allem die mit Jugendstilmotiven bemalten Azulejos zeigen eine erstaunliche Vielfalt. Die schmalen Gassen führen auf den Largo da Praça do

Peixe und seine schmiedeeiserne Mini-Markthalle zu.

Südöstlich des Zentrums schmücken Talha-Dourada-Altäre und zierliche Azulejo-Paneele die Catedral São Domingos; das Dominikanerinnenkloster nebenan fungiert als Museu de Aveiro mit einer wertvollen Sammlung barocker portugiesischer Kunst. 1472 trat die Infantin Johanna gegen den Willen ihres Vaters in das Kloster ein. Wegen ihres vorbildlichen Lebenswandels wird sie als Schutzheilige der Stadt verehrt. Ihre barocke Grabstätte in einem Vorraum der Kirche zählt zu den Höhepunkten des Museums.

Herrliche Jugendstilhäuser säumen den zentralen Kanal von Aveiro.

### Streifen, wohin man sieht

Rund 12 km nach Westen und gut mit dem Rad oder Bus (stündlich ab Rossio) zu erreichen, erscheint das Dörfchen Costa Nova mit seinen gestreiften Holzhäusern auf den ersten Blick wie eine Filmkulisse. Alle nur erdenklichen Farbkombinationen – Blau-Weiß, Rot-Weiß, Gelb, Grün – schmücken mal in Hoch-, mal in Querstreifen, die ehemaligen Hütten, in denen die Fischer ihr Arbeitsgerät verstauten. Knapp 4 km Sandstrand säumen hier die Westküste der Ria. Zahlreiche Cafés und Restaurants versorgen Sufer, Badegäste und Sonnenanbeter.

### KLEINE PAUSE

Die **Casa de Chá,** die Teestube, im Museu de Arte Nova lädt mit einer Tasse Tee und feinem Kuchen zu einer Pause in Jugendstilambiente (Adresse und Öffnungszeiten wie Museu).

---

223 F5 ✉ Rua João Mendonça 8
☎ 234 42 07 60
🌐 www.turismodocentro.pt

**Museu de Arte Nova**
✉ R. Dr. Barbosa de Magalhães 10
☎ 234 40 63 00
☎ http://mca.cm-aveiro.pt

Di–So 10–12.30, 13.30–18 Uhr
2 €

**Museu de Aveiro**
✉ Av. Santa Joana 8
☎ 234 42 32 97
Di–So 10–12.30, 13.30–18 Uhr
4 €

*i*

# Nach Lust und Laune!

## 33 Buçaco

In Buçaco fühlt sich der Besucher in ein Märchenland versetzt. Einst ein klösterlicher Rückzugsort ist der von einer Mauer umgebene Mata Nacional (Nationalwald) heute eine romantische Landschaft aus Zedernwäldern mit Brunnen, Einsiedeleien, schattigen Wegen und sogar einem eigenen Weinberg. Im Zentrum befindet sich der neomanuelinische Buçaco-Palast, einst ein königliches Jagdschloss und heute eines von Portugals Spitzenhotels (S. 138). Das Karmeliterkloster (Convento Santa Cruz do Buçaco; Sommer 10–13, 14–19, Winter bis 17 Uhr; 2 €) besitzt korkverkleidete Zellen und Wandmosaiken. Wandern Sie durch den Wald von Buçaco hinauf zum Cruz Alta (Hochkreuz), von hier haben Sie einen atemberaubenden Blick bis zum Ozean.

Die Gärten des Buçaco-Palasts, einst Jagdschloss, heute Spitzenhotel

224 B4/5

**Mata do Buçaco (Wald von Buçaco)**
☎ 231 93 70 00 🌐 www.fmb.pt
Juni–15. Sept. tägl. 8.30–19 Uhr, bis Mai 2019 geschl.
zu Fuß frei, normales Auto inkl. Passagieren 5 €

## 34 Conímbriga

Die am besten erhaltenen römischen Überreste Portugals findet man 15 km südlich von Coimbra. Die Ruinenstadt liegt an beiden Seiten der alten Römerstraße von Lissabon nach Braga. Einige der Häuser besitzen faszinierende Mosaiken. Versäumen Sie nicht die Casa das Fontes, eine Villa aus dem 2. Jh. mit schönen Gärten und Bädern. Bei den Ausgrabungen wurden Reste eines Forums, eines Aquädukts, von Läden, Tavernen und öffentliche Bäder freigelegt. Als Einstimmung vor oder nach dem Besuch Conímbrigas ist das interaktive Museu PO.RO.S. in Condeixa, 15 km südlich, zu empfehlen. Die Ausstellung in einem ehemaligen Palast aus dem 16. Jh. sowie einem modernen Anbau macht römische Geschichte lebendig.

224 A4 ✉ Condeixa-a-Velha
☎ 239 94 11 77 🌐 www.conimbriga.pt
tägl. 10–19 Uhr 4,50 €

**Museu PO.RO.S.**
✉ Condeixa-a-Nova, Av. Bombeiros Voluntários de Condeixa
☎ 239 94 91 22 🌐 www.poros.pt
Di–So 10–19, Winter bis 18 Uhr, 5 €

Das lauschige Städtchen Óbidos nennen manche »Portugals Rothenburg ob der Tauber«.

## 35 Óbidos

223 E1

Dieses befestigte Städtchen mit weiß getünchten Häusern und mäandernden Gassen ist eines der schönsten in ganz Portugal. Durch das mit Azulejos aus dem 18. Jh. geschmückte Stadttor Porta de Vila gelangt man zur *Rua Direita*, der von romantischen Häusern mit schmiedeeisernen Balkonen gesäumten Hauptstraße. Die Pfarrkirche Santa Maria besitzt schöne gekachelte Wände und einen manuelinischen Pranger auf dem Vorplatz. Die über der Stadt thronende Burg, ab dem 16. Jh. Königspalast, beherbergt heute eine der schönsten *pousadas*, die Pousada do Castelo. Von hier aus kann man einen etwa 45-minütigen Rundgang auf den Stadtmauern unternehmen. Spezialität des Ortes ist der süße Kirschlikör *ginjinha*.

## 36 Monsanto

Monsanto wurde förmlich in den Berg Monte Santo hineingebaut; die Häuser verschwinden fast zwischen großen Granitbrocken. Der Ort wurde einst zum »portugiesischsten Dorf Portugals« gewählt. Von der Burgruine aus dem 12. Jh. hat man einen großartigen Ausblick bis zur Serra da Estrela (S. 124).

Während der Festa das Cruzes am 3. Mai (oder am darauffolgenden Sonntag) werfen junge Frauen aus der Stadt Blumen von den Wällen. Sie erinnern damit an eine berühmte Belagerung, die die fast verhungerten Einwohner mit einer List beendeten: Sie warfen ihr letztes Kalb über die Stadtmauer – und die Angreifer zogen entmutigt ab, da sie noch reichlich Vorräte in Monsanto vermuteten.

Mittlerweile gibt es einige touristische Einrichtungen, darunter Restaurants und Kunsthandwerksläden, doch ansonsten verläuft das Leben in diesem entlegenen Bergdorf weitgehend noch wie in alten Zeiten.

225 E3

## 37 Viseu

Die Hauptstadt der Beira Alta im Herzen des Dão-Weinanbaugebiets ist ein attraktives Reiseziel. Im Zentrum der Altstadt, am Largo da Sé, stehen zwei Kirchen einander gegenüber. Die größere und imposantere Fassade gehört der barocken Misericórdia-Kirche; die Kathedrale (Sé) zeichnet sich unter anderem durch einen hübschen Renaissance-Kreuzgang und ein manuelinisches Deckengewölbe aus.

Die Hauptattraktion ist das Museu Nacional de Grão Vasco. Es zeigt sakrale Kunst und ist nach Vasco Fernandes (1475–1542) benannt, einem führenden Vertreter der Malerschule von Viseu. Unter seinen hier ausgestellten Werken ist der hl. Petrus besonders bemerkenswert.

221 D1
Casa do Adro, Adro da Sé
232 42 09 50
http://visitviseu.pt

**Museu Nacional Grão Vasco**
Paço dos Três Escalões, Adro da Sé 232 42 20 49
www.patrimoniocultural.pt
Di 14–18, Mi–Sa 10–13, 14–18, So 10–14, 15–18 Uhr
4 €

In Granit gebaut: das Bergdorf Monsanto

Fátima ist die wichtigste Pilgerstätte Portugals (oben), Tausende Kerzen brennen in der Rosenkranzbasilika Tag für Tag (unten).

## 38 Fátima

Am 13. Mai 1917 erschien der zehnjährigen Lúciados Santos, ihrem Cousin Francisco und dessen Schwester Jacinta im Dorf Cova da Iria nahe Fátima die Jungfrau Maria in einer Eiche. Diese Erscheinung wiederholte sich fünf Monate lang jeweils am 13. des Monats. Bei der letzten Erscheinung am 13. Oktober waren bereits 70 000 Menschen versammelt; viele berichteten danach von spontanen Heilungen. An diesem Tag enthüllte Maria der Lúcia die »drei Geheimnisse von Fátima« – angeblich eine Voraussage des Zweiten Weltkriegs, des russischen Kommunismus und des Anschlags auf Papst Johannes Paul II. Damit war die Wallfahrt nach Fátima begründet.

Die imposante, neoklassische Basilika wurde 1953 fertiggestellt; ihr Vorplatz ist doppelt so groß wie der Petersplatz in Rom. Den Ort der einstigen Marienerscheinung markiert die Capela das Aparições. Die gesamte Anlage, die 2007 durch die ebenso moderne wie monumentale Igreja da Santíssima Trindade erweitert wurde, strahlt erstaunliche Kälte aus, wären da nicht das Meer flackernder Kerzen und das Beten und Singen der Pilger.

224 A2
☎ 249 53 96 00
www.santuario-fatima.pt

# Wohin zum … Übernachten?

Preise für ein Doppelzimmer pro Nacht in der Hauptsaison:

| | |
|---|---|
| € | unter 80 € |
| €€ | 80–130 € |
| €€€ | 130–180 € |
| €€€€ | über 180 € |

### COIMBRA

**Casa Pombal €**
Das angenehme Gästehaus in der Nähe der Universität mit Blick über die Dächer zum Fluss erinnert an eines der berühmten Studentenheime. Über eine steile Treppe geht's zu den altmodischen, aber bequemen Zimmern (z. T. mit Bad). Ein herzhaftes Frühstück wird serviert.
224 A4
Rua das Flores 18
239 83 51 75 https://casapombal.com

**Quinta das Lágrimas €€€€**
Das feudale Hotel in seinem üppigen Garten zählte 1808 den Herzog von Wellington zu seinen Gästen. Neben dem Pool und dem luxuriösen Spa gibt es eine kleine Golfanlage. Die Einrichtung des Haupthauses ist elegant und die Zimmer sind riesig. Im Spa-Flügel sind die Zimmer im minimalistischen Schick gestaltet. Das stilvolle Restaurant offeriert mehr als 600 Weine. Der berühmte Park, Schauplatz der Legende um Inês und Pedro (S. 127), beginnt dahinter.
224 A4
Rua António Augusto Gonçalves
239 80 23 80 www.quintadaslagrimas.pt

### OURÉM

**Pousada Ourém €€–€€€**
Diese bezaubernde renovierte *pousada* (S. 21) eignet sich als Ausgangsort für Besuche in Fátima und Tomar. Rund um die Stadt führt ein historischer Wanderweg. Die Räume sind bequem und großzügig; im Sommer ist der Pool geöffnet. Das Restaurant bietet abends lokale Spezialitäten.
224 A2 Largo João Manso, Castelos
249 54 09 30 www.pestana.com

### TOMAR

**Hotel dos Templarios €€€**
Das moderne, geschmackvolle Haus liegt zentral und ruhig in einem Park; auch das exzellente Restaurant ist empfehlenswert.
224 A2 Largo Candido dos Reis 1
249 31 01 00
www.hoteldostemplarios.com

### SERRA DA ESTRELA

**Hotel Casa das Penhas Douradas €€€–€€€€**
Auf 1500 m Höhe im »Sternengebirge« liegt dieses schmucke Designhotel. Eingerichtet ist es mit zahlreichen Designerstücken aus Skandinavien und Accessoires aus der Wollweberei Burel. Im Restaurant werden saisonale und regionale Produkte zu einer stimmigen Küche verarbeitet. An kühlen Tagen locken das Hallenbad, die Sauna und Massagebehandlungen.
225 D5 Penhas Douradas
275 98 10 45
www.casadaspenhasdouradas.pt

### BUÇACO

**Hotel Palace do Buçaco €€€€**
Das Hotel war ursprünglich als königliches Jagdschloss errichtet worden. Der neomanuelinische Palast besitzt 60 luxuriöse Zimmer und Suiten, einen fantastischen Speisesaal und beeindruckende *azulejos*. Der Weinkeller gilt als einer der besten des Landes.
224 B5 Mata do Buçaco, Luso
231 93 79 70 www.almeidahotels.pt

### ÓBIDOS

**Casa das Senhoras Rainhas €€€**
Die weiß getünchten Wände machen dieses Hotel zu einer Oase der Ruhe und Entspannung. Das Gebäude selbst wurde perfekt renoviert und erhalten, der Innenbereich ist allerdings luxuriös gestaltet und bietet

Blick von der Stadtmauer auf Óbidos

großzügige, gut ausgestattete Zimmer, eine große Terrasse zum Speisen im Freien und einen gemütlichen Salon mit Kamin. Es liegt an der alten Stadtmauer. Angebote auf der Homepage!
223 E1
Rua do Padre Nunes Tavares 6
262 95 53 60 www.senhorasrainhas.com

**The Literary Man €€€**
Das sympathische Hotel im Herzen des Städtchens steht ganz im Zeichen der Literatur und der Bücher – bezaubernd, anregend und sehr entspannt!
223 E1
Rua D'João d'Ornelas
262 95 92 14 www.theliteraryman.pt

## Wohin zum … Essen und Trinken?

Preise für ein Drei-Gänge-Menü ohne Getränke:

| | |
|---|---|
| € | unter 25 € |
| €€ | 25–40 € |
| €€€ | 40–60 € |
| €€€€ | über 60 € |

**COIMBRA**

**Arcadas €€€€**
Dieses Gourmetrestaurant ist der Quinta das Lágrimas (S. 122) angeschlossen und garantiert einen eleganten Rahmen. Saisonale, lokale Zutaten sind hier die Hauptbestandteile der raffinierten Gerichte. Lassen Sie sich bei der Weinauswahl beraten.
224 A4
Rua António Augusto Gonçalves
239 80 23 80
www.quintadaslagrimas.pt
nur Abendessen, tägl. 19.30–22.30 Uhr

**Café Santa Cruz €**
Die tolle Atmosphäre dieser Café-Bar ist besonders abends bei Studenten beliebt. Das Lokal befindet sich in der ehemaligen Sakristei der Kirche Santa Cruz aus dem 16. Jh. Unter den prächtigen Gewölben werden neben kleinen Gerichten Kaffee, Bier und Wein serviert. Im Sommer ist die Terrasse überfüllt.
224 A4
Praça 8 de Maio
239 83 36 17
www.cafesantacruz.com
tägl. 7–24 Uhr

**Fangas Mercearia Bar €**
Das stimmungsvolle Restaurant in einem alten Lebensmittelladen mit Tischen im Bistro-Stil ist ideal für ein informelles Abendessen. Perfekt für ein paar *tapas* wie pikante Salami, Räucherschinken, Käse und Thunfisch in Tomatensoße und dazu einen guten lokalen Wein.
224 A4
Rua Fernandes Tomás 45–49
934 09 36 36 http://fangas.pt
tägl. 9–16, 19–24.30 Uhr

**A Taberna €€**
Bewährte Speisetradition seit über drei Jahrzehnten. Hier sind die Tische in einem angenehmen Abstand voneinander platziert. Hausspezialitäten sind gegrillter Kabeljau oder Zicklein aus dem Ofen.
224 A4 Rua dos Combatentes da Grande Guerra 86
239 71 62 65
www.restaurante ataberna.com
Mo 19.30–22.30, Di–Sa 12.30–15, 19.30 bis 22.30, So 12.30–15 Uhr

**O Trovador €€–€€€**
Es gibt viele regionale Spezialitäten, allen voran *chanfana* (Ziege in Weinsoße). Bei der Fischauswahl wird gerne die Dorade

gewählt. Im Weinkeller lagern heimische Erzeugnisse, aber auch Qualitätsweine aus ganz Portugal. Das O Trovador, nahe der alten Kathedrale, ist sicher eines der besten Restaurants in der Altstadt.

224 A4
Largo da Sé Velha 17
239 82 54 75
www.restaurantetrovador.com
Mo–Sa 12–15, 17.30–22 Uhr

### ALCOBAÇA

**Restaurante Antonio Padeiro €€–€€€**

Dieses einladende Restaurant, nur wenige Schritte vom Kloster entfernt, ist schon seit 1938 erfolgreich. Genießen Sie gute regionale Küche auf der Terrasse oder im modernen Keller-Restaurant. Auf die großzügige *couvert* (Vorspeisenplatte) mit Räucherfleisch, Käse und Knoblauchdips folgen Spezialitäten wie *cabrito no forno* (im Ofen gebackene Ziege) und *frango na púcara*, ein herzhafter Hühncheneintopf gewürzt mit Knoblauch, Pfeffer und Portwein. Abrunden können Sie das Ganze mit *trouxos de ovos*, einem reichhaltigen, klebrigen Klosterdessert, das aus Eiern und Zucker hergestellt wird.

223 E2
Rua Dom Maur Cocheril 27
262 58 22 95
www.antoniopadeiro.com
Do–Di 12–15.30, 19–22 Uhr

### TOMAR

**O Tabuleiro €**

Einfache portugiesische Gerichte und eine herzliche Begrüßung erwarten Sie in diesem unscheinbaren Familienrestaurant in der Nähe des Hauptplatzes. Ein entspannter Ort für gegrillten Fisch und andere Spezialitäten der Region wie Bohnenkasserole mit Schweinefleisch und Lammbraten. Wenn Sie nicht sehr hungrig sind, können Sie eine *meia dose* – kleine Portion – wählen.

224 A2
Rua Serpa Pinto 140
249 31 27 71
Juli–Sept. Mo–Sa 12–23 Uhr, Okt.–Juni Mo–Sa 12–14, 19–23 Uhr

### AVEIRO

**Mercado da Peixe €€€**

Das charmante Restaurant über der Fischhalle hat sich natürlich auf frische Gaben des Meeres spezialisiert. Ein Genuss für alle Sinne!

223 F5
Largo Praça Peixe
234 35 13 03
www.restaurantemercadodopeixeaveiro.pt
Di–Sa 12–15, 19.30–23, So 12–15 Uhr

**Salpoente €€€€**

Konkurrenz kommt von diesem schicken, von Gourmetführern hoch gelobten Lokal, das in umgebauten Salzlagerhäusern vor allem *bacalhau* (Kabeljau) in allen erdenklichen Variationen präsentiert.

223 F5
Canal de São Roque 82/83
234 38 26 74
http://salpoente.pt
tägl. 12.30–15, 19.30–22.30 Uhr

## Wohin zum … Einkaufen?

### MÄRKTE

In Viseu findet jeden Dienstag im Bereich der Avenida dos Capitães der Wochenmarkt (*feira*) statt. Freitags ist *feira* in Tomar, doch auch in kleineren Orten steht einmal wöchentlich oder alle zwei Wochen eine *feira* an; erkundigen Sie sich vor Ort im Touristenbüro. Samstags ist in Coimbra der Mercadinho do Botânico (Botanischer Garten), wo Sie Biowaren bekommen.

### KUNSTHANDWERK

In Óbidos gibt es an der Rua Direita zahlreiche Geschäfte mit Keramik und Kunsthandwerk; besuchen Sie auch das Centro de Artesanato. Coimbras Haupteinkaufsstraßen sind Rua Ferreira Borges und Rua Visconde da Luz; hier reihen sich Boutiquen und andere Läden aneinander. Wunderschöne

Wolldecken und todschick designte Accessoires wie Taschen und Kissen aus Filz verkauft der Fabrikladen von Burel in der Serra da Estrela (S. 124).

### LEBENSMITTEL

In Coimbra bietet die **Garrafeira de Celas** (Rua Bernardo de Albuquerque 64, www.garrafeiradecelas.pt) eine wohlsortierte Weinauswahl. Ihren Ruf vorzüglicher Konditoreiwaren pflegt in Coimbra die **Pastelaria Arco Iris** (Av. Fernão Magalhães 22). In den Lebensmittelgeschäften von Viseu können Sie Dão-Wein in Flaschen kaufen. *Queijos da serra* (Bergkäse, S. 27, 125) erhalten Sie in der Serra da Estrela in Orten wie **Sabugueiro.**

## Wohin zum ... Ausgehen?

### SPORT UND AKTIVITÄTEN

**Surfer** lieben **Buarcos** in der Nähe von Figueira da Foz. Zum **Wandern** ist die **Serra da Estrela** sehr geeignet, die Wege sind gut ausgeschildert (S. 124). Es gibt reizvolle **Bäder**, z. B. die **Termas de Monfortinho** (www.termasdeportugal.pt). In **Aveiro** unternehmen Sie eine Kanalfahrt mit den traditionellen Fischerbooten, den *moliceiros* (z. B. mit Viva a Ria, www.vivaaria.com).

### FESTE

**Coimbras** großes Straßenspektakel für alle im Mai steht im Zeichen der **Queima das Fitas,** der Verbrennung der Fakultätsbänder. Im Juli steigt die etwa zweiwöchige **Festa da Ria** in **Aveiro**; dabei werden die Moliceiro-Boote schön geschmückt. Der alte Brauch des Johannesbads ist am **Tag Johannes' des Täufers** (24. Juni) in **Figueira da Foz** zu erleben.

### MUSIK UND NACHTLEBEN

Das Nachtleben spielt sich in dieser Gegend vor allem in **Coimbra** und **Figueira da Foz** ab. Eine beliebte Diskothek ist **Revive Fig. Foz** (Rua Cândido dos Reis 49). In Coimbra ist die **Ocean's Bar** (Av. Calouste Gulbenkian 22 B) ein beliebter Treffpunkt für Nachtschwärmer. Coimbra-Fado hören Sie im **à Capella** (Rua Corpo de Deus-Largo da Vitória, www.acapella.com.pt).

Eine Zeitreise ins Mittelalter: Das Fest der Templer findet jedes Jahr in Tomar statt.

Von einer Stadtmauer umgeben thront Marvão auf einem Hügel.

# Alentejo

Weiße Bergstädtchen, knorrige Korkeichen und tiefroter Mohn – der Alentejo begeistert mit Bilderbuchlandschaften.

Seiten 142–165

# Erste Orientierung

**Der Alentejo, das »Land jenseits des Flusses Tejo« (além Tejo), ist die am dünnsten besiedelte Region des Landes; auf einem Drittel der Fläche Portugals leben ganze zwölf Prozent der Einwohner in einsamen, verstreuten Dörfern und kleinen Marktstädtchen. Korkeichen, Olivenbäume und Getreidefelder prägen die sanft hügelige Landschaft, deren Menschen besonders tief in den Traditionen verwurzelt sind.**

Die Landschaft des Alentejo ist fast ausschließlich von Menschen geformt. Schon die Römer legten hier riesige Landgüter *(latifúndios)* an, um Oliven, Wein und Weizen anzubauen. Ähnlicher Großgrundbesitz existierte bis zur Revolution von 1974 und bis heute prägen die weiß getünchten Gutshöfe inmitten von Weingärten und Weizenfeldern das Bild. Berühmt ist der Alentejo vor allem wegen seiner Korkeichen und der damit verbundenen Korkproduktion. Kork dient ja nicht nur zum Verschluss von Weinflaschen, sondern ist vielseitig einsetzbares Isoliermaterial und wird auch kunsthandwerklich verwendet.

Neben der Weite und den kräftigen Farben der Landschaft hat die Region auch einige wichtige Beiträge zur Gourmetküche Portugals geleistet. Und dies ist nicht zuletzt dem schwarzen Alentejo-Schwein zu verdanken.

Speziell der obere Alentejo bietet darüber hinaus noch andere lohnende Ziele, z. B. die Renaissance-Stadt Évora, die Marmorstädte Estremoz und Vila Viçosa oder die Bergdörfer Monsaraz und Marvão. Die maurische Epoche hingegen hat eher im Süden des Alentejo ihre Spuren hinterlassen, etwa in Städten wie Mértola und Serpa mit ihren niedrigen, weiß-blauen Häusern.

Eine besondere Ehre wurde der Region um den Alqueva-Stausee zuteil. Sie trägt den Titel »Dark Sky Reserve«, mit der Landstriche ausgezeichnet werden, in denen der Sternenhimmel besonders klar ist.

Nicht verpassen!

39 Évora

40 Vila Viçosa

41 Marvão

Nach Lust und Laune!

42 Estremoz

43 Elvas

44 Monsaraz

45 Beja

46 Mértola

# Mein Tag unter dem Himmel über dem Alentejo

Die »Dark Sky Reserve« um den Alqueva-Stausee gilt wegen klarer Luft und geringer Lichtstreuung als weltweit herausragende Region für die Beobachtung des Sternenhimmels.

### 9 Uhr: Frühstück mit Fernblick

Ausgangspunkt der Tour ist das Hotel Horta de Moura in 44 Monsaraz, das seinen Gästen Fahrräder zur Verfügung stellt. Genießen Sie das üppige Frühstück und die tolle Aussicht über die Landschaft des Alentejo mit seinen Korkeichen und Olivenbäumen. Wandern oder Fahrradfahren ist beides möglich, denn die Strecke von 20 km verteilt sich über den ganzen Tag und es gibt ausreichend Ruhepausen.

### 10.30 Uhr: Versunkene Dörfer

Rund 2 km sind es vom Hügel hinunter zum weithin sichtbaren Alqueva-Stausee. Zunächst halten sie Ausschau nach der Praia Fluvial dem öffentlichen Strand. Hier startet das Segelboot Sem-Fim zu einer Rundfahrt auf einem der größten künstlichen Seen Europas. Der Bau der Talsperre war von heftigen Protesten begleitet, versanken doch unter dem Wasser ein Dorf und zahlreiche archäologische Stätten.

### 11 Uhr: Alqueva Ahoi

Heute ist der Alqueva-See ein bedeutendes Wasserreservoir in der ariden Region und ein beliebtes Freizeitziel. Gemütlich segeln Sie über das Wasser und legen auf der Ilha Dourada eine Badepause ein. Hier werden Snacks und Getränke gereicht. Gegen 13 Uhr sind Sie zu-

rück. Nun ist Zeit für ein deftiges Mittagessen, z. B. im Restaurant Xares in Monsaraz (4 km).

### 15 Uhr: Über dem Alentejo thronen

Monsaraz' Burg und das mittelalterlich anmutende Zentrum sind hübsch und schnell besichtigt. Stolz ist der Ort auf seinen Beitrag zum Schutz der außerordentlichen Bedingungen zur Sternenbeobachtung: Zusammen mit Nachbarorten verzichtet Monsaraz nahezu vollständig auf elektrische Beleuchtung, um störenden Lichteinfall in dem Reservat zu vermeiden. Deshalb ist es sinnvoll, nachts eine Ta-

Der mysteriöse Steinkreis von Xerez besteht aus 50 kleinen Menhiren, die um einen großen angeordnet sind (links). Das malerische mittelalterliche Dorf Monsaraz mit seiner einstigen Templerburg bietet einen weiten Ausblick über den Alentejo (rechts).

schenlampe dabeizuhaben. Die bezaubernde Café-Boutique Casa Tial (Rua de Santiago 33) zwingt den Gast regelrecht zu einer Kaffeepause.

### 16.30 Uhr: Geheimnisvolle Hinkelsteine

2 km sind es von Monsaraz zum Cromeleque do Xerez, einer vor etwa 4000 Jahren zur Himmelsbeobachtung aufgestellten Stein-Installation, deren ursprüngliche Anordnung unbekannt ist. Der Cromlech stand dort, wo heute der Stausee alle Spuren überdeckt. Ob die Erbauer die Alqueva-Region auch wegen der besonderen Klarheit des Himmels ausgewählt haben? Vielleicht geben die Menhire eine Antwort.

### 18.30 Uhr: Die Nacht kann kommen

Spätestens jetzt sollten Sie wieder im Hotel sein, sich kurz erfrischen und dann das Abendessen im Hotelrestaurant genießen.

Durch den Verzicht auf elektrische Beleuchtung ist der Sternenhimmel in dieser Gegend besonders beeindruckend.

### 21.30 Uhr: Milliarden leuchtender Punkte

Die Führung und Sternenbeobachtung im Observatorium am Alqueva-Stausee (Tel. 960 36 19 06, 12 €) beginnt. Sie werden den Blick in diesen Sternenhimmel niemals vergessen, er verliert sich in der Unendlichkeit von Milliarden leuchtender Punkte.

### 23 Uhr: Intergalaktische Träume

Sie kehren ins Hotel zurück und träumen von Pulsaren, Supernovas und Milchstraßen.

**Hotel Horta de Moura**
228 B3 Horta de Moura, Apt. 64, Monsaraz
266 55 01 00 http://hortadamoura.pt €€

**Sem-Fim**
www.roteirodoalqueva.com/actividades/passeios-de-barco/sem-fim
Sommer tägl. 11 Uhr 2 Std. 20 €

**Restaurant Xares**
228 B3 Rua de Santiago 33, Monsaraz
266 557 052
www.facebook.com/xarez.monsaraz
Mi 11–16, Fr–Di 10–23 Uhr €€

# 39 Évora

| | |
|---|---|
| Was? | Reizvolle Altstadt, römische Ruinen und feine Küche |
| Warum? | Luftige Renaissance und eine gruselige Knochenkapelle |
| Wie lange? | Ein, zwei Tage |
| Wann? | Am schönsten im Frühjahr, wenn alles blüht |
| Was noch? | Abstecher zu prähistorischen Steinsetzungen |
| Was nehme ich mit? | Die Erinnerung an ein wunderbares Madonnenbild |

**Die größte Stadt des Alentejo lädt mit idyllischen Gassen, schattigen Plätzen, Brunnen und Renaissance-Villen zu einem abwechslungsreichen Stadtbummel ein. Im 15. und 16. Jh. entwickelte sich die Stadt zu einem Zentrum der Künste und Wissenschaft; diesen Ruf genießt sie bis heute.**

Die Römer errichteten die befestigte Stadt Ebora Cerealis auf einem Hügel hoch über der Ebene des Alentejo. Den höchsten Punkt bestimmten sie als Platz für den Tempel der Göttin Diana; als Templo Romano ist er heute das besterhaltene römische Bauwerk in Portugal.

## Übernachten in der Klosterzelle

Sämtliche Hauptsehenswürdigkeiten befinden sich im Bereich der Innenstadt, die zum UNESCO-Weltkulturerbe gehört. Direkt hinter dem Tempel steht der Convento dos Lóios, ein Kloster aus dem 15. Jh., das heute eine ansprechende *pousada* beherbergt. Die Gäste übernachten in den umgestalteten Zellen der Mönche. Auch wenn Sie nicht über Nacht bleiben, sollten Sie sich den gotischen Kreuzgang und das manuelinische Portal des Kapitelsaals ansehen.

Die dazugehörige Kirche, Igreja dos Lóios, war einst die Privatkapelle der Herzöge von Cadaval, die hier auch unter Marmorplatten beigesetzt sind. Das Kirchenschiff ist von oben bis unten mit Azulejos geschmückt.

Die um 1250 vollendete romanische Kathedrale (Sé) wirkt wie eine Festung und ähnelt der Kathedrale von Coimbra (S. 118). Ein mit Apostelfiguren besetztes gotisches Portal verbindet zwei merkwürdig ungleiche Türme. Im Chor ist alles aus Marmor – Lesepult, Kanzel und Hochaltar. Ein gesonderter Zugang führt ins Museu de Arte Sacra, zu dessen Schätzen eine aus Elfenbein geschnitzte Madonna in Form eines Mini-Triptychons sowie eine (vermeintliche) Reliquie des Christuskreuzes gehören. Ebenso wenig versäumen sollten Sie den gotischen Kreuzgang und den Aufstieg auf das Dach der Kathedrale. Von oben hat man einen schönen Blick auf Évora.

### Madonnenbilder und Bummel durch die Renaissance

Das Museu de Évora im ehemaligen Palast des Erzbischofs präsentiert römische Grabsteine und Grabinschriften, Skulpturen aus Mittelalter und Renaissance sowie Lissabonner Azulejos aus dem 17. Jh. Im ersten Stock ist das Bild der Jungfrau mit Kind von Álvaro Pires de Évora (um 1410) besonders beachtenswert. Pires lebte und arbeitete in Italien; nur zwei seiner Werke sind in Portugal zu sehen. Ebenso außergewöhnlich ist das flämische Altarbild (16. Jh.) mit Szenen aus dem Leben der Jungfrau Maria auf 13 Tafeln.

Gegenüber der Kathedrale setzt das Fórum Eugénio de Almeida mit Ausstellungen zeitgenössischer Kunst interessante Kontraste. Sehenswert im Garten: Die Casas Pintadas mit Fresken aus der Renaissance.

Eine Treppe neben der Kathedrale führt hinab zum Largo da Porta de Moura, einem der schönsten Plätze der

Der Templo Romano ist das Wahrzeichen von Évora.

Stadt mit einem Renaissance-Brunnen und manuelinisch-maurischen Arkaden. Alternativ können Sie auch die Rua 5 de Outubro gegenüber der Kathedrale wählen; Sie kommen dann auf die Praça do Giraldo, einen hübschen Platz mit Arkaden, einem Marmorbrunnen und Straßencafés. Während der Inquisition fungierte er als Hinrichtungsstätte, heute ist dies ein lebendiger Platz.

### Makabre Knochenschau

Die gotisch-manuelinische Igreja de São Francisco in der Nähe ist berühmt für ihre Capela dos Ossos (Knochenkapelle), deren Wände und Pfeiler mit den Schädeln und anderen Knochen von mehr als 5000 Menschen bedeckt sind. Eine Inschrift über dem Eingang erklärt: *Nós ossos, que aqui estamos, pelos vossos esperamos* (Unsere Knochen warten hier auf eure Knochen). Von dem Schrecken erholt man sich vielleicht am besten im Jardim Público südlich des Platzes, mit Ruinen eines für Dom Manuel I. erbauten Palasts (16. Jh.).

### KLEINE PAUSE

**Straßencafés** liegen auf der Praça de Giraldo, im Jardim Público und in den Parkanlagen beim Templo Romano.

---

i

227 E3

266 77 70 71
www.visitalentejo.pt
www.cm-evora.pt/en/Evoratourism

**Igreja dos Lóios**
Rua Augusto Filipe Simões
967 97 97 63
www.palaciocadaval.com
Di–So 10–18 Uhr
Kombiticket mit dem Palácio dos Duques de Cadaval 7 €

**Sé**
Largo Marquês de Marialva
266 75 93 30
tägl. 9–17 Uhr (im Sommer kann durchgehend geöffnet sein)
Kathedrale und Kreuzgang 2,50 €, mit Turm 3,50 €, mit Museum 4,50 €

**Museu de Arte Sacra**
Zugang vom Inneren der Kathedrale
Di–So 9–11.30, 14–16 Uhr
4 €

**Museu de Évora**
Largo do Conde de Vila Flor
266 73 04 80
http://museudevora.imc-ip.pt
Di–So 10–18 Uhr
3 €

**Fórum Eugénio de Almeida**
Largo do Conde da Vila Flor
266 74 83 50
www.fundacaoeugeniodealmeida.pt
Winter 10–18, Sommer bis 19 Uhr
4 €, Casas Pintadas 1 €

**Igreja da São Francisco/ Capela dos Ossos**
Praça 1 de Maio
266 70 45 21
tägl. 9–17, Sommer bis 18.30 Uhr
4 €, Fotoerlaubnis zusätzlich 1 €

# Die Dolmen erwachen

Die geheimnisvolle Megalithenstätte Cromeleque dos Almendres zählt zu den ältesten prähistorischen Fundstätten Europas. Am frühen Morgen umgibt sie ein besonderer Zauber. Die ersten Sonnenstrahlen, die über die uralten Korkeichenbäume tastend das doppelte Steinoval erreichen, lassen den Tau im Gras aufblitzen wie Tausende von Brillanten. Dann streichen Sie über die uralten, mit magischen Symbolen verzierten Steine, holen einzelne wie Scheinwerfer aus den dunklen Schatten und setzen sie als Elemente eines geheimnisvollen Altars in Szene. Bis die ganze megalithische Stätte erstrahlt. Überirdisch.

*Knapp 20 km westlich von Évora gelegen, Sie erreichen den Steinkreis über den Ort Guadalupe.*

# 40 Vila Viçosa

| | |
|---|---|
| Was? | Ein Herzogsschloss mit Original-Mobiliar und -Kutschen |
| Warum? | Einblick in die Lebensart des portugiesischen Adels |
| Wie lange? | Ein, zwei Stunden |
| Wann? | Montagvormittag ist geschlossen |
| Was noch? | Ein imposantes manuelinisches Tor |
| Resümee | Angst vor labyrinthischen Raumfluchten sollte man nicht haben |

**Macht und Wohlstand der letzten portugiesischen Herrscherdynastie, der Herzöge von Bragança, werden in ihrer ehemaligen Residenz Vila Viçosa deutlich. Der Ort wurde weitgehend aus Marmor gebaut; überall ist das »weiße Gold« zu entdecken.**

Bester Ausgangspunkt für einen Spaziergang ist der Terreiro do Paço, der große Platz vor dem Paço Ducal. Das Reiterstandbild im Zentrum zeigt João IV. Der Titel »Bragança« wurde 1442 für den unehelichen Sohn Joãos I. von Avis geschaffen. Der zweite Herzog, Dom Fernando, verlegte seinen Hof nach Vila Viçosa, und der vierte Herzog, Dom Jaime, begann 1501 mit dem Bau des Palasts (Paço Ducal). Vila Viçosa wurde rasch zur ersten Adresse Portugals; im Palast fanden Bankette, Bälle und auf dem Platz davor Stierkämpfe statt. All das endete 1640, als der achte Herzog, João IV., nach 60 Jahren spanischer Herrschaft beinahe widerwillig die Königswürde annahm und nach Lissabon übersiedelte. Die Braganças regierten Portugal bis zum Sturz der Monarchie 1910.

### Stadt mit Palast oder Palast mit Stadt?

Der Paço Ducal mit seiner Marmorfassade dominiert den Platz. Auf der einen Seite befindet sich die königliche Kapelle, auf der anderen der Convento das Chagas, das Mausoleum für die Gemahlinnen der Herzöge, heute eine *pousada*. Die Herzöge sind gegenüber im Mosterio dos Agostinhos beigesetzt. Den Herzogspalast kann man nur im Rahmen einer Führung besichtigen. Am interessantesten sind die Privaträume des vorletzten Königs Dom Carlos und seiner Gattin, Dona Amelia. Sie sehen fast so aus, wie Carlos sie am Tag seiner Ermordung 1908 verließ. In einem großen Park außerhalb des Palasts leben Rehe und Wildschweine.

Über der Hauptstraße von Vila Viçosa thront die Burg aus dem 13. Jh.

### Mit Kutschen durch die Jahrhunderte

Die im einstigen Marstall untergebrachte Coleção de Carruagens (Kutschenmuseum) präsentiert gut erhaltene Landauer und Kutschen, darunter diejenige, in der Dom Carlos und Kronprinz Luís Felipe erschossen wurden. Das Museum ist eine Dependance des bekannten Museu Nacional dos Coches in Lissabon. Der Rundgang endet an der Porta dos Nós, einem eindrucksvollen, manuelinischen Stadttor des 16. Jh.

Vom Terreiro do Paço führt die Avenida dos Duques de Bragança zur Burg (13. Jh.), dem ursprünglichen Wohnsitz der Fürsten von Bragança. Ein kleines archäologisches Museum zeigt Funde aus der Römerzeit. Hübsch ist der Ausblick vom Castelo über die Altstadt von Vila Viçosa.

### KLEINE PAUSE

In Eile sollten Sie nicht sein beim Besuch der **Adega 7160** (R. Cristóvão de Brito Pereira 8, Tel. 926 47 72 11, tägl. 11 bis 15.30, 18–1 Uhr, €€), denn das Personal mag's gemütlich. Dafür gibt's feine portugiesisch-innovative Küche.

---

ⓘ

✢ 228 B4 ✉ Praça da República
☎ 268 88 93 17 🌐 www.cm-vilavicosa.pt

**Paço Ducal**
✉ Terreiro do Paço
☎ 268 98 06 59
🌐 www.fcbraganca.pt
◑ Okt.–Mai Di 10–13, Mi–So 14–17 Uhr, Juni–Sept. bis 18 Uhr, Führungen alle 15 Min.; letzter Einlass eine Stunde vor Schließung 🎟 7 € für den Paço Ducal und optional folgende Zusatzstationen/-preise: Waffensammlung (Armaria) 3 €, Porzellankollektion (Coleção de Porcelana Chinesa) 2,50 €, Schatzkammer (Tesouro) 2,50 €, Kutschenausstellung (Coleção de Carruagens) 3 €

# 41 Marvão

| | |
|---|---|
| Was? | Bergstädtchen mit Burg und viel Charme |
| Warum? | Mittelalter live |
| Wie lange? | Ein, zwei Stunden |
| Wann? | Nicht an den Wochenenden wegen der vielen Ausflügler |
| Was noch? | Eine luxuriöse Pousada |
| Resümee | Tolle Panoramabilder |

Marvão war Teil einer Reihe von Festungsstädten und -dörfern entlang der portugiesisch-spanischen Grenze.

**Das wohl spektakulärste aller portugiesischen Bergdörfer klammert sich wie ein Adlernest in 862 m Höhe an einen Bergrücken in der Serra de São Mamede. Burg und Stadtmauern scheinen förmlich aus dem Stein herauszuwachsen, und es ist ganz offensichtlich, dass diese Festung nahezu uneinnehmbar war.**

Erst kamen die Römer, dann die Mauren – seinen Namen verdankt der Ort dem maurischen Herrn Ibn Maruán (9. Jh.). Nach der Rückeroberung durch die Christen befestigte Dom Dinis die Burg Ende des 13. Jh. als Teil einer Kette von Außenposten, die die Grenze zu Spanien schützten sollten.

Ein besonderes Erlebnis ist garantiert, wenn Sie in Marvão übernachten: Allein der Sonnenuntergang über der Weite des Alentejo wird Sie bezaubern. Und die Stille im Dorf, sobald alle Tagesbesucher weitergefahren sind.

Sofern Sie nicht über Nacht bleiben, parken Sie am besten außerhalb des Dorfs und kommen zu Fuß durch das

Haupttor, die Porta de Rodão. Von der Praça do Pelourinho mit dem Pranger führt die Rua do Espírito Santo zur Rua do Castelo; über diese Straße gelangt man zur Burg.

## Rua do Castelo – ein lebendes Museum

Die Rua do Castelo wirkt beinahe wie ein Architekturmuseum der Gotik und Renaissance. Als der Ort im Laufe der Jahrhunderte immer bedeutungsloser wurde, hat man hier nahezu nichts verändert, sondern nur ein wenig restauratorische Hand angelegt. Man kann die Stadtmauer mit ihren Zinnen und Türmchen besteigen und dort einen kompletten Rundgang absolvieren; leichter ist es jedoch, einfach durch die Straßen des Dorfs zur Burg hinaufzuwandern.

Die Burg, deren Ursprünge auf das 13. Jh. zurückgehen, die aber im 17. Jh. fast komplett neu erbaut wurde, ist dank ihrer Lage hoch auf einer felsigen Klippe das Wahrzeichen des Orts. Der riesige hohe Bau sollte als Verteidigungsanlage gegen spanische Eroberer dienen. Zwei mächtige Tore führen in einen Innenhof; von dort aus kann man eine Brüstung besteigen und über das Dorf hinwegblicken. Im Eingangsbereich der Burg führen Stufen rechts zur großen Zisterne hinunter, die Dom Dinis anlegen ließ; sie fasste den Wasserbedarf eines halben Jahres.

Hinter einer zweiten Verteidigungsmauer gelangt man in einen zweiten Hof, der zum Bergfried führt. Die Aussicht von hier ist überwältigend.

Außerhalb der Burgmauern zeigt das Museu Municipal in der Kirche Santa Maria aus dem 13. Jh. Trachten, religiöse Kunst aus dem Mittelalter und archäologische Fundstücke.

## KLEINE PAUSE

Leckere Gerichte der Alentejo-Küche erhält man in der **Casa do Povo** in der Travessa do Chabouco 2 (Tel. 245 99 31 60, tägl. 9–22, Do nur bis 14 Uhr).

---

225 D1
Largo da Silveirinha
245 90 91 31
www.cm-marvao.pt

**Museu Municipal**
in der Kirche am Largo de Santa Maria
245 90 91 32
Di–So 10–12.30, 13.30–17 Uhr
1,90 €

## Nach Lust und Laune!

### 42 Estremoz

Die größte unter den »Marmorstädten« des Alentejo glänzt ganz besonders hell, da der Marmor aus den örtlichen Steinbrüchen als alltägliches Baumaterial Verwendung fand. Mittelpunkt des Lebens hier ist der Rossio Marquês de Pombal, ein riesiger Platz, auf dem samstags einer der größten Märkte des Landes mit lokalen Produkten wie Schafskäse, Olivenöl und *chouriço* (Salami) stattfindet. Andere Sehenswürdigkeiten finden sich in der Oberstadt, rund um die Burg (13. Jh.). Heute beherbergt sie die berühmte Pousada Castelo Estremoz (S. 162), die früher nach Königin Isabel benannt war, die einst hier wohnte. Sie setzte sich sehr für die Armen ein und wurde nach ihrem Tod heiliggesprochen. Ihre Geschichte wird auf den Azulejos der Capela da Rainha Santa Isabel erzählt; u. a. das berühmte Rosenwunder: Da ihr Mann ihre Wohltätigkeit missbilligte, versteckte sie das Brot, das sie den Armen brachte, in den Falten ihres Rocks. Als er sie einmal misstrauisch zwang, den Rock vorzuzeigen, hatte sich das Brot wundersamerweise in Rosen verwandelt. Eine Marmorstatue der Heiligen befindet sich auf der Terrasse des Palasts. Das Museu Municipal zeigt Kunstgewerbe aus Kork, Holz und Marmor, außerdem *bonecos*, die kleinen Tonfiguren, für die Estremoz berühmt ist.

Fragen Sie im Touristenbüro nach, welche Weinkellerei im Umland gerade für die Besichtigung geöffnet hat; es gibt mehrere Kellereien, darunter Bacalôa, Adega do Monte Branco und Encostas de Estremoz.

Viele Strommasten im Alentejo sind mit Storchennestern besetzt.

228 A4 ✉ Rossio Marquês de Pombal 88 A
☎ 268 33 92 27
www.cm-estremoz.pt

**Museo Municipal**
✉ Largo Dom Dinis ☎ 268 33 92 00
Di–So 9–12.30, 14–17.30 Uhr 2 €

### 43 Elvas

Elvas ist eine stark befestigte Grenzstadt nur 12 km von der spanischen Grenze und 15 km von der spanischen Zitadelle in Badajoz entfernt. Elvas hat schon zahlreiche Belagerungen überstanden: 1166 wurde die Stadt von Afonso Henrique erobert, bevor sie wieder an die Mauren zurückfiel und dann 1226 endgültig von den christlichen Truppen befreit wurde. Von den Spaniern

Amoreira-Aquädukt von Elvas ist das größte seiner Art der Iberischen Hablinsel.

wurde die Stadt allerdings nur ein einziges Mal eingenommen.

Die sternförmige Befestigungsanlage des Forte da Graça wurde im 17. Jh. nach Entwürfen des französischen Festungsbaumeisters Vauban angelegt. Nach Jahren der Vernachlässigung sind Teile des Forts nun restauriert wieder zugänglich und erlauben einen spannenden Einblick in die Komplexität eines solchen Festungsbauwerks.

Die Straßen der Altstadt gehen von der Praça da República aus. Auf der einen Seite erhebt sich die Igreja de Nossa Senhora da Assuncão, die bis 1882 die Kathedrale eines eigenständigen Bistums war. Die Wehrkirche stammt aus dem 16. Jh. Am Südportal sind einige kunstvolle manuelinische Elemente zu sehen, zum größten Teil ist die Bauweise aber ein Stil-Potpourri aus dem 17. und 18. Jh. Der dreieckige Largo de Santa Clara hinter der Kirche besitzt einen manuelinischen Pranger aus Marmor. Die Igreja de Nossa Senhora da Consolacão, die ebenfalls an diesem Platz liegt, wirkt von außen sehr schlicht, das Kircheninnere ist jedoch außergewöhnlich: Den Besucher erwartet eine Kapelle mit bemalten Marmorsäulen und blau-gelben Azulejos an den Wänden. Ihr Grundriss wurde von einer Tempelritterkirche inspiriert, die einst ganz in der Nähe stand.

Gleich außerhalb der Stadt liegt das riesige Wasserreservoir Barragem da Caia, in dem Sie in schöner Umgebung angeln und schwimmen können.

228 B4
Praça da República
268 62 22 36 www.cm-elvas.pt

**Forte da Graça**
http://fortegraca.aiaradc.org
Di–So 10–17 Uhr
5 €

## 44 Monsaraz

Monsaraz wäre nur eines unter den zahlreichen schönen Bergdörfern, wenn es nicht die Scharen von Tagesausflüglern gäbe, die wegen der fantastischen Aussicht anreisen; schließlich thront der malerische kleine Ort weithin sichtbar auf einem Hügel.

Es gibt zwei Parallelstraßen: In der Rua Direita befinden sich die Pfarrkirche und Häuser aus dem 16. Jh.; belebter ist die Rua de Santiago mit ihren Läden und Restaurants. Die Rua Direita führt zum Kastell, einer ehemaligen Templerburg. Von hier blickt man auf das Dorf und weit in die Ebene des Alentejo hinein.

228 B3
Rua Direita ☎ 927 59 73 16

## 45 Beja

Die Hauptstadt des Baixo Alentejo ist ein Städtchen mit knapp 24 000 Einwohnern, das seine Gründung keinem Geringeren als Julius Caesar verdankt: Damals hieß die Stadt *Pax Julia*, um an den Frieden zwischen Römern und Lusitanern zu erinnern. Den recht nüchternen Außenzonen steht der Altstadtbereich mit weiß getünchten Häusern und der Praça da República gegenüber.

Hauptsehenswürdigkeit ist die Burg (*castelo*) aus dem 13. Jh.; vom Bergfried aus hat man einen schönen Blick über die Getreidefelder des Alentejo.

Bekannt ist Beja als Geburtsort der Nonne Mariana Alcoforado, deren (möglicherweise fiktive) Liebesbriefe an einen französischen Offizier 1669 in Frankreich veröffentlicht wurden. Ihr Kloster beherbergt heute das Museu Regional. Bemerkenswerter als die Exponate ist das Gebäude selbst, vor allem die Barockkapelle, der Kreuzgang und die schönen Azulejos im Kapitelsaal.

In einem weiteren Kloster ist heute die Pousada Convento Beja (S. 163) untergebracht.

Im Umland liegen diverse Weinkellereien, die ihre Tore gerne für Besucher öffnen; erkundigen Sie

Beliebtes Souvenir aus der Gegend: kunstvolle Teppiche aus Arraiolos

Deckenmalerei in der Igreja de Santo Amaro, die das Regionalmuseum von Beja beherbergt

sich im Touristenbüro, welche Besichtigungen gerade möglich sind.

227 E1
Largo Dr. Lima Faleiro (im Hof der Burg) ☎ 284 31 19 13
www.cm-beja.pt

**Castelo**
Largo Dr. Lima Faleiro
☎ 284 31 19 13
Turm (Torre) April–Okt. tägl. 9.30–12, 14–17.30 Uhr, Nov.–März tägl. 9.30–12, 14–16.30 Uhr frei

**Museu Regional**
Largo da Conceicão
☎ 284 32 33 51
www.museuregionaldebeja.pt
Di–So 9.30–12.30, 14–17.15 Uhr
2,50 €

## 46 Mértola

Die hübsche kleine befestigte Stadt am Zusammenfluss von Guadiana und Oeiras blickt auf eine lange Geschichte als Handelshafen zurück. Über Mértola verteilen sich mehrere kleine Museen zur römischen, maurischen und portugiesischen Geschichte des Orts. Man kann sie alle mit einer einzigen Eintrittskarte (5 €) besuchen, die auch noch für einen Aufstieg auf den Bergfried der Burg gilt. Sehenswert ist auch die Pfarrkirche, eine ehemalige Moschee; hinter dem Altar ist die nach Mekka ausgerichtete Gebetsnische (*mihrab*) erhalten; die hufeisenförmigen Bogen und die schönen Säulen zeugen noch von der islamischen Zeit.

229 E1
Rua da Igreja 31 ☎ 286 61 01 09
https://visitmertola.pt

**Museen**
im Sommer Di–So 9.45–13, 14–18.15, sonst 9.15–13, 14–17.45 Uhr
Kombiticket 5 €

# Wohin zum … Übernachten?

Preise für ein Doppelzimmer pro Nacht in der Hauptsaison:

| | |
|---|---|
| € | unter 80 € |
| €€ | 80–130 € |
| €€€ | 130–180 € |
| €€€€ | über 180 € |

## ÉVORA

**Pousada Convento Évora €€€–€€€€**
Das legendäre Kloster aus dem 15. Jh. war einst dem Evangelisten Johannes geweiht. Heute ist hier eine der führenden *pousadas* des Landes untergebracht; das exzellente Restaurant befindet sich im ehemaligen Kreuzgang. Die großen Räume sind mit wertvollen Antiquitäten ausgestattet. Ein Swimmingpool ist vorhanden.
227 E3 ✉ Largo Conde de Vila-Flor
☎ 266 73 00 70 🌐 www.pestana.com

**Vila Galé Évora €€–€€€**
Das Komforthotel am Rand der Altstadt besitzt mehrere Pluspunkte: Unkompliziertes kostenloses Parken, Pool und Spa für die Erholungspausen und topmodern ausgestattete Zimmer. Ins Zentrum sind es 10 Min. zu Fuß.
227 E3 ✉ Av. Túlio Espanca
☎ 266 75 81 00 🌐 www.vilagale.com

## VILA VIÇOSA

**Casa do Colégio Velho €€–€€€**
Versteckt in einer Kopfsteinpflasterstraße liegt dieses wunderbare B&B in einem Herrenhaus aus dem 16. Jh. mit herrlichem Blick über die Gärten und die Altstadt. Die hellen Zimmer mit hohen Decken sind mit Kunstwerken und Antiquitäten geschmückt, einige haben schmiedeeiserne Betten. Alle Zimmer sind mit Flachbildfernsehern und Marmorbädern ausgestattet. Nehmen Sie sich Zeit, um am Pool oder auf den Bänken mit Azulejos im Garten zu entspannen. Das umfangreiche Frühstück wird aus regionalen Zutaten zubereitet.

228 A4 ✉ Rua Dr. Couto Jardim 34
☎ 962 06 09 00
🌐 www.casadocolegiovelho.com

## MARVÃO

**Pousada Marvão €€–€€€**
Die *pousada* ist im Sommer angenehm kühl, im Winter warm – wie alle weiß getünchten Häuser dieses schönen Dorfs. Von den geräumigen Zimmern und aus dem einfachen Speisesaal blickt man auf die Oliven- und Korkeichenpflanzungen des Alentejo. Die Spezialitäten der Region sind köstlich, wie der Käse mit einem passenden Wein.
225 D1 ✉ Rua 24 de Janeiro 7
☎ 245 99 32 01 🌐 www.pestana.com

## ESTREMOZ

**Pousada Castelo Estremoz €€€**
Die berühmte *pousada* verbirgt sich hinter den Mauern einer mittelalterlichen Burg. Alles passt: Himmelbetten, museumsreife Wandbehänge, Wände mit Azulejos oder der große Speisesaal. Entspannen Sie am Pool, genießen Sie anschließend die Köstlichkeiten der Alentejo-Küche mit einem edlen Tropfen aus dem Keller.
228 A4 ✉ Castelo de Estremoz, Largo D. Diniz ☎ 268 33 20 75 🌐 www.pestana.com

## MONSARAZ

**Casa Rural Santo Condestável €**
Diese kleine Landhaus-Unterkunft liegt mitten im Ort. Sie ist einfach, aber mit Stil eingerichtet und lässt Sie den Ort erleben, wenn die Tagesbesucher abgezogen sind.

Die Preise sind sehr solide, manche Zimmer haben eine tolle Aussicht.
228 B3 Rua Direita 4
919 97 08 31
www.cm-reguengos-monsaraz.pt

**BEJA**

**Pousada Convento Beja €€–€€€**
In den 1990er Jahren wurden die Zellen dieses ehemaligen Franziskanerklosters in komfortable Zimmer umgewandelt. Die Eingangshalle ist monumental, doch der Gästebereich ist freundlich und der Pool beliebt. Im Restaurant kommen regionale Spezialitäten auf den Tisch.
227 E1 Largo Dom Nuno Álvares Pereira
284 31 35 80 www.pestana.com

## Wohin zum … Essen und Trinken?

Preise für ein Hauptgericht ohne Getränke:

| | |
|---|---|
| € | unter 25 € |
| €€ | 25–40 € |
| €€€ | 40–60 € |
| €€€€ | über 60 € |

**ÉVORA**

**Cozinha de Santo Humberto €€–€€€**
In Évora gibt es vermutlich mehr hervorragende Restaurants als in jeder anderen portugiesischen Stadt, ausgenommen Lissabon – und dieses ist eines von ihnen. Beim Hinabsteigen in den ehemaligen Weinkeller steigt bereits die Vorfreude auf saisonal wechselnde Spezialitäten. Geröstetes Lamm aus dem Ofen (*borrego assado no forno*) zählt unbedingt dazu. Während der Jagdsaison sollten Sie Wild probieren – das Wildschweinragout ist hervorragend; oder versuchen Sie *chispe assado* (Schweinebraten).
227 E3 Rua da Moeda 39
266 70 18 74 Mi–Mo 12–15, 19–22 Uhr

**O Cruz €**
Das O Cruz ist eine einfache Adresse mit schnörkelloser, typischer Küche. Je nach Saison finden Sie die traditionelle Brotsuppe aus dem Alentejo (*açorda à alentejana*) auf der Karte, gegrillte Sardinen, Lamm- und Schweinefleischgerichte. Von der einladenden Terrasse blicken die Besucher auf den Platz vor der Kirche São Francisco.
227 E3 Praça 1 de Maio 20
266 74 72 28 Fr–Mi 10–22 Uhr

## O Fialho €€€

O Fialho ist zu Recht berühmt, wirkt aber überraschend schlicht. Das Besondere an den hier zubereiteten Gerichten sind die verwendeten Kräuter und Gewürze; die *lombinhos de javali* (Wildschweinmedaillons) enthalten eine Spur Rosmarin. Geröstetes Lamm und – während der Jagdsaison gegen Ende des Jahres – Wildkaninchen und Rebhuhn genießen einen hervorragenden Ruf. Ein aufmerksamer Service, hervorragende Weine und Liköre runden das kulinarische Erlebnis ab.

✈ 227 E3 ✉ Travessa das Mascarenhas 14
☎ 266 70 30 79 🌐 www.restaurantefialho.pt
🕒 Di–So 13–16 und 19–23 Uhr

### VILA VIÇOSA

## Taverna dos Conjurados €€–€€€

Dieses Restaurant wirkt mit seinem klassischen Interieur und den freiliegenden Steinwänden und den weiß getünchten Wänden einfach, serviert aber gute, authentische Küche. Als Zutaten werden ausschließlich frische Produkte der Region verwendet, und das Restaurant ist auch bei den Einheimischen beliebt. Machen Sie es sich an den klassischen Holztischen bequem und genießen Sie hervorragendes Essen und herzhafte Portionen.

✈ 228 A4 ✉ Largo 25 de Abril
☎ 268 98 95 30
🕒 Di–So 12–14.30, 19.30–22 Uhr

### ESTREMOZ

## Adega do Isaías €€

Alte Amphoren erinnern noch daran, dass der Raum früher als Weinkeller diente; der Rotwein wird hier in Krügen serviert. Im bodenständigen Lokal treffen sich Einheimische jeden Alters, um die köstlichen Gerichte zu genießen: *pimentos assados* (Paprika vom Grill), *bolo de mel* (Honigkuchen), *borrego no forno* (gebratenes Lamm) oder *estufado de lebre* (Hasenbraten).

✈ 228 A4 ✉ Rua do Almeida 21
☎ 268 32 23 18
🕒 Mo–Sa 12–15, 19–22.30 Uhr

### ELVAS

## A Coluna €

Ein beliebtes Restaurant mit weißen Wänden und weißen Tischdecken. Die Speisekarte ist einfach; die Gäste lieben besonders *cabrito* (Ziege), die *bacalhau*-Gerichte (S. 26) und die *cataplana* (S. 26). A Coluna liegt etwas versteckt in der Nähe des Hauptplatzes und ist bei Einheimischen beliebt. Gehen Sie rechtzeitig hin.

✈ 228 B4
✉ Rua do Cabrito 11
☎ 268 62 37 28
🕒 tägl. außer Di 12–15, 19–22 Uhr

### MONSARAZ

## Lumumba €–€€

In diesem Dorf, das einem Freilichtmuseum gleicht, finden Sie das Lumumba direkt an einer der beiden Hauptachsen. Küche und Interieur sind einfach und gleichermaßen typisch für die Region. Zu den Spezialitäten zählt Lamm (*borrego*) in verschiedener Zubereitung.

✈ 228 B3 ✉ Rua Direita 12
☎ 266 55 71 21
🕒 Di–So 12–15, 19–21 Uhr

### BEJA

## Luiz da Rocha €

Wer lange genug in der turbulenten Café-Bar sitzt, hat Gelegenheit, die Einwohner von Beja zu beobachten, die auf ein Bier oder einen Café hereinkommen. Der Käsekuchen (*queijada*) schmeckt hervorragend. Luiz da Rocha ist nicht nur Cafeteria und Konditorei, sondern auch Restaurant, in dem es diverse Omeletts und Lamm gibt. Das Preisniveau ist fair, die Lage in der Hauptgeschäftszone günstig.

227 E1

Rua Capitão João Francisco de Sousa 63

284 32 31 79

www.luizdarocha.com

Restaurant Mo–Sa 12–15.30, 19–22, So 12–15.30 Uhr, Café Mo–Sa 8–23, So 8–20 Uhr

## Wohin zum ... Einkaufen?

### MÄRKTE

Die kleine Markthalle in Évora liegt an der Praça 1 de Maio etwas unterhalb der Kirche São Francisco; hier können Sie sich mit Käse, frischem Gemüse etc. eindecken. Samstags und sonntags findet auf derselben Praça 1 Maio die *feira* statt; die Angebote reichen von gebrauchten Büchern bis zu Antiquitäten, Nippes und Kunst.
Der Mercado Municipal in Beja (Mo–Sa 6.30–14 Uhr) ist in der Rua Afonso de Albuquerque; samstags von 7–13 Uhr wird der Mercado 25 de Abril auf dem Largo do Santo Amaro abgehalten.

### KUNSTHANDWERK

Arraiolos-Teppiche kauft man am besten in Arraiolos (20 km nordwestlich von Évora). In den Werkstätten und einigen Läden erhält man die Teppiche zu einem viel günstigeren Preis als in Lissabon.
Die Rua 5 de Outubro in Évora mag touristisch sein, doch hier finden Sie eine geballte Auswahl an Keramikwaren und originellen Kunsthandwerksartikeln aus Kork, darunter Taschen und Hüte. Flôr da Rosa, westlich von Portalegre, ist bekannt für seine Töpferwaren.

### LEBENSMITTEL

Portugal ist das Land des Brots, Getreide wird auch oft als Zutat in Suppen verwendet. Auch Alentejo-Wurstwaren sind berühmt. Die Qualität wird gesichert durch das DOP-Siegel (Denominação de Origem Protegida). Auf den Märkten von Évora oder Beja decken Sie sich für ein Picknick ein.
Im Besucherzentrum der Alentejo-Weine an der Praça Joaquim António de Aguiar 20–21 in Évora (Mo 14–19, Di–Fr 11–19, Sa 10–13 Uhr, Tel. 266 74 64 89, www.vinhosdoalentejo.pt) haben Sie Gelegenheit, Weine aus dem Alentejo zu verkosten und einzukaufen.

## Wohin zum ... Ausgehen?

### FESTIVALS

Im letzten Drittel des Juni findet in Évora die Feira de São João statt, Ende Oktober das Film Festival FIKE (www.fikeonline.net) mit Kurzfilmen. In Elvas wird Mitte/Ende September die Festa de São Mateus (http://saomateusemelvas.com) mit einer großen Prozession, Umzügen, Konzerten, Reitwettbewerben und einem Feuerwerk gefeiert.

### AKTIVITÄTEN IM FREIEN

Toll sind die Strände der westlichen Atlantikküste, z. B. Zambujeira und Odeceixe. Skydive Europe bietet Mutigen Fallschirm-Tandemsprünge an (Tel. 210 19 09 52, www.skydiveeurope.com); Schule und Flugfeld liegen 40 km westlich von Beja bei Figueira dos Cavaleiros. Auf den Radverleih und geführte Mountainbiketouren, z. B. durch die Serra de Grândola, ist Passeios e Companhia in Grândola (Rua 22 de Janeiro 2 A, Tel. 269 47 67 02, www.passeiosecompanhia.com) spezialisiert.

### NACHTLEBEN

Städte und Orte im Alentejo sind eher für ihre Ruhe denn für ausschweifendes Nachtleben bekannt. Am ehesten fündig werden Sie in Évora; Konzerte gibt es gelegentlich in der Sociedade Harmonia Eborense (Praça do Giraldo 72).

Grandiose Küstenszenerie bei Lagos:
Ponta de Piedade

# Algarve

Die Algarve verspricht malerische Sandbuchten, ockerfarbene Klippen und grenzenlosen Urlaubsspaß.

Seiten 166–193

# Erste Orientierung

**Sandstrände und blauer Himmel, weiß getünchte Villen mit blühenden Geranien vor der Tür, Fischerboote und der Duft gegrillter Sardinen – diese Assoziationen bestimmen das weit verbreitete Bild von Portugal, vor allem das Bild der Algarve.**

Für viele Touristen ist die Algarve gleichbedeutend mit Portugal – in Wirklichkeit jedoch ist dieser schmale Küstenstreifen am südwestlichen Rand Europas eigentlich sehr untypisch für das Land. Das Klima ist eher mediterran als vom Atlantik geprägt, die Landschaft erinnert stärker an Nordafrika als an Portugal. Der Landstrich hieß einst *al-Gharb* und war der westliche Vorposten des maurischen Spanien; hier leisteten die Mauren der christlichen Rückeroberung noch hundert Jahre über den Fall Lissabons hinaus Widerstand. Vieles erinnert an die Herrschaft der Araber: von den vergitterten Kaminen mit geometrischem Muster bis hin zu den Mandelbäumen, deren weiße Blüten den Boden im Januar wie Schnee bedecken.

Die Küste der Algarve wird durch die Hauptstadt Faro in zwei Teile gegliedert. Östlich von Faro liegt die windabgewandte Sotavento-Küste, geschützt durch die kleinen Inseln und Lagunen der Ria Formosa. Die Barlavento-Küste westlich von Faro ist dem Atlantik und seinen oft stürmischen Winden ausgesetzt; hier findet man die typischen Felsformationen, Grotten, Klippen und Höhlen der Algarve.

Das epochale Erdbeben von 1755 mit seinem Epizentrum bei Lagos legte die gesamte Region in Schutt und Asche. Den historisch größten Einfluss hatte jedoch der Massentourismus mit bis zu acht Millionen Besuchern pro Jahr.

Ferienanlagen, Golfplätze und Bettenburgen schossen wie Pilze aus dem Boden, manches wurde flächendeckend zubetoniert. Um den Massen zu entgehen, sollte man landeinwärts fahren und die Dörfer des Barrocal und die Berge von Monchique besuchen – oder seine Zeit in der hübschen Stadt Tavira verbringen.

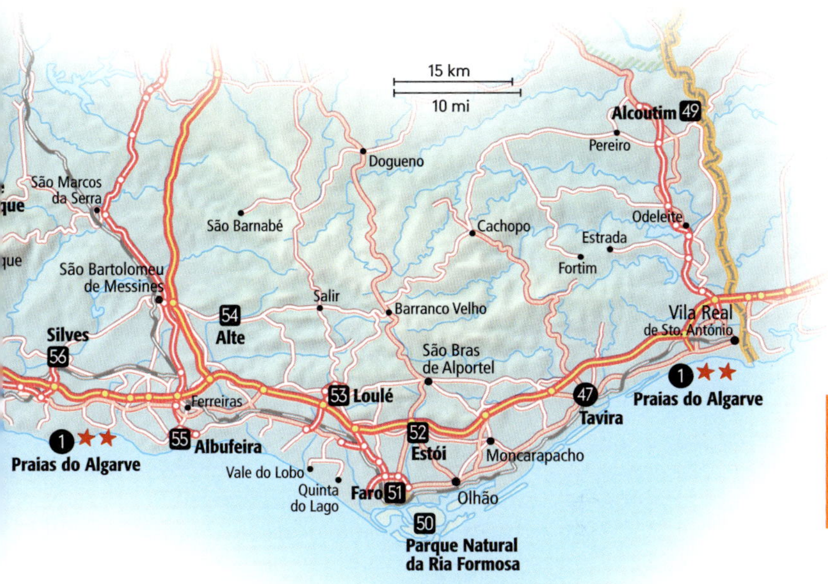


TOP 10

❶ ★★ Praias do Algarve

❷ ★★ Sagres & Cabo de São Vicente

Nicht verpassen!

47 Tavira

48 Serra de Monchique

Nach Lust und Laune!

49 Alcoutim

50 Parque Natural da Ria Formosa

51 Faro

52 Estói

53 Loulé

54 Alte

55 Albufeira

56 Silves

57 Lagos

# Mein Tag in der Ria Formosa

Die gemütliche Radtour führt durch die Ria Formosa, das Haffgebiet zwischen Tavira und Cacela Velha. Salinen, Flamingoschwärme, kleine Badeorte, vorgelagerte Inseln und Strände machen den Charme dieser Route aus. Badesachen nicht vergessen!

### 9 Uhr: Erstmal eine Stärkung

Mit 25 km ist die heutige Tagestour gut zu bewältigen: Es geht ja nie bergauf. Aber ein üppiges Frühstück in 47 Taviras Pastelería Tavirense (Tv. Dom Brites 12), sorgt für eine solide Grundlage. Danach bummeln Sie über die Ponte Romana auf die nördliche Flussseite zu Abílio Bikes (S. 173) und mieten ein Trekkingrad.

Auf der Rua Alm. Cândido dos Reis und der N125 radeln sie 5 km nach Nordosten bis Cabanas. Schilder weisen die Route als Teil der Ecovia Litoral aus.

### 10 Uhr: Durch die Salinen

Auf der ersten Hälfte der Strecke kommen Sie an Taviras Salinen vorbei. Kleine Stichstraßen führen hier und dort zu den Salinenbecken, in denen je nach Jahreszeit Wasser zur Verdunstung steht (Frühsommer) oder das Salz gerade geerntet wird (Hochsommer). Zu jeder Jahreszeit bieten sie ein anderes Bild und auch die Vogelwelt, die sich hier versammelt, ist erstaunlich vielfältig. Mit Glück sehen Sie Flamingos!

An der Abzweigung nach Cabanas biegen Sie nach Süden, in

Richtung Meer, ab. Der hübsche Ferienort besitzt eine nette Uferpromenade. Ideal gelegen für eine Pause mit Blick auf die Ilha de Tavira gegenüber, bei frisch gepresstem Orangensaft in der Vitaminas Bar (Av. Ria Formosa 86).

### 11.30 Uhr: Idyll am Meer

Die Ecovia Litoral verläuft auf kleinen Straßen nach Nordosten, berührt für ein kurzes Stück die N125 und wendet sich bei Ribeira do Junco wieder dem Meer zu. Ziel nach insgesamt 6 km ist der Ferienort Fábrica, der seinen Namen einer inzwischen zur Ruine verfallenen Fabrik verdankt. Ein kleines Idyll.

### 12 Uhr: Muscheln und Vinho Verde

Am Meer entlang radeln Sie 2 km weiter bis Cacela Velha. Das unter Denkmalschutz stehende Fischer-

Vom malerischen Dörfchen Cacela Velha geht es zur Badepause auf die Sandbank Praia de Cacela (oben).

Blick vom Castelo de Cacela zum Naturpark Ria Formosa (oben). Das Hotel Vila Galé klärt über den Thunfischfang auf (rechts).

dorf schmückt sich mit einem Fort aus dem 17. Jh. und einer Zisterne, die bereits die Mauren angelegt haben.

Nach einem Bummel durch den Ort ist es um 12.30 Uhr Zeit fürs Mittagessen: Der Wirt des Restaurants Casa Velha serviert Muscheln von den eigenen Muschelbänken! Dazu passt natürlich ein spritziger Vinho Verde aus dem Norden Portugals. Erfrischend!

### 14 Uhr: Badepause

Mit einem Fischerboot (ca. 1 €) oder bei Ebbe zu Fuß gelangen Sie durchs Watt auf die vorgelagerte Sandbank zur Praia de Cacela Velha. Genießen sie Wind, Sonne, Meer und die unglaubliche Stille.

### 16.30 Uhr: Thunfischkunde

Auf gleichem Weg radeln Sie zurück nach Tavira, biegen aber an den Salinen links in Richtung

Auf dem zentralen Platz von Tavira, der Praca da República, trifft man sich nicht nur an lauen Sommerabenden vor und nach dem Abendessen.

Hotel Vila Galé Albacora ab (hin & zurück 3 km): Das Öko-Hotel entstand rund um die Gebäude einer ehemaligen Thunfischfangstation, deren Anlage trotz Umbauten noch gut erhalten ist. Ein Museumsraum (tägl. 8–19 Uhr) zeigt Wissenswertes zum Thunfischfang, der früher viele Fischer gut ernährte, heute aber keine Rolle mehr spielt.

### 18.30 Uhr: Rad adé

Spätestens jetzt sollten Sie sich auf den Weg zum Fahrradverleih machen, denn er schließt um 19 Uhr. Eine Stunde bleibt, um sich frisch zu machen.

### 20 Uhr: Tisch mit Aussicht

Nehmen Sie am gedeckten Tisch auf der Dachterrasse des O Pátio mit Blick über Taviras Dachlandschaft und das Haff Platz.

**Abílio Bikes**
229 E3 ✉ Rua J. Vaz Corte Real 23A, Tavira
☎ 281 32 34 67 🌐 www.abiliobikes.com
Mo–Fr 9.30–13, 15–19, Sa 9.30–13 Uhr
Trekkingrad 12 €/Tag

**Casa Velha**
229 E3
✉ Rua S. de Mello Bryener, Cacela Velha
☎ 281 95 22 97 Mo geschl. €€

**O Pátio**
229 E3 ✉ Rua António Cabreira 30, Tavira
☎ 281 32 30 08 Mo–Sa 18.30–23 Uhr €€

# ❶ ★★ Praias do Algarve

| | |
|---|---|
| Was? | Dekorativ erodierte Felsbuchten oder endlose Sandstrände |
| Warum? | Die schönsten Strände Portugals |
| Wann? | An den Wochenenden und in den portugiesischen Sommerferien wird's ganz schön voll |
| Wie lange? | Eine Woche |
| Was noch? | Die wilde Seite der Algarve an der Costa Vicentina |
| Resümee | Gut gebräunt im Hier und Jetzt |

**Auf einer Länge von 200 km versammelt die Algarve einige der schönsten Strände Europas. Von weiten Bögen aus weichem goldenen Sand bis hin zu kleinen, versteckten Buchten unter Grotten und ockerfarbenen Klippen – Sie könnten Ihren ganzen Urlaub damit verbringen, Ihren Lieblingsstrand zu suchen. Ob für Familien, Wassersport oder Robinson-Feeling: Sie haben die Wahl.**

## Traumstrände von Ost nach West

Das Schaulaufen der schönsten Strände beginnt östlich von Tavira mit der Praia Verde (Grüner Strand) – der Weg dahin führt durch ein mit Pinien bewachsenes Tal und über eine Dünenkette. Hier ist das Meer ruhig und warm – perfekt für kleine Kinder. Zwischen Cacela Velha und Monte Gordo 2 km weiter östlich findet sich eine Reihe ähnlicher Badegelegenheiten.

Von Tavira aus geht's per Fähre zur Ilha de Tavira, einer vorgelagerten Insel mit beliebtem Strand, an dem einige Bereiche für FKK reserviert sind. Die Praia do Barril, 4 km entfernt am Westende der Insel, wird seltener besucht.

Eine Bootstour ab Lagos führt zur Ponte de Piedade, deren höchste Felszacken bis zu 20 Meter aus dem Wasser ragen.

## Algarve-Klassiker

Albufeira zählt zu den bekanntesten Destinationen an der Algarve, der Strand unterhalb hoher Felsklippen ist von der Stadt aus durch einen Felstunnel oder per Auf-

Praia dos Pescadores, »Strand der Fischer«, im lebhaften Ferienort Albufeira

zug zu erreichen. Westlich von Albufeira liegen viele weitere attraktive Strände wie Praia de São Rafael oder Praia da Galé.

Der größte und wahrscheinlich bekannteste Strand der Algarve gehört zu Armação de Pêra: Gesäumt von Sanddünen läuft er in Richtung Albufeira flach aus. Das Resort mit zahllosen Apartments ist bei portugiesischen Familien sehr beliebt. Das westlich anschließende Praia da Rocha war der erste Touristenort der Algarve und wirkt entsprechend in die Jahre gekommen. Entlang der Strandpromenade ist die Ferienwelt aber noch in Ordnung. Von der alten Festung aus geht der Blick über den breiten Sandstreifen mit erodierten Felsen und 70 m hohen Klippen.

### Hopping von Bucht zu Bucht

Um den beliebten Ferienort Carvoeiro beginnt die buchtenreiche Algarve, z.B. mit der Praia da Marinha in der Ortsmitte. Im Sommer fahren Bootstaxis Buchten in der Nähe wie die Praia do Benagil und Praia Senhora da Rocha an.

Eine weitere perfekte Bucht ist Praia da Dona Ana gleich außerhalb von Lagos – entsprechend belebt ist sie an Sommerwochenenden. Ein Bootsausflug bringt Sie zu den bizarren Grotten und Höhlen von Ponte da Piedade.

Strandbar an der Praia do Castelejo, einem beliebten Surfertreff

### Tanzen mit dem Wind

Zahlreiche Strände sind Dorados für Wassersportler: Die Meia Praia östlich von Lagos erstreckt sich halbmondförmig über 4 km und gilt als einer der besten Windsurfspots. Kinder mögen ihn wegen der vielen Muscheln, die hier angespült werden. Allerdings gilt: Vorsicht vor starken Strömungen! Das größte Resort im Westen ist Praia da Luz. An dem herrlichen, am Ostende von Klippen gesäumten Strand, gibt es diverse Surf- und Tauchschulen. Ein Pfad über die Klippen führt an Ponte da Piedade vorbei nach Lagos (S. 189).

Der geschützte dunkle Sandstrand Praia de Odeceixe an der Grenze zwischen Alentejo und Algarve steht bei Surfern hoch im Kurs. Er liegt an der Mündung des Seixe, 4 km vom nächsten Dorf entfernt und gehört bereits zur Costa Vicentina.

### Idylle abseits der Touristenpfade

Mit dem eigenen Fahrzeug lohnt die Fahrt zu einem der entlegeneren Strände im Westen wie Boca do Rio auf halbem Weg zwischen Burgau und Salema. An der Ost-Algarve bringt Sie ein Schiff vom Fischerort Olhão zur attraktiven Ferieninsel Ilha da Armona. Auf der geschützten, dem Festland zugewandten Seite säumen Dünen den Strand; einsamer ist der feinsandige weiße Strand auf der Atlantikseite, die Sie zu Fuß erreichen.

### Wilde Schönheit für Individualisten

Die wellengepeitschte Westküste Costa Vicentina säumt eine Reihe spektakulärer Strände, doch Vorsicht vor tückischen Strömungen! Einer davon ist die abgelegene Praia da Cordoama. Die bei Surfern beliebte, goldrote Praia do Castelejo ganz in der Nähe ist etwas leichter zugänglich und eingerahmt von schwarzen Schieferfelsen.

Einen weiten, von Dünen gesäumten Bogen um eine Lagune bildet die Praia da Bordeira an der Mündung des

Bordeira bei Carrapateira. Hier lassen sich herrliche Strandwanderungen unternehmen. Riesige Atlantikwellen ziehen Surfer an die von Dünen gesäumte Praia do Amado, 4 km südlich auf der anderen Seite der Landzunge – ein wahrer Hot Spot für wilde Wellenritte.

Ein weiterer schöner Sandstrand ist Praia da Arrifana, 10 km außerhalb von Aljezur. Von der Festungsruine über dem

Strand haben Sie einen weiten Blick über die Küstenlinie. Der lange, geschützte Sandstrand Praia de Monte Clérigo, 8 km von Aljezur entfernt, ist ideal für Familien.

Die Strandbucht Praia da Dona Ana bei Lagos ist von vielfarbigen Felsformationen umgeben.

**KLEINE PAUSE**

An den meisten Stränden öffnen während der wärmeren Jahreszeit **Restaurants und Bars.** Wenn Sie abgelegenere Strände wie Cordoama und Odeceixe außerhalb der Saison besuchen, sollten Sie ein **Picknick** mitbringen.

---

i


Praia Verde ✈ 229 E3
Ilha da Armona ✈ 229 D3
Ilha de Tavira ✈ 229 E3
Albufeira ✈ 229 C3
Armação de Pêra ✈ 229 C3
Praia da Marinha ✈ 229 C3
Praia de Dona Ana ✈ 229 B3
Meia Praia ✈ 229 B3
Praia da Luz ✈ 229 B3
Praia de Odeceixe ✈ 229 B2
Boca do Rio ✈ 229 A3
Praia da Rocha ✈ 229 B3
Praia do Castelejo ✈ 229 A3
Praia da Bordeira ✈ 229 A3
Praia do Amado ✈ 229 A3
Praia da Arrifana ✈ 229 A2
Praia de Monte Clérigo ✈ 229 A2
Praia da Cordoama ✈ 229 A3

# ❷★★ Sagres & Cabo de São Vicente

| | |
|---|---|
| Was? | Windumtostes Kap, verschlafener Ort und wettergegerbte Fischer |
| Warum? | Mythenumwobene Südwestecke Europas |
| Wann? | Zwischen Mai und September |
| Wie lange? | Zwei Stunden bis zwei Tage |
| Was noch? | Hot Spot für Surfer |
| Resümee | Der Wind hat's in sich |

**Das wilde, windgepeitschte Kap im äußersten Südwesten Europas galt einst als *O Fim do Mundo*, das Ende der Welt. Wer hier auf dem Fels steht, in die Weiten des Ozeans hinausblickt und der donnernden Brandung lauscht, kann sich vielleicht ein wenig in die mittelalterlichen Entdecker hineinversetzen, die von Sagres aus zu unbekannten Zielen aufbrachen.**

Der Infant Henrique, Heinrich der Seefahrer, soll im 15. Jh. in Sagres ein Zentrum für Navigation und Seefahrt eingerichtet und die besten Kartografen, Astronomen, Seeleute und Schiffsbauer um sich versammelt haben. Hier wurde die Karavelle mit ihrem hohen Heck entwickelt, ein Segelschiff, das Kolumbus später bei seiner Atlantiküberquerung einsetzte. Es machte das portugiesische Zeitalter der Entdeckungen erst möglich (S. 18). Bedeutende Seeleute sollen in Sagres ausgebildet worden sein, darunter Vasco da Gama, Pedro Álvares Cabral und Ferdinand Magellan.

### Legende oder Wahrheit?

1587 plünderte Sir Francis Drake die Gebäude und die kostbare Bibliothek ging in Flammen auf. Vermutlich befand sich das Wissenschaftszentrum auf dem Gelände der kleinen Festung Fortaleza de Sagres (spätes 18. Jh.) am Rand der Stadt. Die einzigen Überreste aus früherer Zeit sind die schlichte Kapelle Nossa Senhora da Graça und die große

Die Fortaleza de Sagres befindet sich südlich der Stadt Sagres auf einer Klippe.

Rosa dos Ventos (Windrose) mit einem Durchmesser von 43 m; sie stammt möglicherweise sogar aus der Zeit Heinrichs des Seefahrers. Heute ist umstritten, ob eine solche Akademie jemals existiert hat.

## Hot Spot für Surfer

Sagres ist eine etwas abgelegene Stadt, im Sommer beliebt bei Surfern und Rucksackreisenden, wobei die Betuchteren etwas abseits im schönen Martinhal Beach Resort & Hotel Unterkunft nehmen.

Die eigentliche Attraktion der Stadt sind ihre Strände; allerdings muss man kaltes Wasser und die vom Ozean kommenden Winde mögen. Östlich der Festung sind die Strandabschnitte geschützter. Praia da Mareta ist der am leichtesten zugängliche Strand. Praia da Baleeira liegt neben dem Hafen, von dort gelangt man zu Fuß zum Surferstrand Praia da Martinhal.

## Viele Kulte – ein Ort

Das Cabo de São Vicente war für die Römer ein heiliger Felsvorsprung (*Promontorium Sacrum*), da die Sonne hier allabendlich im Meer versank. Später wurde er eine christliche Gedenkstätte, denn im 4. Jh. sollen hier die Gebeine des heiligen Vinzenz an Land gespült worden sein, nachdem das

Am Cabo de São Vicente bei Sagres soll sich die Seefahrerschule von Heinrich dem Seefahrer befunden haben.

Boot mit seiner kostbaren Fracht auf Grund gelaufen war. Im 12. Jh. wurde der Leichnam nach Lissabon überführt, angeblich in einem von Raben geleiteten Boot; der heilige Vinzenz ist heute der Schutzpatron der Hauptstadt.

### Besuch am Ende der Welt

Heinrich der Seefahrer besaß wahrscheinlich auf dieser Landzunge einen Palast; vermutlich dort, wo heute der Leuchtturm steht. Dieser zählt zu den leistungsstärksten in Europa; sein Licht ist auf See noch in fast 100 km Entfernung auszumachen. Das Meer um das Kap war Schauplatz zahlreicher Seeschlachten, heute aber stört kaum etwas die Ruhe, obwohl es immer noch zu den meistbefahrenen Schiffsstraßen weltweit gehört. Nur die Windböen auf den 60 m hohen Klippen sind heftig, und Angler setzen ihr Leben aufs Spiel, wenn sie riesige Angelruten von den Felsen hinab ins Meer halten. Bei Sonnenuntergang ist es hier besonders stimmungsvoll.

### KLEINE PAUSE

Regionaltypisches Essen bekommt man in der **Pousada Sagres** (Ponta da Atalaia, Tel. 282 62 02 40, www.pestana.com). An der **Praça da República** von Sagres gibt es weitere kleine Restaurants. Alternativ können Sie im stilvollen, aber nicht ganz billigen Terrassenrestaurant des **Martinhal Beach Resort & Hotel** (Tel. 218 50 77 88, www.martinhal.com) einkehren, das ein kleines Stück hinter der Praia da Martinhal liegt.

---

i

229 A3
Rua Comandante Matoso, Sagres
282 62 48 73
www.cm-viladobispo.pt

**Fortaleza de Sagres**
Ponta de Sagres
282 62 01 40
www.monumentosdoalgarve.pt
Mai–Sept. 9.30–20 Uhr, sonst 9.30–17.30 Uhr 3 €

## Das Azulejo-Wunder

Verborgen hinter den Traumstränden, Luxusresorts und Golfplätzen um Quinta do Lago nordwestlich von Faro behauptet sich Almansil mit portugiesischem Alltag und Normalität gegen die Postkartenwelt. Mitten im Ort erwartet Sie in der unscheinbaren Igreja de São Lourenço eine Überraschung: Kein Quadratzentimeter Wand, Decke oder Kuppel, der nicht mit weißblauen Azulejo-Tableaus mit Szenen aus dem Leben des hl. Laurentius ausgekleidet wäre. Ein atemberaubendes, blaues Wunder. Wunderschön!

*Mo–Sa 10–13 und 15–17 Uhr, 2€*

# ㊼ Tavira

| | |
|---|---|
| Was? | Altstadt mit Fluss, Promenade mit Palmen und Haff mit Stränden |
| Warum? | Die reizendste Stadt an der Algarve |
| Wann? | Die Ferien meiden, aber am schönsten im Sommer |
| Wie lange? | Ein bis drei Tage |
| Was noch? | Ungewöhnliche Einblicke durch die Camera Obscura |
| Resümee | So ein entspannter Ort! |

**Tavira liegt an beiden Ufern des Gilão, unweit der schönsten Strände der Region. Eine siebenbogige historische Brücke verbindet ihre beiden Stadtteile.**

Tavira gilt mit seinen palmenbestandenen Parks, hübschen Kirchen und den vornehmen Häusern, die von schmiedeeisernen Balkongittern und filigran gearbeiteten Türen geschmückt werden, als schönste Stadt an der Sotavento-Küste. In der maurischen Epoche zählte Tavira zu den drei größten Städten in *al-Gharb* (S. 168). Bis zum 16. Jh. florierte der Hafen als wichtiger Nachschublieferant für die portugiesischen Besitzungen in Übersee. Der Thunfischfang war ein wichtiger Wirtschaftszweig, wurde aber mit dem Erdbeben und Tsunami 1755 beendet. Heute hat die Stadt sich auf einen »sanften« Tourismus eingestellt.

Taviras historisches Zentrum dominieren das Castelo und die Kirche Santa Maria do Castelo.

## Pyramidendächer und Stadtansichten

Der beste Ausgangspunkt für eine Erkundung ist die von Arkaden eingefasste Praça da República auf der südlichen Flussseite. Am Portal (16. Jh.) der Igreja da Misericórdia fallen die Muttergottes, Petrus und Paulus sowie die Wappen von Tavira und Portugal auf. Im Inneren beeindrucken der Hochaltar und die Azulejos!

Links gelangt man bergan zum Castelo dos Mouros, einer kleinen Burg aus maurischer Zeit. Beim Rundgang auf den Mauern bemerkt man eine architektonische Besonderheit: die *Tesouro*-Dächer. Die steile, pyramidenförmige Form sei ein Erbe der Mauren, meinen die einen. Andere sehen darin fernöstliche Einflüsse. Die Camera Obscura im Wasserturm nebenan erlaubt dem Betrachter einen ungewöhnlichen Blick auf Fluss und Stadt.

In der Igreja de Santa Maria do Castelo, hinter der Burg, sind Dom Paio Peres Correia, der die Stadt 1242 von den Mauren befreite, und sieben christliche Ritter beigesetzt. Von der Praça da República aus wandert man am Ufer entlang durch schattige Parkanlagen zum alten Fischmarkt.

## Per Boot an den Strand

Vom Cais Ribeirinho, der Anlegestelle in Quatro Águas, setzt eine preisgünstige Personenfähre (Fahrpläne unter www.silnido.com) in wenigen Minuten zur Ilha de Tavira (Teil des Parque Natural da Ria Formosa; S. 186) über. Besucher genießen den langen, prächtigen Sandstrand und das wärmste Wasser der Algarve.

### KLEINE PAUSE

**Veneza** auf der Praça da República hat eine beliebte Außenterrasse, auf der Sie bei Gebäck und starkem Kaffee die Welt vorbeiziehen sehen. Einen guten Ruf genießt auch das Fischrestaurant **Praça Velha** am alten Marktgebäude.

---

229 E3 ✉ Praça da República 5
☎ 281 32 25 11 🌐 www.cm-tavira.pt

**Castelo**
Sommer Mo–Fr 8–19, Sa/So 10–20, sonst tägl. 9–17 Uhr

**Camera Obscura**
🌐 www.torredetavira.com
Mo–Fr 10–17, Okt.–Jan. bis 16, Juli–Sept. auch Sa 10–13 Uhr
4 €

# ㊽ Serra de Monchique

| | |
|---|---|
| Was? | Bergland, Wälder, Wanderwege |
| Warum? | Abwechslung zum Strandleben |
| Wann? | Zwischen Mai und September, aber nicht im Juli/August |
| Wie lange? | Ein bis zwei Tage |
| Was noch? | Nostalgisches Thermalbad |
| Resümee | Grün, grün, grün ist alles was ich seh'! |

**Bei einer Fahrt in die Berge lernt man eine völlig andere Algarve kennen, die nichts mit den überfüllten Stränden und den Ferienanlagen entlang der Südküste zu tun hat.**

Die Berge bilden eine natürliche Grenze zwischen Alentejo und Algarve. Durch ihre Lage schirmen sie die Algarve gegen das raue Wetter des Atlantiks ab, sie sind mitverantwortlich für das berühmte milde Klima der portugiesischen Südküste. Wälder aus Korkeichen, Kastanien und Eukalyptus überziehen die Hügel, im Frühling blühen Rhododendron und Mimosen.

## Thermalquelle mit Nebenwirkung

Am besten gelangt man in die Berge, wenn man von Portimão nach Norden fährt. Nach 20 km erreicht man Caldas de Monchique, ein schon zur Römerzeit als *Mons Cicus* bekannter Thermalort, der sich in einem grünen Tal verbirgt. Die schönen Kuranlagen aus dem 19. Jh. und das neomaurische Kasino wurden renoviert, Hotels und Pensionen bieten Unterkunft.

Probieren Sie das Wasser der Fonte dos Amores (Brunnen der Liebenden) und spazieren Sie dann kurz durch den Wald zu einem idyllisch gelegenen Picknickplatz. Der berühmteste Besucher, João II., starb übrigens 1495 kurz nach dem Genuss des Heilwassers ...

Der weite Blick über die Landschaft der Algarve vom Aussichtspunkt auf dem Gipfel des Fóia

Nach weiteren 6 km auf der gleichen Straße erreicht man Monchique, den wichtigsten Ort des Berglands. Scheuen Sie die Treppen nicht, die in die Altstadt führen; dort können Sie die Pfarrkirche Igreja Matriz (16. Jh.) besichtigen, an deren manuelinischem Portal Säulen in Form verschlungener Taue zu entdecken sind. Fahren Sie weiter bis Nossa Senhora do Desterro, einem Franziskanerkloster, das beim Erdbeben von 1771 zerstört wurde. In den Gärten wachsen Zitronenbäume und Magnolien, und der Blick geht bis zum Gipfel des Picota (773 m).

Caldas de Monchique soll bereits zu Zeiten der Römer ein Thermalort gewesen sein.

### Weitblick auf die Algarve

Eine kurze Fahrt von Monchique entfernt liegt der höchste Berg der Algarve, Pico da Fóia (902 m). Auf seinem Gipfel befinden sich eine Funkstation, ein Café und ein Souvenirshop. Häufig ist er nebelverhangen, an klaren Tagen aber reicht der Blick bis Portimão, Lagos (S. 189) und um Cabo de São Vicente (S. 178). Einige Wanderstunden entfernt bietet der Picota (773 m), der zweithöchste Berg der Algarve, eine schöne Aussicht bei weniger Trubel.

Kehren Sie nun auf dem gleichen Weg nach Portimão zurück oder fahren Sie auf der reizvollen N267 weiter nach Aljezur und zu den Stränden an der Westküste.

### KLEINE PAUSE

Leckere *petiscos* serviert die **Weinbar O Tasco** im Thermalort **Caldas de Monchique.** Für ein richtiges Mittagessen kehren Sie im **Restaurante 1692** ein.

---

229 B2
Largo de São Sebastião, Monchique
282 91 11 89
www.cm-monchique.pt

**Villa Termal das Caldas de Monchique – Spa Resort**
Caldas de Monchique ☎ 282 91 09 10
www.monchiquetermas.com (Pools nur für Gäste)

# Nach Lust und Laune!

## 49 Alcoutim

Eine mächtige Burg erhebt sich über dem Ort; von hier aus kann man über den Fluss Guadiana zum spanischen Dorf Sanlúcar de Guadiana hinübersehen. Man ist so nah an Spanien, dass man Hundegebell, spielende Kinder und den Schlag der Turmuhr hören kann. Vom Kastell (14. Jh.) hat man einen schönen Blick. Nehmen Sie sich Zeit, um das kleine Archäologiemuseum in der Burg zu erkunden, auch ein Spaziergang hinab ans Flussufer lohnt sich. Später folgen Sie dann der schönen, kurvenreichen Straße durch das Tal bis nach Foz de Odeleite.

229 E2 ✉ Rua 1º de Maio
☎ 281 54 61 79 🌐 www.cm-alcoutim.pt

**Castelo/Núcleo de Arqueologia**
🕐 April–Sept. tägl. 9.30–19 Uhr, Okt. bis März tägl. 9.30–17 Uhr 2,50 €

Der stattliche Arco da Vila bildet den Eingang zur Altstadt von Faro.

## 50 Parque Natural da Ria Formosa

Der Naturpark Ria Formosa erstreckt sich 60 km entlang der Küste zwischen Manta Rota im Osten bis Faro im Westen und besteht aus Dünen, Marschland und Lagunen. Die Lagunenlandschaft bildet ein komplexes Ökosystem und eignet sich bestens zur Vogelbeobachtung. Reiher, Purpurteichhühner und Zugvögel wie Flamingos finden hier reichlich Nahrung. Bei Ebbe sind Kolonnen von Winkerkrabben im Marschland unterwegs. Bei Boots- und Fahrradtouren oder auch zu Fuß können Sie die Besonderheiten dieser faszinierenden Küstenlandschaft erkunden. Die Salinen südöstlich von Quinta do Lago sind ein besonderes Refugium für Flamingos und andere Wasservögel. In den Verdunstungsbecken zwischen den blendend weißen Salzbergen finden sie reichlich Nahrung. Informationen zu Wander- und Fahrradwegen, Ökologie sowie Flora und Fauna erteilt das Centro de Educação Ambiental de Marim bei Olhão.

**Centro de Educação Ambiental de Marim**
229 D3 ✉ Quinta de Marim, Olhão
☎ 289 70 02 10
🌐 www.natural.pt
🕐 Mo–Fr 8–20, Sa/So 10–20 Uhr
2,50 €

## 51 Faro

Die Hauptstadt der Algarve wird oft zu Unrecht links liegen gelassen, denn die meisten Touristen verlassen den Flughafen sofort in Richtung Küste.

Vom kleinen Hafen aus erreicht man die Altstadt durch das Tor Arco da Vila. Ein hufeisenförmiger Bogen im Durchgang (11. Jh.) ist der letzte Rest der maurischen Stadtbefestigung. Spazieren Sie zum mit Orangenbäumen bepflanzten Platz vor der Kathedrale und besuchen Sie das Museu Municipal in einem ehemaligen Klostergebäude. Die Hauptattraktion – neben dem Renaissance-Kreuzgang – ist ein römisches Mosaik (3. Jh.) mit einem Neptunskopf, der von den vier Winden eingerahmt wird. Lebendige Wahrzeichen der Altstadt sind die Störche, die auch Kinder begeistern werden!

Ein kurzer Abstecher in die Neustadt führt zur Igreja do Carmo, die vor allem wegen ihrer Capela dos Ossos (Knochenkapelle) bekannt ist. Deren Wände zieren über 1200 Schädel und Knochen.

229 D3 Rua da Misericórdia 8–12 289 80 36 04 www.cm-faro.pt, www.visitalgarve.pt

**Museu Municipal**
Largo Dom Afonso III
289 87 08 27 Juni–Sept. Di–Fr 10–19, Sa/So 11.30–18 Uhr, Okt.–Mai Di–Fr 10–18, Sa/So 10.30–17 Uhr; letzter Einlass 30 Min. vor Schließung
2 €

**Capela dos Ossos (Igreja do Carmo)**
Largo do Carmo
289 82 44 90 April–Okt. Mo–Fr 10–13, 15–18, Sa 10–13 Uhr, Nov.–März Mo–Fr 10–13, 15–17, Sa 10–13 Uhr 2 €

## 52 Estói

Der Bau des rosafarbenen Neorokoko-Palasts, der den Ort beherrscht, wurde 1840 im Auftrag des Conde de Cavalhal begonnen. Nach seiner Restaurierung dient er heute als glamouröse *pousada* (die Gärten und einige Gemeinschaftsräume stehen Besuchern offen) mit einem sehr guten Restaurant. Vom Dorf aus den Berg hinunter liegen die römischen Ruinen von Milreu mit einigen gut erhaltenen Mosaiken, die springende Delfine und Fische zeigen.

229 D3

**Milreu**
289 99 78 23
www.monumentosdoalgarve.pt
Mai–Sept. Di–So 10.30–13, 14 bis 18.30 Uhr, Okt.–April Di–So 9.30–13, 14–17 Uhr (letzter Einlass 30 Min. vor Schließung)
2 €

## 53 Loulé

Loulé hat sich einen guten Ruf als Handwerkszentrum und Marktstadt erworben. Es lohnt sich, den Samstagsmarkt zu besuchen, auf dem regionaltypische Lebensmittel und Keramik rund um die neomaurische Markthalle angeboten werden. Loulé ist in Portugal für seinen ausgelassenen Karneval bekannt, der als der größte im Land gilt. Halten Sie nach zwei Kirchen Ausschau: Der Glockenturm der Pfarrkirche São Clemente ist eigentlich ein Minarett aus dem 12. Jh.; die Kirche

Nossa Senhora da Piedade thront auf einem Hügel oberhalb der Stadt. In die Überreste der Burg ist ein kleines archäologisches Museum integriert.

229 D3
Av. 25 de Abril 9
289 46 39 00 www.cm-loule.pt

## 54 Alte

Das hübsche Dorf mit seinen weiß getünchten Häusern liegt in den Ausläufern des Barrocal, einer fruchtbaren Landschaft nördlich von Loulé; hier werden Mandeln, Orangen und Feigen geerntet. Schlendern Sie durch den Ort und besuchen Sie die Pfarrkirche mit ihrem manuelinischen Portal und den Azulejos aus dem 16. Jh. Wandern Sie zu den Quellen Fonte Pequena und Fonte Grande unweit des Flusses Alte, um das frische Quellwasser zu probieren. Auch den beeindruckenden Wasserfall Queda do Vigario sollten Sie sich nicht entgehen lassen.

229 C2

## 55 Albufeira

Die Altstadt ist immer noch sehenswert: Den Felsen oberhalb des Strands überzieht ein Netz mittelalterlicher Gassen und altmodische Laternen beleuchten nachts maurische Bögen und weiß getünchte Fassaden. Ein Tunnel, der durch die Klippen führt und ein Aufzug führen zum Hauptstrand. Die weitläufige Fußgängerzone um den Largo Duarte Pacheco ist ein echtes Unterhaltungsviertel (»The Strip«) mit britisch orientierten Pubs, Karaokebars, Restaurants und Clubs. Eine Alternative dazu ist die außerhalb gelegene Marina, wo auch Bootstouren starten.

229 C3 Rua 5 de Outubro
289 58 52 79
www.cm-albufeira.pt,
www.turismodealbufeira.com

## 56 Silves

Die maurische Hauptstadt von *al-gharb* (S. 168) war einst eine faszinierende Stadt, in der Dichter und Prinzen zu Hause waren. Ihre prächtigen Basare wurden in islamischen Chroniken als Orte »strahlenden Glanzes«, mehrfach größer als Lissabon, beschrieben. Die zinnenbesetzte maurische Burg, einst Mittelpunkt der Medina (Altstadt), erhebt sich dramatisch über der Stadt und bietet einen weiten Blick über die umliegenden Zitrushaine, Korkwälder und Johannisbrotbäume bis hin zum Fluss Arade. Bei archäologischen Grabungen wurden darin Fundamente eines maurischen Palasts aus dem 12./13. Jh. entdeckt. Ganz in der Nähe erhebt sich die Kathedrale (Sé) aus dem 13. Jh. Den rosafarbenen Granitsäulen im gotischen Mittelschiff fehlt das sonst in portugiesischen Kirchen so häufige Barockdekor. Die Epitaphe erinnern an Kreuzritter, die bei der Rückeroberung der Stadt im Jahr 1242 halfen. Wer Interesse an der Historie hat, kann sich noch das Museu Municipal de Arqueologia anschauen, das die Geschichte der Region in den Zeiten der Mauren, Römer und Phönizier zeigt.

↛ 229 B/C3
✉ Estrada Nacional 124
☎ 282 09 89 27
🌐 www.cm-silves.pt

**Centro de Interpretação do Património Islâmico de Silves**
✉ Praça do Município ☎ 282 44 08 00

**Castelo**
☎ 282 44 56 24
◔ Juni–Aug. 9–22, April/Mai, Sept./Okt. 9–20, Winter bis 17.30 Uhr
🎟 2,80 €, Kombiticket für die Burg und das Archäologische Museum 3,90 €

**Sé**
◔ Di–Sa 9–17 Uhr 🎟 1 €

## 57 Lagos

Die optisch ansprechende und historisch interessante Stadt ist teilweise umschlossen von mittelalterlichen Stadtmauern. Lagos grenzt an von Klippen gesäumte Strände. Der Hafen an der Mündung des Bensafrim war während des Zeitalters der Entdeckungen von großer Bedeutung: Von hier aus segelten portugiesische Schiffe nach Afrika. Daran erinnert auch das Standbild Heinrichs des Seefahrers auf der Praça Infante Dom Henrique. An einer Ecke des Markts wird eines dunklen Kapitels dieser Geschichte gedacht; hier fand der erste europäische Sklavenmarkt statt. Am besten versetzt man sich in die vergangenen Zeiten zurück, wenn man am Flussufer entlangschlendert.

Das Museu Municipal zeigt eine bunte Sammlung. Ausgestellt sind bronzezeitliche Menhire, römische Mosaiken, afrikanische Kunst, Fischernetze von der Algarve, Waffen und diverse Münzen. Dieses Museum ist mit der barocken Igreja de Santo António verbunden, einem kulturhistorischen Highlight, ausgekleidet mit Azulejos und Gemälden, die verschiedene Episoden aus dem Leben des hl. Antonius erzählen.

↛ 229 B3 ✉ Praça Gil Eanes
☎ 282 76 30 31 🌐 www.cm-lagos.pt

**Museu Municipal/Igreja de Santo António**
✉ Rua General Alberto da Silveira
☎ 282 76 23 01
◔ Di–So 10–12.30, 14–17.30 Uhr
🎟 3 €

# Wohin zum ... Übernachten?

Preise für ein Doppelzimmer pro Nacht in der Hauptsaison:

| | |
|---|---|
| € | unter 80 € |
| €€ | 80–130 € |
| €€€ | 130–180 € |
| €€€€ | über 180 € |

### TAVIRA UND UMGEBUNG

**Herdade da Corte €€**
Wer sich von den Hauptzonen wegbewegen will, ist auf diesem Landsitz, etwa 8 km nordwestlich von Tavira, gut aufgehoben. Er ist vom Grün der Serra do Caldeirão umgeben. Die Zimmer sind rustikal eingerichtet und verteilen sich auf zwei Komplexe. Für Abkühlung sorgt der kleine Pool. Das Haus ist nicht leicht zu finden; eine Anfahrtsbeschreibung gibt es auf der Homepage.
229 E3 Sítio da Corte, Hortas, Catarina da Fonte do Bispo
281 97 16 25
www.herdadedacorte.com

**Pousada Convento Tavira €€€€**
Diese romantische und herrlich friedvolle *pousada* ist in einem umgebauten Kloster untergebracht, das im 16. Jh. von Augustinernonnen gegründet wurde. Das Herzstück ist ein schöner Renaissance-Kreuzgang, der dem Gebäude ein erhabenes Ambiente verleiht. Vom Innenbereich mit hohen Decken zweigen die in warmen Farben gehaltenen und mit maurischen Elementen geschmückten Zimmer ab. Alle haben Kabelfernsehen, Klimaanlage und WLAN, die besten zudem eigene Balkone. Der Pool bietet eine willkommene Abkühlung an heißen Tagen. Aktivitäten wie Golf können arrangiert werden.
229 E3
Rua Dom Paio Peres Correia
210 40 76 80 www.pestana.com

### FARO UND UMGEBUNG

**Hotel Eva €€€**
Die Lage an der Marina ist attraktiv. Genießen Sie vom Dachpool oder von einigen der höherpreisigen Zimmern aus einen herrlichen Blick über die Ria Formosa und die Boote im Hafen – auch Bootsausflüge aufs Meer können vom Hotel arrangiert werden. Die eleganten und modernen öffentlichen Bereiche sind hell und luftig gestaltet. Der Block ist von außen wahrlich keine Schönheit, doch der Service ist hervorragend. Die Altstadt ist bequem zu Fuß erreichbar.
229 D3 Av. da República 1
289 00 10 00
http://hotel-eva-faro.h-rez.com

**Hotel Quinta do Lago €€€€**
Von Faro aus sind es nur 30 Autominuten bis zur luxuriösen Quinta do Lago mit Blick aufs Meer und die Lagune. Die erstklassige Ausstattung umfasst ein Spa mit Fitnessstudio und Jacuzzi mit Blick auf die Ria Formosa, einen Beach Club und einen Kids Club, Sportangebote und Golfplätze (S. 193).
Das Brisa do Mar serviert feinste portugiesische Küche, das Cá d'Oro hat sich auf italienische Gerichte spezialisiert.
Die Zimmer besitzen große Terrassen.
229 D3 Quinta do Lago, Almancil
289 35 03 50
www.hotelquintadolago.com

### SERRA DE MONCHIQUE

**Villa Termal das Caldas de Monchique Spa Resort €€–€€€**
Dieses Resort ist die einzige Therme der Algarve und setzt sich aus mehreren kleinen Hotels zusammen: Das Hotel Central bewahrt ein Stück Historie, während das Hotel Termal eher nüchtern ist.

Inmitten des mit viel Pflanzengrün bestandenen Komplexes liegt der Freiluftpool, das Spa befindet sich im Hotel Central. Hier erlebt man in grüner Hügelfrische ein anderes Stück Algarve – und doch sind die Strände nicht fern.
229 B2 Caldas de Monchique
282 91 09 10
www.monchiquetermas.com

**PORCHES**

**Casa Bela Moura €€€**
Die 13 ansprechenden Zimmer des modernen Gästehauses in maurischem Stil befinden sich teils im Haupthaus, teils in einem Nebengebäude. Bar und Frühstücksraum wirken sehr freundlich. Es gibt einen Pool, und die hübsche Bucht Nossa Senhora da Rocha ist nur 1,5 km entfernt.
229 C3
Estrada de Porches 530, Alporchinhos
282 31 34 22 www.casabelamoura.com

**SILVES**

**Casa das Oliveiras €**
Ruhe und Frieden herrschen in diesem komfortablen Gästehaus, nicht weit außerhalb von Silves, das von Orangenhainen und Olivenbäumen umgeben ist. Es hat kein Restaurant, aber das Frühstück ist umfangreich und die freundlichen Eigentümer geben gerne Restaurant-Tipps. Es ist ein guter Ausgangspunkt für die Erkundung des Inlands sowie für Ausflüge an die nahe gelegene Küste. Das Preisniveau ist kundenfreundlich und attraktiv in der Nebensaison.
229 B/C3 Montes da Vala
282 34 21 15 www.casa-das-oliveiras.com

**LAGOS UND UMGEBUNG**

**Casa Grande €–€€**
Die etwa 13 km von Lagos entfernte, zum Ort Burgau gehörige Casa Grande – mit Restaurant – ist angefüllt mit Antiquitäten und Kuriositäten. Die attraktiven Zimmer mit eigenen Bädern sind geräumig, komfortabel und preisgünstig. Die oberen Zimmer haben Balkone.
229 B3 Burgau 282 69 74 16
www.casagrandeportugal.com

**ALBUFEIRA**

**Pine Cliffs Hotel €€€€**
Eine der schönsten Hotelanlagen der Algarve breitet sich östlich von Albufeira über den Klippen aus. Die Zimmer sind großzügig. Alle freuen sich über das Frei- und Hallenbad, das Fischrestaurant O Pescador und das Piri Piri Steak House. An den Falésia-Strand kommen Sie im hoteleigenen Aufzug oder über die Treppen.
229 C3 Praia da Falésia 289 50 01 00
www.pinecliffshotel.com

## Wohin zum ... Essen und Trinken?

Preise für ein Drei-Gänge-Menü ohne Getränke:

| | |
|---|---|
| € | unter 25 € |
| €€ | 25–40 € |
| €€€ | 40–60 € |
| €€€€ | über 60 € |

**TAVIRA**

**Ponto de Encontro €€**
In der Innenstadt gelegenes Restaurant, das auf mehr als drei Jahrzehnte Erfolgsgeschichte zurückblickt. Die Einheimischen gehen hier gerne hin, um sich zu treffen und frischen Fisch ebenso wie Fleischgerichte zu kosten. Es gibt auch eine kleine Auswahl für Vegetarier. In der wärmeren Jahreszeit kann man draußen essen.
229 E3 Praça Doutor António Padinha 39 281 32 37 30 Di 18.30–22.30, Mi–So 12.30–15.30, 18.30–22.30 Uhr

**SERRA DE MONCHIQUE**

**A Rampa €–€€**
Hoch über Monchique an der Straße nach Fóia gelegen, ist dieses rustikale Restaurant vor allem wegen Hühnchen Piri-Piri beliebt. Die Portionen sind groß, das Hühnchen ist

zart und das Piri-Piri würzig. Der schöne Blick geht über die bewaldeten Hügel und Felder bis zum Atlantik.
229 B2 Caminho Foia
282 91 26 20
Mi–Mo 12–14.30, 19–22 Uhr

### FARO

**Adega Nova €€**
Die Preise in diesem angenehmen Restaurant in der Nähe des Bahnhofs sind günstig. Fisch ist das kulinarische Aushängeschild, doch meist gibt es an jedem Wochentag eine andere Spezialität, dazu passt der spritzige Weißwein des Hauses. Die *tarta de alfarroba* (Johannisbrotpastete) ist der Star auf der Dessertkarte.
229 D3
Rua Francisco Barreto 24
289 81 34 33
www.restauranteadeganova.com
tägl. 11.30–23 Uhr

### ALBUFEIRA

**Cabana Fresca €€€**
Das Cabana Fresca liegt an der Uferpromenade der Praia do Pescador (Fischerstrand) und erzielt mit seiner lebendigen Atmosphäre, dem freundlichen Service und hervorragenden frischen Fischgerichten Bestnoten. Serviert werden z. B. Königskrabben in Knoblauch und Meeresfrüchte-Risotto, dazu portugiesische Weine – zu angemessenen Preisen. Lassen Sie Platz für den Nachtisch, im Sommer reservieren!
229 C3 Largo Cais Herculano 9
289 58 54 56
www.cabanafresca.pt tägl. 9–2 Uhr

### LAGOS

**Adega Típica A Forja €€€**
Eng geht es zu in dem portugiesischen Restaurant in der Altstadt von Lagos, der Service ist flink, die Stimmung gut und die Fischgerichte sind von tadelloser Frische.
229 B3 Rua dos Ferreiros 1
282 76 85 88
So–Fr 12–15, 18.30–22 Uhr

## Wohin zum ... Einkaufen?

### MÄRKTE

Die Markthallen in Olhão sind genial. Neben dem Obst- und Gemüsemarkt wird der beste Fischmarkt der Algarve abgehalten. In Loulé geht es am Samstagvormittag auf dem Markt besonders lebhaft zu; dann stehen auch in den Seitenstraßen diverse Stände. Der Lebensmittelmarkt von Lagos (in einer Halle, Avenida dos Descobrimentos, Mo–Sa) zieht bis zur Mittagszeit die Menschen an. Jeden vierten Sonntag im Monat ist die Feira de Velharias, ein Antiquitätenmarkt (Barão de São João, Polidesportivo). Den städtischen Markt (Mercado Municipal) von Tavira finden Sie in der Avenida D. Manuel I. In Quarteira lohnt ein Besuch des Fischmarkts nahe dem Hafen.

### KLEIDUNG & KUNSTHANDWERK

Rund um São Brás de Alportel sind Kunsthandwerker ansässig, die z. B. Bilderrahmen aus Kork sowie Portemonnaies und Brillenetuis aus »Korkleder« fertigen. Die Künstler sind meist mit Ständen auf dörflichen und städtischen Märkten präsent. Auch viele Souvenirläden führen Accessoires aus Kork, das übrigens ein veganes Material ist.
Die Haupteinkaufsstraße Faros ist die Rua de Santo António. Kunsthandwerker in Aktion erleben Sie in Loulé: In der Nähe der kleinen Burg finden Sie auch Shops mit Keramik und Flickenteppichen.
Besonders geschäftig geht's im östlichsten Algarvestädtchen Vila Real de Santo António zu, wo die Shops Riesenangebote an Kleidung und Haushaltswaren auffahren.

### LEBENSMITTEL

In Sítio do Tesoureiro, einem Ortsteil von São Brás de Alportel, sollten Sie die Tesouros da Serra von Fátima Galego ansteuern (www.fatimagalego.com). Hier gibt's nicht nur köstliche Backwaren, sondern auch Johannisbrotbaum- und Kräuterlikör.

Wein direkt von der Kellerei wird im Hinterland von Carvoeiro auf dem elitären Weingut Quinta dos Vales verkauft (Sítio dos Vales, www.quintadosvales.eu). Apropos Wein: Die Adega Cooperativa zwischen Portimão und Lagoa bietet geführte Verkostungstouren an (Tel. 282 34 21 81). Die Serra de Monchique ist berühmt für den hochprozentigen *medronho* aus der Frucht des Erdbeerbaums.

# Wohin zum … Ausgehen?

### WASSERSPORT

Die Möglichkeiten sind exzellent. Es gibt mehrere Surfschulen, darunter die Future Surfing School in Praia da Rocha (www.future-surf.com/en). An der exzellenten Praia do Amado bei Carrapateira unterrichtet u. a. Amado Surf Camp (www.amadosurfcamp.com).

### WASSERPARK

In Lagoa liegt der große Komplex Slide & Splash (N125, Vale de Deus, Estômbar, Tel. 282 34 08 00, www.slidesplash.com).

### GOLF

In der Region gibt es fast 50 exzellente Plätze (www.portugalgolf.pt). In den Luxus-Ferienanlagen Quinta do Lago (www.quintadolago.com) und Vale do Lobo (http://valedolobo.com) finden Sie mehrere landschaftlich reizvoll gelegene Golfplätze. Einer von Vilamouras besten Plätzen ist Oceanico (www.oceanicogolf.com); der Sir Henry Cotton Championship Course (außerhalb von Portimão auf der N125, www.penina.com) hat 18 Loch.

### WANDERN

Im äußersten Westteil verlaufen reizvolle Abschnitte des Fernwanderwegs Rota Vicentina, u. a. die Strecken Arrifana-Carrapateira (24 km), Carrapateira-Vila do Bispo (22 km) und Vila do Bispo-Cabo de São Vicente (14 km). Für die ganze Etappe müssen Sie gut in Form sein! Streckenbeschreibungen, Hinweise und Downloads gibt's auf der offiziellen Seite von Rota Vicentina (www.rotavicentina.com).

### MUSIK UND NACHTLEBEN

Die besten Clubs von Albufeira liegen außerhalb. Zu empfehlen ist Kadoc (www.kadoc.pt) an der Straße nach Vilamoura, wo Top-DJs für bis zu 7000 Clubber auflegen. In Silves steigen im Café Inglês (Rua do Castelo 11, www.cafeingles.com.pt) Jazzkonzerte und Jamsessions. In Lagos bietet Stevie Ray's (Rua da Senhora da Graça 9, Tel. 91 4 92 38 85) Live-Jazz, Soul, Blues und Funk. Livemusik gibt's auch in Harry's Bar und Central Station am Largo Duarte Pacheco von Albufeira. In Faro konzentriert sich das Nachtleben auf die Rua do Prior und Rua Conselheiro Bivar.

### BOOTSFAHRTEN

Ursprüngliche Landschaften sieht man bei einer Bootsfahrt auf dem Guadiana. Die Boote starten meist an der Promenade in Vila Real de Santo António; Veranstalter sind Riosul Travel (Tel. 281 51 02 00, www.riosultravel.com) und Transguadiana (Tel. 281 51 29 97, Rua Diogo Cão 8, www.transguadiana.com).
In der Marina von Albufeira starten Tagestrips im Katamaran mit Algarve Charters (Tel. 289 31 48 67, www.algarvecharters.com). Viele Boote fahren auch in der Marina von Vilamoura los.

Schaufensterbummel mit Genuss auf der Rua Augusta in Lissabon.

## Spaziergänge & Touren

**Entdecken Sie das Zentrum der historischen Altstadt von Lissabon und die weite Landschaft des reizvollen südlichen Alentejo!**

Seiten 194–203

# Lissabons Altstadt

| | |
|---|---|
| Wann? | Am Vormittag oder späten Nachmittag, nicht mittags |
| Länge | 4 km Fußweg, zusätzliche Fahrten mit Straßenbahn und Standseilbahn |
| Dauer | 2–2,5 Stunden |
| Start/Ziel | Praça do Comércio ↗ 219 D1/2 |

Dieser Spaziergang führt Sie durch vier sehr unterschiedliche Stadtviertel – Alfama, Baixa, Chiado und Bairro Alto –, die das Zentrum der historischen Altstadt von Lissabon bilden. Teile der Strecke sollten Sie mit der Straßen- und der Standseilbahn zurücklegen – eine sehr angenehme und vergnügliche Art, die Hügel hinaufzukommen. Obwohl man den Weg in zwei Stunden zurücklegen kann, sollten Sie wenigstens einen halben Tag einplanen,

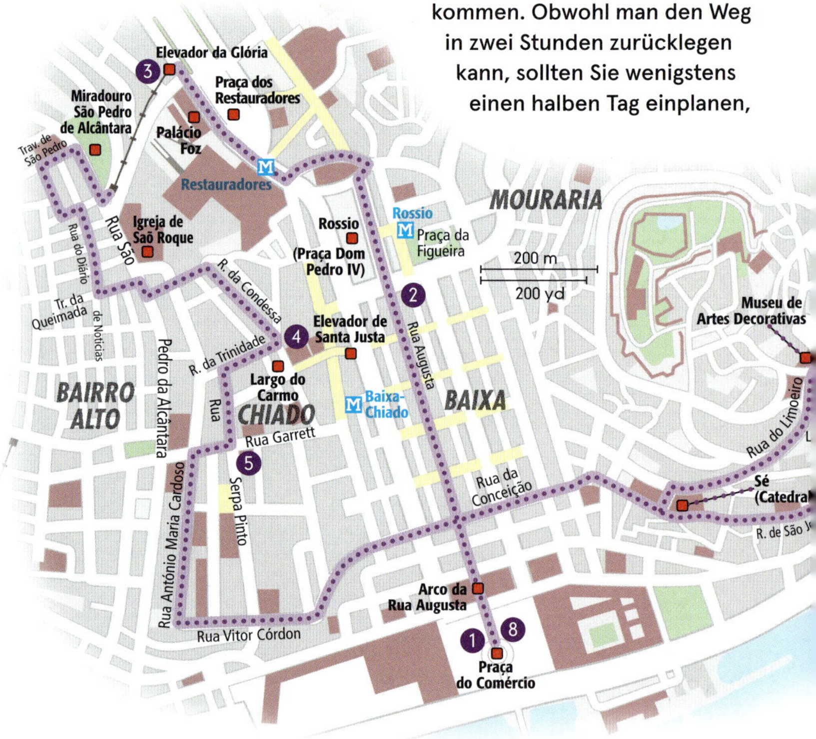

**um Zeit für Cafés, Kirchen, Museen und den einen oder anderen Blick in die Schaufenster zu haben.**

Der filigrane Elevador de Santa Justa verbindet seit 1902 die Lissabonner Ober- und Unterstadt.

1–2

Beginnen Sie Ihren Rundgang mit dem Rücken zum Fluss an der Praça do Comércio, dem großen Platz am Wasser. Der Platz ist immer noch unter dem Namen Terreiro do Paço bekannt, benannt nach dem Königspalast, der sich einst hier befand. In der Mitte erblicken Sie das Standbild des Königs Dom José I., der zur Zeit des großen Erdbebens von 1755 und während des Wiederaufbaus Lissabons regierte.

Gehen Sie nun geradeaus und durch den Triumphbogen. Sie betreten dann die Rua Augusta, die Haupteinkaufsstraße der Baixa (Unterstadt). An sonnigen Tagen wimmelt es hier von Passanten, Straßenhändlern und Straßenmusikern. Die Geschäfte entlang der Straße ergeben eine bunte Mischung; es gibt Filialen großer Ketten und kuriose kleine Läden wie die bereits 1913 begründete Casa Macário (Nr. 272–274). Gegen Ende der Straße achten Sie bitte links auf den Elevador de Santa Justa, einen beliebten, 1902 konstruierten eisernen Aufzug, der die Baixa mit dem Chiado verbindet.

Der Aufzug der Metrostation Baixa-Chiado ist zwar heute die schnellere Alternative, doch ist die Fahrt mit dem *elevador* immer noch ein großartiges Erlebnis, und der Panoramablick von oben ist überwältigend.

## 2–3

Die Rua Augusta mündet auf den Rossio, den Brunnen, Pflastermosaiken und Jakarandabäume schmücken.

Von den Terrassen des Café Nicola oder der Pastelaria Suiça lassen sich vorbeiflanierende Passanten gut beobachten; schön ist natürlich auch der Blick hinauf zu den Ruinen der Igreja do Carmo in den westlichen Hügeln. Wenn Sie den Platz am äußersten linken Ende verlassen, gelangen Sie zum Bahnhof mit beeindruckender neomanuelinischer Fassade.

Weiter geht es zur Praça dos Restauradores, einem großen Platz mit einem Obelisken in der Mitte; er erinnert an Portugals Unabhängigkeit von Spanien. Links steht der Palácio Foz, der heute eine Tourist Information beherbergt.

## 3–4

Jenseits des Palasts fährt die Standseilbahn Elevador da Glória zum Bairro Alto hinauf. Die Fahrt – vermutlich auf einer der steilsten Strecken, die mit öffentlichen Verkehrsmitteln bewältigt werden – endet gegenüber dem Solar do Vinho do Porto (S. 71). Nach rechts geht's zu Garten und *miradouro* (Aussichtspunkt) von São Pedro de Alcântara mit wunderbarem Blick auf Kathedrale, Burg und über die Dächer der Stadt. Anschließend erkunden Sie das Gewirr mittelalterlicher Gassen im Bairro Alto (S. 64).

Die Straße führt Sie zum Largo Trinidade Coelho mit der Jesuitenkirche Igreja de São Roque. Sie ist der Sitz der Wohlfahrtsorganisation Misericórdia, die Portugals Lotterie veranstaltet; das erklärt die Bronzestatue eines Losverkäufers vor der Kirche.

Verlassen Sie nun den Platz über die Stufen der Calçada do Duque und biegen Sie bei der zweiten Abzweigung rechts ab; über die Rua da Condessa erreichen Sie den Largo do Carmo, einen hübschen Platz im Herzen des Viertels Chiado. Die Ruinen eines bei dem Erdbeben von 1755 zerstörten Klosters beherbergen heute ein archäologisches Museum.

## 4–5

Verlassen Sie den Platz über die Rua da Trinidade. Sie gelangen zur Rua Garrett, Chiados elegantester Einkaufsstraße, die nach einem Brand im Jahr 1988 wieder aufgebaut wurde.

Gönnen Sie sich eine *bica* (Espresso) und eine kleine Stärkung auf der schönenTerrasse oder im herrlich altmodischen Interieur des Traditionscafés A Brasileira. Der Dichter Fernando Pessoa ging hier ein und aus; seine Statue auf dem Gehweg erinnert daran.

In Bronze gegossen sitzt der Dichter Fernando Pessoa noch immer vor dem Café A Brasileira.

5–6

An der Rua António Maria Cardoso steigen Sie in die Straßenbahn der Linie 28 und fahren in die Baixa zurück bis zum Museu de Artes Decorativas (S. 60). Vom *miradouro* (Aussichtspunkt) hat man einen traumhaften Blick über die Dächer der Alfama zu den Kirchen São Vicente de Fora und Santa Engrácia. Von hier aus können Sie einen Abstecher in die Alfama (S. 56) unternehmen.

6–7

Steigen Sie die Treppen neben der Kirche Santa Luzia hinab – und tauchen Sie ein in eine geheimnisvolle Welt enger, kopfsteingepflasterter Gassen. Steigen Sie links noch weitere Stufen hinunter, über den Largo de São Miguel zum Largo do Chafariz de Dentro und zum Museu do Fado (S. 60).

7–8

Den Platz verlassen Sie über die Rua de São Pedro. Achten Sie gleich zu Anfang rechts auf den Beco de Azinhal, einen besonders hübschen Innenhof. Schließlich geht sie in die Rua de São João da Praça über, in der viele Laden- und Hausfassaden mit Azulejos geschmückt sind. Sie wandern immer geradeaus, an der Kathedrale vorbei, dann folgen Sie den Straßenbahnschienen und kehren zur Praça do Comércio zurück.

**KLEINE PAUSE**

Im **A Brasileira** (Rua Garrett 120, tägl. 8–2 Uhr), im **Café Nicola** (Praça Dom Pedro IV, tägl. 8–24 Uhr), in der **Pastelaria Suiça** (Praça Dom Pedro IV), tägl. 7–21 Uhr) oder in der **Confetaria Nacional** (Praça da Figueira 18 B, tägl. 8–20 Uhr).

# Südlicher Alentejo

| | |
|---|---|
| Wann? | Besonders schön im Frühsommer, wenn der Mohn blüht |
| Länge | 222 km |
| Dauer | mindestens 4-stündige Rundfahrt mit dem Auto |
| Start/Ziel | Beja ✈ 227 E1 |

**Diese wunderschöne Rundfahrt führt mitten hinein in den südlichen Alentejo und damit in eine Region, die den meisten Touristen verborgen bleibt. Die Gegend ist ausgesprochen dünn besiedelt und es gibt nur wenige Hauptsehenswürdigkeiten; doch es ist äußerst reizvoll, über die einsamen Straßen zu fahren und die gemütlichen kleinen Dörfer zu erkunden.**

1–2

Sie brechen in Beja (S. 160) auf und folgen der IP2 in Richtung Faro. Die Straße führt durch eine weite, offene Landschaft mit Weizenfeldern und Korkeichen; an vielen Stämmen entdeckt man Nummern, die den Zeitpunkt der nächsten Ernte anzeigen.

Biegen Sie nach 15 km links auf die N122 nach Mértola. Auch hier ist es menschenleer; nur gelegentlich entdeckt man ein einsames Gehöft oder eine kleine Siedlung. In Mértola (S. 161) parken Sie das Auto am besten unterhalb der Burg im Zentrum.

Bis zu 150 Jahre alt kann eine Korkeiche werden, erst nach 40 Jahren beginnt sie, Qualitätskork abzuwerfen.

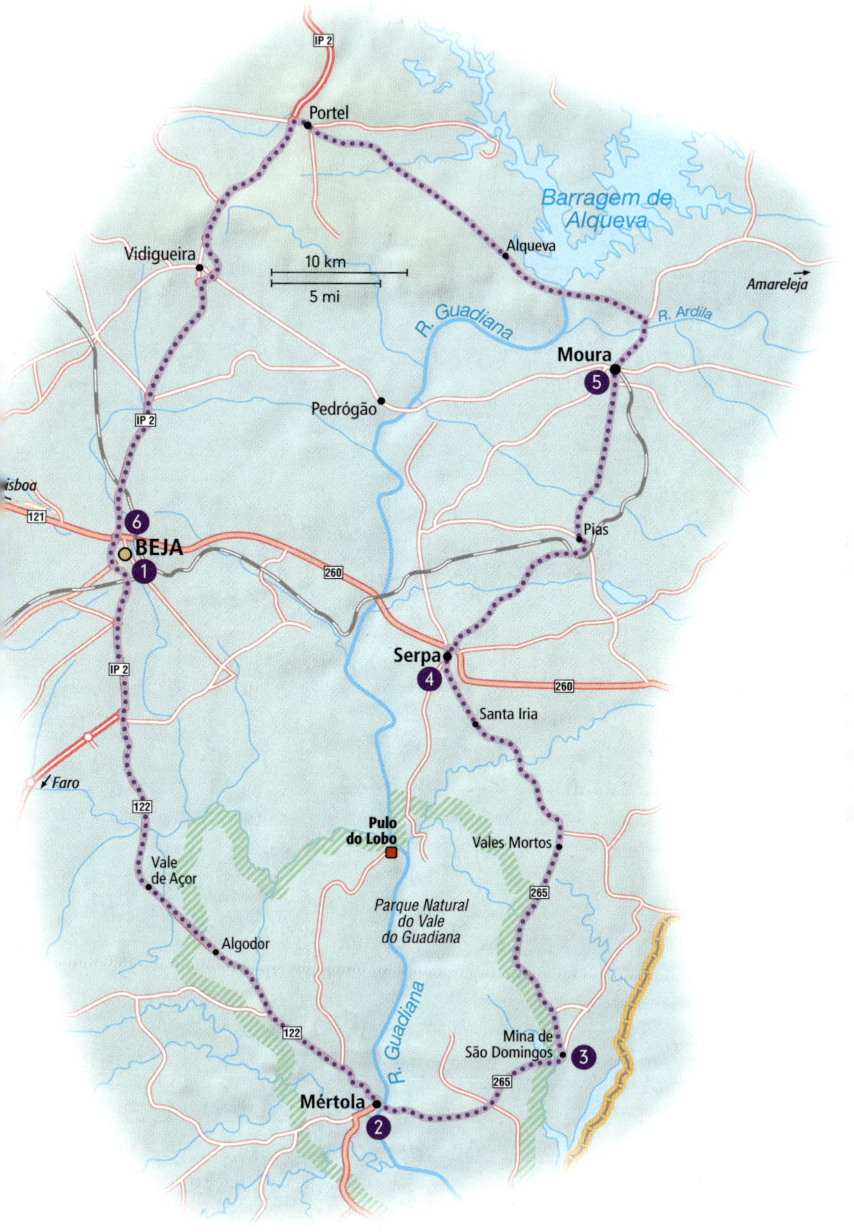
IP 2
Portel
Barragem de Alqueva
Alqueva
Vidigueira
10 km
5 mi
Amareleja
R. Guadiana
R. Ardila
Moura
5
Pedrógão
IP 2
Lisboa
121
6
BEJA
1
260
Pias
Serpa
4
260
IP 2
Santa Iria
Faro
122
Pulo do Lobo
Vales Mortos
Vale de Açor
265
Parque Natural do Vale do Guadiana
Algodor
R. Guadiana
122
Mina de São Domingos
3
265
Mértola
2

2–3

Nach einer ausgiebigen Besichtigung verlassen Sie das Städtchen auf dem gleichen Weg; dann überqueren Sie den Guadiana und folgen den Schildern nach Serpa.

Die Straße steigt anfangs steil an. Nach 17 km erreicht man Mina de São Domingos, eine alte Bergbausiedlung, die Kupfervorkommen waren schon den Römern bekannt und wurden bis in die 1960er Jahre abgebaut. Heute stehen Besuchern ein Dokumentationszentrum (Centro de Documentação) und das sogenannte Haus des Minenarbeiters (Casa do Mineiro) offen: werktags 9–12.30 und 14–17.30 Uhr. Am Speichersee liegt ein Picknickplatz.

Der um 1250 gegründete Convento de Nossa Senhora do Carmo in Moura ist das älteste Karmeliterkloster Portugals.

3–4

Die Fahrt führt weiter durch typische Alentejo-Landschaft, vorbei an Korkeichen, Weizenfeldern und Schafherden. Es gibt praktisch keinen Verkehr. Kurz hinter Santa Iria mit seinen Oliven- und Orangenplantagen biegen Sie links auf die Hauptstraße und gleich wieder links nach Serpa. Einschieben können Sie einen Kurzabstecher zur kleinen, weiß getünchten Kapelle Nossa Senhora da Guadalupe, von der aus der Blick weit über die Ebene reicht.

4–5

Wegen der charakteristischen weiß getünchten Häuser entlang der Kopfsteinpflasterstraßen ist Serpa auch als *vila bran-*

*ca* (weiße Stadt) bekannt. Hier mangelt es nicht an malerischen Fotomotiven. Im Touristenbüro in der Rua do Cavalos ist man mit Informationen behilflich. Vom Hauptplatz, der Praça da República, steigt man zur Pfarrkirche mit ihrem frei stehenden Glockenturm hinauf. Falls Sie sich mit etwas Proviant eindecken wollen, dann ist der sehr aromatische einheimische Schafskäse, *queijao de Serpa*, typisch. Wenn Sie richtig Hunger haben und eine der deftigen Spezialitäten des Alentejo probieren möchten, kehren Sie im Restaurant »O Alentejano« ein.

Nun ist es nicht mehr weit bis zur Burg; dort können Sie auf den Wällen umhergehen und die schöne Aussicht genießen. Bald erreichen Sie das Dorf Pias; es ist bekannt für seinen kräftigen Rotwein und für die Fresken in der Kirche Santa Luzia. An Weingärten und Olivenhainen vorbei nähern Sie sich nun dem Kurort Moura.

### 5–6

Auch Moura besitzt eine Burgruine, Straßen mit Kopfsteinpflaster – und eine lange Geschichte. Das maurische Viertel Mouraria mit seinen weißen Häusern ist besonders stimmungsvoll.

Folgen Sie den Schildern zur Burg und parken Sie Ihren Wagen bei der Pfarrkirche São João Baptista. Diese besitzt ein prächtiges manuelinisches Portal und schöne sevillanische Azulejos – am Hochaltar, in den Seitenkapellen und in einer Nische an der Fassade des Turms. Unweit von hier liegt der Park der alten Kuranlagen – abends ein beliebter Treffpunkt, um den Sonnenuntergang zu genießen.

Bald sind Sie an der Barragem de Alqueva, wo ein Damm den Fluss Guadiana zu einem riesigen See aufstaut; das von Booten und kleinen Ausflugsschiffen befahrene Gewässer erstreckt sich über eine Länge von 80 km.

Bleiben Sie auf dieser Straße, die durch eine Hügellandschaft nach Portel führt; die Burg ist schon von Weitem sichtbar. Das letzte Stück nach Beja fahren Sie auf der IP2.

### KLEINE PAUSE

Im **Restaurante O Alentejano** an der Praça da República in Serpa (Tel. 284 54 43 35, Di–Sa 12–22, So 12–15 Uhr).

Im Bahnhof von Porto, São Bento, in Lissabon sorgen Azulejos für ein echt portugiesisches Flair.

# Praktische Informationen

Was vor der Reise wichtig ist, wie Sie vor Ort gut zurechtkommen und viele Infos mehr erfahren Sie hier.

Seiten 204–216

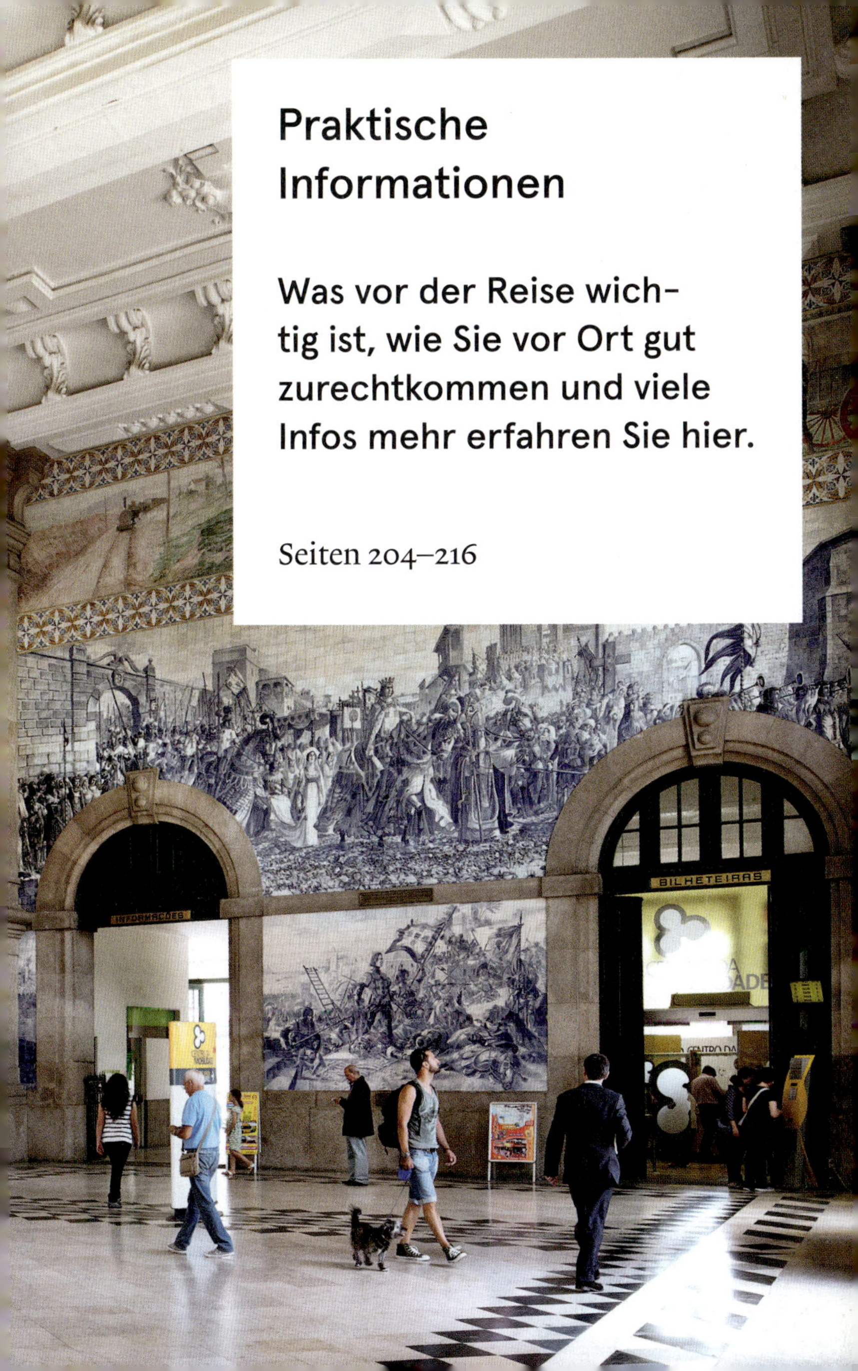

## VOR DER REISE

### Auskunft

**Touristinformation in Deutschland:**
Turismo de Portugal (Portugiesisches Fremdenverkehrsamt)
✉ Zimmerstr. 56, D-10117 Berlin
☎ +49 30 254 10 60
🌐 www.visitportugal.com

**Tourist Informationen in Portugal:**
**Lissabon**
Lisboa Welcome Center
✈ 219 D2 ✉ Praça do Comércio 78–81
☎ 914 08 13 66
🌐 www.askmelisboa.com
🕐 tägl. 10–20 Uhr
Weitere Informationsstellen im Bahnhof Santa Apolónia und an der Praça dos Restauradores (Palácio Foz; tägl. 9–20 Uhr)

**Porto**
✈ 220 B2 ✉ Rua do Clube dos Fenianos 25
☎ 300 50 19 20
🌐 www.visitporto.travel
🕐 Juni–Okt. tägl. 9–20, sonst 9–19 Uhr
Ein weiteres Büro ist im Zentrum am Terreiro da Sé.

**Faro**
✈ 229 D3 ✉ Rua da Misericórdia 8
☎ 289 80 36 04
🌐 www.turismodoalgarve.pt, www.cm-faro.pt
🕐 Ende Juni–Ende Sept. 9–19, Ende Sept.–Ende Juni 9–17.30 Uhr
Ferner gibt es ein Büro am Flughafen.

### Internet

**Für die meisten Webseiten gilt:** Lesen Sie sie wenn möglich in Englisch, die deutsche Übersetzung ist häufig mangelhaft.
**www.visitportugal.com:** Webseite des Fremdenverkehrsamts mit Infos und weiterführenden Links zu allen Regionen; außerdem interessante Features und Tipps mit Routenvorschlägen abseits der ausgetretenen Pfade.
**www.visitalgarve.com:** Gemeinsames Tourismusportal der Algarve-Gemeinden mit touristischen Informationen und weiterführenden Links.
**http://de.visitportoandnorth.travel:** Tourismusportal Nordportugals mit Porto mit Hintergrundfeatures und weiterführenden Links.
**http://de.rotavicentina.com:** Die Seite beschreibt nicht nur den Fernwanderweg Rota Vicentina sondern auch kürzere Touren und Rundwanderungen für Einsteiger.
**http://portugal-kultur.de:** Die Seite stellt Portugal in 101 typischen Objekten vor, mit interessanten und amüsanten Hintergrundberichten.
**www.timeout.com:** Das Online-Magazin mit vielen interessanten Tipps zu Gastroszene, Events, Sehenswürdigkeiten etc. gibt es auf Englisch für Lissabon und Porto.
**http://boacamaboamesa.expresso.sapo.pt:** Gastroportal mit Infos zu Regionalküche, Spezialitäten und Gastrokritiken, leider nur auf Portugiesisch.

### Botschaften

**Deutsche Botschaft**
✈ 218 bei C5
✉ Campo dos Mártires da Pátria 38
1169-043 Lisboa
☎ 218 81 02 10
🌐 www.lissabon.diplo.de

**Österreichische Botschaft**
✈ 218 bei A1
✉ Av. Infante Santo 43/4. Stock
1399-046 Lisboa
☎ 213 94 39 00
🌐 www.embaixadadaaustria.pt

**Schweizer Botschaft**
✈ 218 bei A3
✉ Travessa do Jardim 17, 1350-185 Lisboa
☎ 213 94 40 90
🌐 www.eda.admin.ch/lisbon

### Elektrizität

Schweizer benötigen für ihre dreipoligen Stecker einen Adapter.

### Ermäßigungen

Die staatlichen und einige andere Museen gewähren **Studenten** gegen Vorlage eines gültigen Studentenausweises sowie Senioren (über 65 J.) eine Ermäßigung. **Kinder** bis 12 J.

haben in vielen Museen freien Eintritt. Häufig wird in Museen **am Sonntag** kein Eintritt verlangt; diese Bestimmung gilt aber nur für Portugiesen und in Portugal Lebende. Meist macht das Kassenpersonal keinen Unterschied und lässt jeden gratis ein.

Wer in Lissabon oder Porto viel besichtigen und herumfahren möchte, kann mit der **Lisboa** bzw. **Porto Card** Geld sparen (www.lisboacard.org, www.visitporto.travel). Sie gewährt Ermäßigung oder freien Eintritt in vielen Museen und Sehenswürdigkeiten sowie freie Fahrt auf den öffentlichen Verkehrsmitteln.

### Feiertage

**1. Jan.:** Neujahr
**Feb./März:** Fastnachtsdienstag
**März/April:** Ostern
**25. April:** Tag der Freiheit
**1. Mai:** Tag der Arbeit
**10. Juni:** Portugal-Tag
**15. August:** Mariä Himmelfahrt
**8. Dez.:** Fest der Unbefleckten Empfängnis
**25. Dez.:** Weihnachten

### Geld

**Währung:** Portugal gehört zur Euro-Zone. Der Euro (€) ist offizielles Zahlungsmittel. Für die Schweiz gilt: 1 € = ca. 1,15 CHF bzw. 1 CHF = ca. 0,87 € (Stand: Sommer 2018).
**Kreditkarten:** Die meisten internationalen Kreditkarten (MasterCard, Visa, American Express) werden von Hotels, Restaurants und vielen Geschäften akzeptiert.
**Sperrnummern:** Unter der einheitlichen Sperrnotruf-Nummer +49 116 116 kann man in Deutschland Bank- und Kreditkarten, Online-Banking-Zugänge, Handykarten und die elektronische Identitätsfunktion des Personalausweises bei Verlust sperren lassen.

Für Österreich gilt die Telefonnummer:
☎ +43 1 204 88 00.

Die Schweiz hat keine einheitliche Notfallnummer; die wichtigsten sind:
☎ +41 44 659 69 00 (Swisscard)
☎ +41 44 828 31 35 (UBS Card Center)
☎ +41 58 9 58 83 83 (VISECA)
☎ +41 44 8 28 32 81 (PostFinance).

### Gesundheit

Mit der **Europäische Krankenversicherungskarte** (auf der Rückseite der elektronischen Gesundheitskarte) wird theoretisch Krankenversicherungsschutz garantiert; praktisch akzeptieren portugiesische Ärzte sie oft nicht. Im Krankheitsfall muss der Patient dann die Rechnung bezahlen und bekommt sie von seiner Kasse erstattet.

Es empfiehlt sich der Abschluss einer speziellen **Reisekrankenversicherung,** die z. B. die Kosten für einen Krankenrücktransport übernimmt. Eine Liste mit empfehlenswerten Ärzten findet sich unter: www.lissabon.diplo.de.
**Notruf Rotes Kreuz:** ☎ 219 42 11 11

### In Kontakt bleiben

**Post:** Briefmarken *(selos)* verkaufen Postämter, Kioske und Tabakläden. Briefe in andere EU-Länder brauchen 3–7 Tage. Eilsendungen können Sie entsprechend frankiert als *correio azul* in blaue Briefkästen einwerfen. Gewöhnliche Briefkästen sind rot.
**Telefon:** Innerhalb Portugals gehören die Ortsvorwahlen zur Telefonnummer und müssen bei Ortsgesprächen mitgewählt werden (Lissabon: 21).

### Internationale Vorwahlen

Deutschland: ☎ +49
Österreich: ☎ +43
Schweiz: ☎ +41
Portugal: ☎ 0351

**Mobilfunk:** Innerhalb der EU sind Roaminggebühren abgeschafft; Es gelten die Tarife wie im Heimatland. Mobilnummern in Lissabon beginnen mit 9.
**WLAN und Internet:** WLAN ist in vielen Cafés, Bars, Einkaufszentren, an den Stränden und in fast allen Hotels kostenlos.

### Notrufe

Allgemeiner Notruf: ☎ 112
Feuerwehr: ☎ 213 42 22 22
Polizei: ☎ 217 82 52 00
Touristenpolizei: ☎ 213 42 16 34

**Reisedokumente**
Urlauber aus Deutschland und Österreich sollten weiterhin Pass oder Personalausweis für die Einreise mitnehmen. Stichprobenartig werden an der Grenze Kontrollen durchgeführt. Reisende aus der Schweiz benötigen einen gültigen Personalausweis. Wer mit dem Auto nach Portugal einreist, muss den nationalen Führerschein und die Fahrzeugpapiere dabeihaben.

**Reisezeit**
Je nach Region und geplanten Aktivitäten empfehlen sich unterschiedliche Reisezeiten. **Frühjahr und Herbst**, also April bis Juni und September/Oktober sind ideal, wenn Sie viel besichtigen möchten – die Temperaturen sind angenehm, es wird selten zu heiß, und auch Regenfälle halten sich abgesehen vom Norden und den Bergregionen in Grenzen. An Baden im Meer ist in diesen Monaten allerdings nicht zu denken, es sei denn, Sie tolerieren Atlantiktemperaturen von 16–18°C.

Auch im **Hochsommer** erwärmt sich der Atlantik nicht wesentlich darüber hinaus, aber mit 20°C wird das Wasser dann schon angenehmer. An den Algarve-Buchten beginnt die Badesaison oft bereits im Juni und reicht bis in den Oktober. Die sommerliche Hitze, die Wasserratten gefällt, erschwert Stadtbesichtigungen. In Lissabon, Porto und anderen Städten verlagern sich die Aktivitäten auf den späten Nachmittag und Abend.

Der nebel- und regenreiche portugiesische **Winter** kommt vor allem Surfern zugute: Sie erleben dann an der Atlantikküste die wildesten und höchsten Wellen.

**Sicherheit**
Portugal ist ein angenehmes und sicheres Reiseland. Dennoch sollten Sie Wertgegenstände wie Schmuck nicht unbeaufsichtigt herumliegen lassen.

Achten Sie vor allem an von Touristen stark besuchten Orten, im Getümmel auf Märkten und in öffentlichen Verkehrsmitteln, besonders in den historischen Elétricos, auf Taschendiebe. Auch Gepäck, Jacketts oder gar Handtaschen in geparkten Autos sind ein Anreiz für Langfinger.

In den Großstädten ist man als Reisender gelegentlich mit der Drogenszene konfrontiert, die an Touristen allerdings meist kein Interesse hat.

**Zeit**
Die Zeitverschiebung zur MEZ beträgt minus eine Stunde und gilt das ganze Jahr über, da auch Portugal auf Sommerzeit umstellt.

**Zollbestimmungen**
Innerhalb der Europäischen Union (EU) ist der Warenverkehr für private Zwecke weitgehend zollfrei; allerdings gelten obere Richtmengen (z. B. für Reisende über 17 J. 800 Zigaretten, 10 l Spirituosen, 90 l Wein). Zollfrei sind auch Mitbringsel bis zu einem Wert von insgesamt 430 € (bei einer Flugreise) bzw. 300 € (Reise mit Pkw, Bus oder Bahn).

Zollfrei bei der Wiedereinreise in die Schweiz sind für Personen ab 17 J. z. B. 250 Zigaretten, 5 l Wein, 1 l Spirituosen sowie weitere Reisemitbringsel im Wert von bis zu 300 CHF (aktuelle Infos unter www.zoll.de und www.ezv.admin.ch)

## ANREISE

**.... mit der Bahn**
Dies ist sehr zeitaufwendig, erfordert mehrfaches Umsteigen und lohnt nur, wenn Sie einen längeren Aufenthalt in Portugal planen.

**.... mit dem eigenen Fahrzeug**
Dies ist nur dann sinnvoll, wenn Sie z. B. ihr eigenes Wohn- oder Campmobil nutzen möchten. Angesichts der niedrigen Preise für Mietwagen fahren Sie bei geplanten Rundreisen mit Flug und Leihauto meist günstiger.

**.... mit dem Flugzeug**
Internationale Flughäfen gibt es in Porto, in Lissabon und in Faro (an der Algarve). Von den großen deutschen Flughäfen kann man Portugal gut erreichen: Direktflüge finden Sie in der Regel bei Lufthansa/Eurowings, Tui Fly, Austrian und Suisse Air. Je nach Saison und wechselnden Flugplänen stehen Ziele in Portugal normalerweise auch auf

den Flugplänen von Ryanair. Die portugiesische Airline TAP Portugal ist ebenfalls eine Option. Billigflüge sind häufig Teil des Pauschalangebots eines Reiseveranstalters, das auch die Unterkunft einschließt; erkundigen Sie sich im Reisebüro oder im Internet.
Die Flugpreise sind im Sommer und in den Ferienzeiten am höchsten.
**Bitte beachten:** In Portugal selbst dauern die Schulsommerferien meist von Ende Juni bis Mitte September; relevant sind auch Oster- und Weihnachtsferien. Bei der Auswahl der Flüge helfen Vergleichsportale wie www.fluege.de und www.opodo.de.

## UNTERWEGS IN PORTUGAL

**Portugals überschaubare Größe macht das Reisen im Land einfach. Zwischen den wichtigsten Städten gibt es gute Bus- und Zugverbindungen; abgelegenere Orte sind allerdings nur mit einem Auto zu erreichen.**

**... mit dem Auto**
Wer mit dem eigenen Auto unterwegs ist, benötigt Führerschein, Fahrzeugpapiere, Versicherungsnachweis und Nationalitätenkennzeichen.

Mietwagen gibt es an allen Flughäfen, in größeren Städten und in den Badeorten. Wer ein Auto mieten will, muss mindestens 21 Jahre (gelegentlich sogar: 25 Jahre!) alt sein und Reisepass, Führerschein sowie Kreditkarte vorlegen. Örtliche Anbieter sind oft günstiger als die großen Mietwagenagenturen. Bitte prüfen Sie den Versicherungsschutz!

Günstiger ist meist eine Buchung im Voraus über einen international verlässlichen Vermittler, z. B. online unter www.

### Unser besonderer Tipp

Von Porto aus kann man die herrlichen Landschaften des Douro-Tals auch auf besonderen **Bahn- oder Bootsfahrten** kennen lernen. Organisierte Fahrten auf dem Douro werden vornehmlich zwischen März und Oktober von Porto und Vila Nova de Gaia aus angeboten.
Normalerweise fährt man stromaufwärts bis Peso da Régua und von dort mit dem Zug zurück nach Porto. Vom Bahnhof São Bento in Porto verkehren täglich mehrere Züge der Douro-Tal-Bahn, deren Gleise auf 60 km direkt am Fluss entlang verlaufen, bis Peso da Régua (2,5 Stunden), Pinhão (3 Stunden), Tua und Pocinho.
Die Fahrkarten sind nicht teuer; Tickets können vorab oder auch direkt vor der Fahrt an den entsprechenden Bahnhöfen gelöst werden.
Organisierte Touren auf dem Douro bietet u. a. Barcadouro an (www.barcadouro.pt). Flusskreuzfahrten mit einer Länge von drei, fünf oder sogar acht Tagen offeriert Douroazul (www.douroazul.pt).

billiger-mietwagen.de. Behalten Sie Mietunterlagen und Führerschein stets bei sich. Lassen Sie niemals Gegenstände sichtbar im Auto liegen und nehmen Sie Wertsachen mit.

**Verkehrsregeln:** Alle Passagiere müssen sich anschnallen. Die Alkoholgrenze liegt bei 0,5 Promille. Die Höchstgeschwindigkeit beträgt 120 km/h auf Autobahnen, 90 km/h auf Landstraßen und 50 km/h in Ortschaften (Vorsicht: Radarfallen!). Fahren Sie stets umsichtig und bestehen Sie nicht auf Ihrem »Recht«; vor allem in ländlichen Regionen fahren die Portugiesen ab und an recht eigenwillig.

**Straßen:** Lissabon, Porto und die anderen größeren Städte sind durch Autobahnen und Landstraßen miteinander verbunden. Autobahnen sind mit »A« gekennzeichnet und gebührenpflichtig; Landstraßen mit »N«, »IP« oder »IC«.

**Maut:** Auf den meisten Autobahnstrecken wird eine elektronische Maut kassiert, hier gibt es keine Kassenhäuschen mehr. Sind Sie mit dem eigenen Fahrzeug unterwegs, informieren Sie sich unbedingt vorab, z. B. unter www.visitportugal.com (»Elektronische Maut«), über die unterschiedlichen Modalitäten der Mautzahlung. Sind Sie mit einem Mietwagen unterwegs, lassen Sie sich bei Abholung die Blackbox freischalten, die bei jeder Mautfahrt ein Signal an die Mautzentrale veranlasst. Bei Abgabe des Wagens wird abgerechnet.

**... mit dem Bus**

Zwischen allen größeren Orten gibt es Bus- oder Zugverbindungen. Kinder unter vier Jahren reisen in Bussen und Zügen kostenlos, sofern sie keinen eigenen Platz besetzen, Vier- bis 13-Jährige zum halben Preis. Für Senioren über 65 Jahren gibt es Ermäßigungen.Das verbreitetste Busunternehmen ist Rede Expressos; auf der Homepage (www.rede-expressos.pt) können Sie die Verbindungen und Preise checken und gleich online buchen.

**... mit der Bahn**

Für den Zugverkehr ist die staatliche Gesellschaft Caminhos de Ferro Portugueses (CP, gebührenpflichtiges ☎ 707 21 02 20, aus dem Ausland ☎ +351 707 21 02 20; www.cp.pt) zuständig. Fahrkarten kann man direkt auf der Homepage buchen. Achten Sie dort auch auf besondere Preisnachlässe, z. B. für Familien und Reisende bis 25 Jahre, außerdem für Hin- und Rückfahrttickets. Der Alfa Pendular Hochgeschwindigkeitszug verkehrt auf der Strecke Braga – Porto – Coimbra – Lissabon – Albufeira – Faro.

## ÜBERNACHTEN

**Portugal erlebt in den letzten Jahren einen wahren Tourismusboom und entsprechend intensiv wurde das Angebot an Unterkünften ausgebaut. Ob Hostel oder Edel-Pousada, Boutique- oder Designhotel, Ferienanlage am Strand oder gemütliches B&B und nicht zu vergessen die teils tollen Standplätze für Wohnmobile – Besucher finden hier Übernachtungsmöglichkeiten für jedes Budget und für jeden Geschmack. Nachteil des Booms: Ein Zimmer in Lissabon oder Porto ist in der Hauptsaison oder zu Kongress- oder Messeterminen schwer zu bekommen und meist ziemlich teuer. Es empfiehlt sich, rechtzeitig zu buchen!**

Die portugiesischen Hotels sind in **fünf Kategorien** klassifiziert: vom Fünf-Sterne-Haus der Luxusklasse bis zur einfachen Pension mit einem Stern (die es allerdings kaum noch gibt). Ein nettes, gut ausgestattetes Doppelzimmer in einem Mittelklassehotel in Lissabon kostet pro Nacht um 120 €, im ländlichen Mértola kommen Sie auch schon für 80 € unter.

Auf **www.visitportugal.com**, dem Webauftritt des Portugiesischen Fremdenverkehrsamtes, können Sie Unterkünfte nach Regionen, Preisgruppen, Service etc. abrufen.

Unterwegs helfen Ihnen die Tourist Informationen gern weiter.

Preise für ein Doppelzimmer pro Nacht ohne Frühstück:

| | |
|---|---|
| € | unter 80 € |
| €€ | 80–130 € |
| €€€ | 130–180 € |
| €€€€ | über 180 € |

## ESSEN UND TRINKEN

**Portugiesische Küche ist im besten Sinne regional: Sie verarbeitet frische Produkte, an der Küste vor allem Fisch und Meeresfrüchte, im Landesinneren Fleisch sowie Käse von Schafen und Ziegen. Ihren besonderen Reiz gewinnen viele Gerichte aus dem Zusammenspiel traditioneller portugiesischer Elemente und Zutaten der vielen Zuwandererkulturen: Die Vielfalt indischer Gewürze findet ebenso Eingang wie afrikanische Schärfe.**

**Mahlzeiten:** Mittagessen *(almoço)* wird von 12 bis 15 Uhr serviert. Es besteht aus zwei bis drei Gängen, häufig einer günstigen *ementa turística*, dem Tagesmenü. Die Getränke sind meist inbegriffen. Hier dürfen Sie ruhig zugreifen, denn bis zum Abendessen *(jantar)* sind es noch ein paar Stunden: Die meisten Restaurants öffnen erst gegen 19.30 Uhr, Portugiesen werden Sie vor 20.30 Uhr nicht antreffen.
**Reservierung:** Reservieren Sie rechtzeitig einen Tisch im Restaurant Ihrer Wahl. Beliebte Lokale haben für Spontanbesucher meist keinen Platz frei.
**Service:** Eine Besonderheit sollten Sie beachten: Kaum hingesetzt, werden Brot und eine Auswahl kleiner Vorspeisen auf den Tisch gestellt. Sie reichen von Butter, Fischpastete und Oliven bis hin zu Käse, *chouriço* und raffinierteren Speisen. Das ist nicht kostenlos – was man gegessen hat, erscheint auf der Rechnung. Deshalb am besten gleich zurückgehen lassen, was nicht gewünscht wird.
**Menü:** In der Speisekarte wählen Sie aus *entradas* (Vorspeisen), *saladas* (Salate), *peixes e mariscos* (Fisch und Meeresfrüchte), *carnes* (Fleisch) und *sobremesas* (Desserts) das Menü zusammen. Als *Sugestões do dia* sind Tagesgerichte oder Spezialitäten des Hauses gelistet.
**Wein** *(vinho)*: kommt aus über 50 Anbaugebieten. Portugal ist in acht offizielle Regionen unterteilt. Genaueres erfahren Sie durch die DOC-Bezeichnungen, die die Herkunft garantieren. Probieren Sie auch die preiswerten *vinhos de mesa* (Tafelweine). Der Hauswein eines Lokals kommt in Flaschen und Karaffen (½ l oder 1 l) auf den Tisch.
**Zwischendurch:** Und zu den süßen Verführungen, die durchaus dabei helfen, die lange Zeit zwischen Mittag- und Abendessen zu überbrücken: Kuchen und Gebäck sind unentbehrlicher Bestandteil der portugiesischen Küche und oft recht süß. Viele traditionelle Rezepte, wie die *pastéis de nata*, stammen ursprünglich aus Klöstern. Man erhält sie in Pastelarias, Konditoreien. Achten Sie auf den Hinweis *fábrico próprio* (aus eigener Herstellung).

Die angegebenen Preise gelten für ein Drei-Gänge-Menü ohne Getränke:

| | |
|---|---|
| € | unter 25 Euro |
| €€ | 25–40 Euro |
| €€€ | 40–60 |
| €€€€ | über 60 Euro |

### Ganz nah dran

Nirgendwo kommt man den Besonderheiten eines Gastlandes näher als in seiner Küche und den Essgewohnheiten: Verzichten Sie doch einmal auf das Frühstück *(pequeno-almoço)* im Hotel und machen Sie es wie die Portugiesen: So zwischen 8 und 9 Uhr im Café um die Ecke an den Tresen gestellt, einen schwarzen Kaffee, eine *bica*, oder einen Milchkaffee *(galão)* bestellt und dazu ein Toast oder ein *Pastel de nata*. Karg? Nun, zum Mittagessen ist es ja nicht allzu lange hin. Setzen Sie sich an einen Tisch, steigt gewöhnlich der Preis.

## AUSGEHEN

**Touristische Regionen wie die Algarve und natürlich auch die von Studenten geprägten Städte wie Lissabon, Coimbra und Porto haben in punkto Nachtleben alles zu bieten. Vom gepflegten Abend in einem Fado-Lokal über Entspannung bei Longdrinks und Lounge-Musik in einer der vielen Rooftop-Bars bis hin zu durchtanzten Nächten in In-Diskotheken oder Beach-Bars findet**

sicherlich jeder das passende Unterhaltungsprogramm. In ländlichen Regionen hingegen herrscht oft tote Hose. Man trifft sich abends zu Essen oder auf einen Drink im Café und geht dann heim.

**Fado mit und ohne Menü**

Zu den beliebtesten Abendveranstaltungen in Lissabon und Porto zählt der Besuch eines Fado-Lokals, meist in Verbindung mit einem nicht allzu preiswerten, mehrgängigen Menü. Die Darbietungen sind fast überall perfekt, der Verzehrzwang oft ärgerlich. Lassen Sie sich Kneipen empfehlen, in denen das Essen nicht im Vordergrund steht. Sie sind meist origineller und spontaner (S. 24).

**Festivals**

Portugal ist Schauplatz mehrerer internationaler Musikfestivals. Stars aus Rock, Pop, Indie und Elektro bieten z. B. NOS Alive (Mitte Juli) in Oueiras und NOS Primavera (Anfang Juni) in Porto auf. Jazz-Größen präsentieren sich beim Out Jazz Festival in Lissabon (Wochenenden Mai-Sept.). Für Rock in Rio verwandelt sich Lissabon im Juni in eine Open-Air-Rock-Bühne.

**Veranstaltungsinfos**

Über Veranstaltungen informiert www.visitportugal.com; regionale Eventtipps für Lissabon und Porto finden sich auf den jeweiligen Websites bzw. auf den Städteseiten von www.timeout.com.

Die Farbenpracht und das Schauspiel einer portugiesischen *festa* sind einzigartig. Jede Stadt und jedes Dorf hat einen eigenen Heiligentag, der von religiösen Prozessionen, von Musik, Tanz und Paraden bestimmt wird. Bei vielen Festen vermischen sich christliche und heidnische Elemente zu einem Anlass für Partys, Trinken, Flirts und Feuerwerke.

Essen spielt bei fast allen portugiesischen Festen eine wichtige Rolle: An kleinen Straßenständen werden Süßigkeiten oder gegrillte Sardinen verkauft. Für die Feierlichkeiten geben die Portugiesen oft ihr letztes Geld aus, die Alltagssorgen stehen dann hintenan.

**Auswahl der wichtigsten Feste und Events:**

**Februar–April**

**Karneval** (Feb./März): Maskierte Tänzer, ausgefallene Kostüme und Prozessionen bestimmen die Feiern zur bevorstehenden Fastenzeit. Die Paraden von Loulé (S. 187) und Elvas (S. 159) sind farbenprächtig.
**Karwoche** (März/April): Fackelprozessionen barfüßiger Büßer in Kapuzenkutten am Donnerstag und Freitag vor Ostern in Braga (S. 92).

**Mai/Juni/Juli**

**Festa das Cruzes** (erstes Maiwochenende): ein Kirchweihfest in Barcelos mit Kreuzprozessionen entlang der blumenbedeckten Straßen.
**Queima das Fitas** (Ende Mai/Anfang Juni): Buntes Studentenfest mit riesigem Umzug durch die Straßen der Universitätsstadt Coimbra (S. 118).
**Festas dos Santos Populares** (12.–29. Juni): Dreiwöchige Feierlichkeiten in Lissabon zu den Feiertagen der »Volksheiligen«. Am 12.Juni werden die *bairros* Lissabons dekoriert, und die Menschen strömen in die Alfama, um an Tischen auf der Straße gegrillte Sardinen zu essen.
**Festa de São João** (23.–24. Juni): Lagerfeuer, Feuerwerke und eine Regatta auf dem Douro feiern in Porto (S. 84) die Sommersonnenwende.

**August/September**

**Romaria de Nossa Senhora da Agonía** (Wochenende um den 20. Aug.): eine große, traditionelle *romaria* (Wallfahrt) in Viana do Castelo (S. 99) mit Konzerten, Umzügen, Feuerwerk, Volkstänzen und der Segnung der Fischerboote.
**Feiras Novas** (September): Markt, Kirmes, Blaskapellen, Paraden und Feuerwerk in Ponte de Lima, ein Zentrum der Minho-Kultur. Meist am Monatsanfang.

**Dezember/Januar**

**Festa dos Rapazes** (25. Dez.–6. Jan.): Weihnachten ist in Portugal ein Familienfest, die Zeit, um *bacalhau* (gesalzenen Kabeljau) und *bolo rei* (Obstkuchen) zu essen – eine Ausnahme sind die Dörfer um Bragança (S. 100), wo junge Männer mit Masken, Kuhglocken und Bändern verkleidet durch die Dörfer laufen – ein alter Übergangsritus aus vorchristlichen Zeiten.

## EINKAUFEN

**Kunsthandwerk wird in Portugal noch gepflegt und teils auch zu zeitgemäßen Kreationen weiterentwickelt; deshalb macht es Spaß in den einschlägigen Geschäften nach Originellem zu stöbern.**

### Korkeichen und Azulejos

Ein klassischer Verwandlungskünstler ist der Kork: Ursprünglich als Verschluss für Weinflaschen und Isolationsmaterial für Klosterzellen verwendet, startete das Naturprodukt eine zweite Karriere als trendiges Material, aus dem Handtaschen, Schuhe, Hüte und vieles mehr gearbeitet werden. Und das Tolle ist: die Produkte sind vegan!

Auch Azulejos, ursprünglich als schmucke Wandverkleidung beliebt, sind ein beliebtes Souvenir. Es müssen ja nicht gleich mehrere Quadratmeter sein – eine einzige dekorative Kachel hebt als Untersetzer jedes Blumenarrangement.

### Auf zum Markt

Märkte, ganz gleich ob täglicher Frisch- oder wöchentlicher Ramschmarkt, versprechen ein sehr sinnliches Einkaufsvergnügen – Düfte, Farben, Lärm verlocken zum Shoppen, auch wenn man sich später wundert, was man mit dem Erworbenen eigentlich vorhatte. Hier oder auch in gut sortierten Delikatessenläden bekommen Sie portugiesische Köstlichkeiten wie die Salzblüte Flor de Sal, charakteristische Gewürze, Olivenöl oder auch Portwein. Übrigens, die Sardinenkonserven mit ihrem kunterbunten Design begeistern Daheimgebliebene auch, wenn sie gar keine Sardinen mögen.

Wer gerne auf Flohmärkten stöbert, hat in Lissabon beste Gelegenheit dazu: Ein Klassiker ist der »Markt der Diebin« (Feira da Ladra) unweit des Pantheons Santa Engrácia mit allerlei Tand, aber auch Antiquitäten. Beim Flohmarkt in der LX-Factory können Sie zwischen afrikanischem Schmuck, modernen Azulejos und poppig-bunten Yoga-Matten wählen.

### Öffnungszeiten

Im Allgemeinen haben die Geschäfte in den Innenstädten von Montag bis Samstag von 9 oder 10 bis 18 oder 19 Uhr geöffnet, einige wenige bis 20 Uhr. Supermärkte und Geschäfte in den Einkaufsstraßen sperren oft auch noch später zu. An Sonn- und Feiertagen öffnen nur einige Souvenirläden, die Museums-Shops, Läden in Bahnhöfen und an den Flughäfen.

## SPRACHFÜHRER

Im Portugiesischen gibt es zwei charakteristische Laute: Erstens die nasalisierten Vokale, die mit einer Tilde (~, wie die Tilde auf dem spanischen ñ) geschrieben werden. So wird das Wort für »Brot«, *pão*, ausgesprochen als »pau«, mit einer starken Nasalisierung. Zweitens werden »s« und »z« oft als »sch« ausgesprochen. So wird das Wort für »Geldscheine«, *notas*, als »notasch« ausgesprochen. Sie werden bemerken, dass das Portugiesische leicht zu lesen ist, die Aussprache macht es den meisten Touristen aber schwer, die Sprache zu verstehen.

### Immer zu gebrauchen

| | |
|---|---|
| ja | **sim** |
| nein | **não** |
| bitte | **se faz favor** |
| danke | **obrigado (männl.)/ obrigada (weibl.)** |
| Nichts zu danken. | **De nada./ Foi um prazer.** |
| Hallo! | **Olá!** |
| Tschüss! | **Adeus!** |
| Willkommen! | **Bem vindo/a!** |
| Guten Morgen! | **Bom dia!** |
| Gute/n Abend/Nacht! | **Boa noite!** |
| Wie geht es Ihnen? | **Como está?** |
| Gut, vielen Dank. | **Bem, obrigado/a.** |
| Entschuldigung. | **Desculpe./Perdão.** |
| Entschuldigen Sie, können Sie mir helfen? | **Desculpe, podia ajudar-me?** |
| Ich heiße ... | **Chamo-me ...** |
| Sprechen Sie Deutsch? | **Fala alemão?** |

| | |
|---|---|
| Ich verstehe nicht. | **Não percebo.** |
| Ich spreche kein Portugiesisch. | **Não falo português.** |

**Aussprache der Städte**

| | |
|---|---|
| Braga | **bra-ga** |
| Bragança | **bra-gan-sa** |
| Coimbra | **co-im-bra** |
| Évora | **e-vo-ra** |
| Faro | **fa-ru** |
| Fátima | **fa-ti-ma** |
| Lagos | **la-gusch** |
| Lisboa | **lisch-bo-a (mit stimmhaftem »sch«)** |
| Marvão | **mar-vau** |
| Porto | **por-tu** |
| Sagres | **sa-gresch** |
| Tavira | **ta-vi-ra** |
| Vila Viçosa | **vi-la-vi-so-sa** |

**Einkaufen**

| | |
|---|---|
| Geschäft | **loja** |
| Wo kann ich ... | **Onde é que eu ...** |
| bekommen? | **posso arranjar ...?** |
| Könnten Sie mir bitte helfen? | **Pode-me ajudar, se faz favor?** |
| Ich suche ... | **Estou a procura de ...** |
| Ich hätte gerne ... | **Queria ...** |
| Ich schaue mich nur um. | **Só estou a ver.** |
| Wie viel kostet das? | **Quanto custa?** |
| Es ist zu teuer. | **Acho demasiado caro.** |
| Ich nehme dieses/diese. | **Levo este(s)/ esta(s).** |
| gut/schlecht | **bom/mau** |
| größer | **maior** |
| kleiner | **mais pequeno** |
| geöffnet/geschlossen | **aberto/fechado** |
| In Deutschland ist meine Größe ... | **Na Alemanha o meu numero é...** |
| Hätten Sie vielleicht eine Tüte? | **Tem um saco, se faz favor?** |

**Geld: Dinheiro**

| | |
|---|---|
| Ausländisch | **estrangeiro** |
| Bank | **banco** |
| Geldschein | **notas** |
| Kreditkarte | **cartão de crédito** |
| Münze | **moeda** |
| Postamt | **posto de correio** |
| Postsendung | **correio** |
| Wechselgeld | **troco** |
| Wechselkurs | **câmbio** |
| Können Sie mir bitte Kleingeld wechseln? | **Podia dar-me dinheiro trocado, se faz favor?** |

**Nach dem Weg fragen**

| | |
|---|---|
| Auto | **automóvel** |
| Bahnhof | **estação** |
| Bus/Reisebus | **autocarro** |
| Busbahnhof | **estação de camionetas** |
| Fahrkarte | **bilhete** |
| Einfach | **bilhete de ida** |
| Hin- und Rückfahrt | **ida e volta** |
| Flughafen | **aeroporto** |
| Kirche | **igreja** |
| Krankenhaus | **hospital** |
| Markt | **mercado** |
| Museum | **museu** |
| Platz | **praça** |
| Schiff | **barco** |
| Straße | **rua** |
| Taxistand | **praça de táxis** |
| Zug | **comboio** |
| Ich habe mich verlaufen | **estou perdido/a** |
| Wie viele Kilometer sind es bis nach ...? | **Quantos quiló- metros faltam ain da para chegar a ...?** |
| hier/dort | **aqui/ali** |
| links/rechts | **à esquerda/à direita** |
| geradeaus | **em frente** |

**Notfall! Urgência!**

| | |
|---|---|
| Hilfe! | **Socorro!** |
| Stopp! | **Pare!** |
| Haltet den Dieb! | **Apanhe o ladrão!** |
| Polizei! | **Polícia!** |
| Feuer! | **Fogo!** |
| Gehen Sie oder ich schreie! | **Vai-se embora, senão começo a gritar!** |
| Lassen Sie mich in Ruhe! | **Deixe-me em paz!** |
| Ich habe mein Portemonnaie/meine Brieftasche verloren. | **Perdi o meu porta-moedas/a minha carteira.** |

Cabo da Roca – am westlichsten Punkt des europäischen Festlands

| | |
|---|---|
| Mein Pass wurde gestohlen. | **Roubaram-me o passaporte.** |
| Können Sie einen Arzt rufen? | **Podia chamar um médico depressa?** |

**Restaurant: Restaurante**

| | |
|---|---|
| Ich würde gerne einen Tisch reservieren. | **Posso reservar uma mesa?** |
| Einen Tisch für zwei Personen bitte | **Uma mesa para duas pessoas, se faz favor.** |
| Könnten wir bitte die Speisekarte bekommen? | **Poderia dar nos a ementa, se faz favor?** |
| Was ist das? | **O que é isto?** |
| Eine Flasche ... | **Uma garrafa de ...** |
| Abendessen | **jantar** |
| Alkohol | **alcool** |
| Bier | **cerveja** |
| Brot | **pão** |
| Café | **café** |
| Frühstück | **pequeno almoço** |
| Kaffee | **café** |
| Kellner | **empregado/a** |
| Milch | **Leite** |
| Mineralwasser | **água mineral** |
| Mittagessen | **almoço** |
| Pfeffer | **pimenta** |
| Rechnung | **conta** |
| Salz | **sal** |
| Speisekarte | **menú/ementa** |
| Tee | **chá** |
| Tisch | **mesa** |
| Wein | **vinho** |

**Unterkunft**

| | |
|---|---|
| Gibt es ...? | **Há ...?** |
| Ich hätte gerne ein Zimmer mit Meerblick. | **Queria um quarto com vista para o mar.** |
| Wo ist der Notausgang /die Feuerleiter? | **Onde fica a saída de emergéncia/ escada de? salvação?** |

| | |
|---|---|
| Ist das Frühstück inklusive? | **Está incluido o pequeno almoço?** |
| Gibt es einen Zimmerservice? | **O hotel tem serviço de quarto?** |
| Ich habe reserviert. | **Reservei um lugar.** |
| Klimaanlage | **ar condicionado** |
| Balkon | **varanda** |
| Bad | **casa de banho** |
| Heißes Wasser | **água quente** |
| Hotel | **hotel** |
| Schlüssel | **chave** |
| Aufzug | **elevador** |
| Nacht | **noite** |
| Zimmer | **quarto** |
| Zimmerservice | **serviço de quarto** |
| Dusche | **duche** |
| Telefon | **telefone** |
| Handtuch | **toalha** |
| Wasser | **água** |

**Wochentage**

| | |
|---|---|
| Heute | **hoje** |
| Morgen | **amanhã** |
| Gestern | **ontem** |
| Heute Nacht | **esta noite** |
| Gestern Nacht | **ontem à noite** |
| Morgens | **de manhã** |
| Nachmittags | **de tarde** |
| Diese Woche | **esta semana** |
| Montag | **segunda-feira** |
| Dienstag | **terça-feira** |
| Mittwoch | **quarta-feira** |
| Donnerstag | **quinta-feira** |
| Freitag | **sexta-feira** |
| Samstag | **sábado** |
| Sonntag | **domingo** |

**Zahlen**

| | |
|---|---|
| 0 | **zero** |
| 1 | **um** |
| 2 | **dois** |
| 3 | **três** |
| 4 | **quatro** |
| 5 | **cinco** |
| 6 | **seis** |
| 7 | **sete** |
| 8 | **oito** |
| 9 | **nove** |
| 10 | **dez** |
| 11 | **onze** |
| 12 | **doze** |
| 13 | **treze** |
| 14 | **catorze** |
| 15 | **quinze** |
| 16 | **dezasseis** |
| 17 | **dezassete** |
| 18 | **dezoito** |
| 19 | **dezanove** |
| 20 | **vinte** |
| 21 | **vinte e um** |
| 30 | **trinta** |
| 40 | **quarenta** |
| 50 | **cinquenta** |
| 60 | **sessenta** |
| 70 | **setenta** |
| 80 | **oitenta** |
| 90 | **noventa** |
| 100 | **cem** |
| 1000 | **mil** |

# Reiseatlas

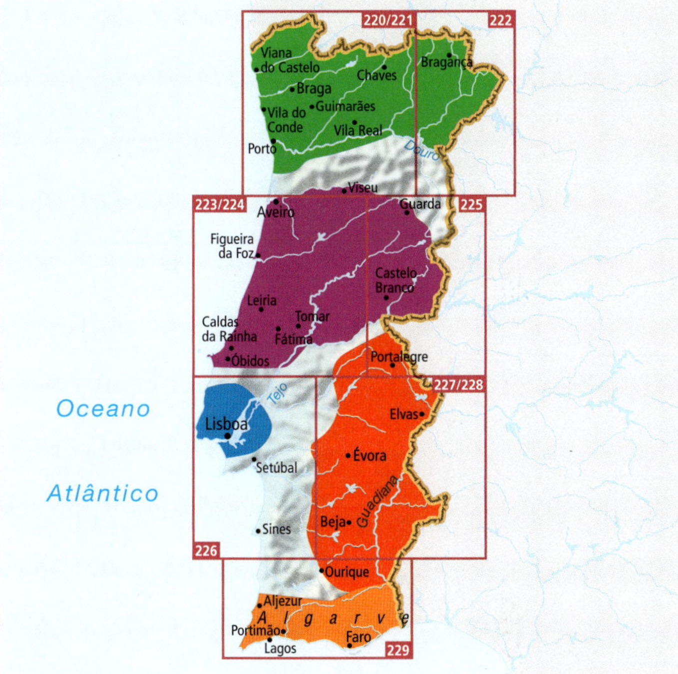


## Legende

- Autobahn mit Anschlussstelle
- Schnellstraße
- Fernstraße
- Hauptstraße
- Nebenstraße
- Straße in Bau; Straße in Planung
- Eisenbahn
- Fähre, Schiffsverbindung
- Staatsgrenze
- Naturreservat, Naturpark
- Sperrgebiet
- Nationaler Flughafen; Reg. Flughafen
- Kloster; Kirche, Kapelle
- Burg, Festung; Ruine
- Sehenswürdigkeit; Archäologische Stätte
- Wasserfall; Höhle
- Hafen; Marina
- Badestrand; Denkmal, Monument
- 2 TOP 10
- 11 Nicht verpassen!
- 12 Nach Lust und Laune!

1 : 815 000

0 – 15 – 30 km

0 – 10 – 20 mi

Jardim Botânico
Praça de Jardim Alfredo Keil
Alegria
Rua da Alegria
Rua da Mãe de Água
Travessa do Rosário
Rua da Conceição da Glória
Rua de Santo António da Glória
Rua da Glória
Rua das Taipas
Avenida da Liberdade
São José
Largo da Anunciada
Calçada do Lavra
Elevador do Lavra
Pestana
Beco dos Birbantes
Calçada de Santana
Hospital de São José
Rua Condes
Rua das Portas de Santo Antão
Coliseu dos Recreios
Teatro Politeama
Praça dos Restauradores
Luís da Pena
Beco de São Luís da Pena
Calçada Nova Colégio
Calçada de Santana
Rua Martim Vaz
Rua do Arco da Graça
Travessa de Santana
Rua Dom Pedro V
Miradouro São Pedro de Alcântara
Elevador da Glória
Palácio Foz
Monumento dos Restauradores
Travessa São Antão
Rua do Jardim do Regedor
Palácio da Independência
Garcia
Calçada do
São Pedro
Rua Luisa Todi
Travessa de São Pedro
Rua São Pedro de Alcântara
Calçada da Glória
Restauradores
Estação do Rossio
Teatro Nacional Dona Maria II
Largo São Domingos
São Domingos
Rua Nova do Loureiro
Rua da Vinha
Rua de São Boaventura
Rua da Rosa
Rua do Teixeira
Travessa da Cara
Rua da Atalaia
Calçada do Tijolo
Travessa Boa Hora
Calçada do Cabra
Travessa Água da Flor
Travessa do Grémio Lusitano
São Roque
Museu de São Roque
Largo Trindade Coelho
ROSSIO
Largo do Duque de Cadaval
Calçada do Duque
Rua do Duque
Praça Dom Pedro IV (Rossio)
Dom Pedro IV
Rua 1 Dezembro
Travessa Nova de São Domingos
Rua do Amparo
Praça da Figueira
Dom João I
Rossio
Rua Dom Duarte
BAIRRO ALTO
Travessa dos Inglesinhos
Travessa da Queimada
Rua da Misericórdia
Rua Nova da Trindade
Rua da Condessa
Rua da Oliveira
Calçada do Carmo
Rua da Betesga
Conservatório Nacional de Lisboa
Travessa do Poço da Cidade
Rua de Diário de Notícias
Rua do Norte
Rua das Gáveas
Rua da Barroca
Rua de Deus
Igreja do Carmo
Museu Arqueológico do Carmo
Largo do Carmo
Rua do Carmo
Elevador de Santa Justa
Rua de Santa Justa
Rua da Assunção
Rua dos Correeiros
Rua da Prata
Travessa dos Fieis de Deus
Rua dos Caetanos
Galeria Zé dos Bois
Teatro da Trindade
Rua da Trindade
Travessa das Mercês
Travessa da Espera
Largo Rafael Bordalo Pinheiro
Calçada do Sacramento
CHIADO
Rua Augusta
Rua dos Douradores
elétrico E 28
Calçada do Combro
Rua do Loreto
Rua das Salgadeiras
Praça Luís de Camões
Loreto
Largo do Chiado
Rua Garrett
Basílica de Ns. dos Mártires
Baixa-Chiado
Rua Áurea (Rua do Ouro)
Rua dos Sapateiros
São Nicolau
Rua Marechal Saldanha
Travessa do Sequeiro
Rua da Horta Seca
Nossa Senora da Encarnação
Rua Serpa Pinto
Rua Anchieta
BAIXA
Rua Nova do Almada
Rua do Crucifixo
Núcleo Arqueológico
Travessa da Portuguesa
Ministério da Indústria e Energia
Largo Barão Quintela
Rua do Cardoso
Largo São Carlos
Rua Capelo
Governo Civil
Largo da Boa Hora
Rua Ivens
Miradouro Santa Catarina
Rua das Chagas
Travessa Guilherme Cossul
Rua da Emenda
Rua do Alecrim
Teatro São Luiz
Teatro São Carlos
Rua Bica Duarte Belo
Elevador da Bica
Travessa do Cabra
Beco dos Arcigrestes
Igreja das Chagas
Ataide
Rua António Maria Cardoso
Rua de Duques de Bragança
Largo da Academia Nacional de Belas Artes
Calçada de São Francisco
Rua de São Julião
MUDE-Museu do Design
Ministério da Justiça
Rua dos Fanqueiros
Codeiros
elétrico E 25
Rua da Moeda
Travessa do Carvalho
Rua de São Paulo
Rua das Flores
Museu do Chiado
Rua Vitor Cordon
Rua do Comércio
Praça do Município
Pelourinho
Município
Rua do Arsenal
Rua de Ribeira Nova
Praça Dom Luís I
Mercado da Ribeira Nova
Rua Nova do Carvalho
Rua dos Remolares
Rua do Ferragial do Baixo
Igreja do Corpo Santo
Rua do Corpo Santo
Largo Corpo Santo
Pátio da Galé
Ministério da Marinha
Praça Duque da Terceira
Duque da Terceira
Rua Bernardino Costa
Doca da Calderinha
Avenida Vinte e Quatro de Julho
elétrico E 15
Cais do Sodré
Praça Europa
Avenida da Ribeira das Naus
A
B
C
5
4
3
2
1
11
17
16
15
14
3

D
E
F
5
4
3
2
1
GRAÇA
Parque Horticola da Graça
Igreja da Graça
Miradouro da Graça
Jardim Augusto Gil
Liceu Gil Vicente
Voz de Operário
Igreja e Mosteiro de São Vicente de Fora
MOURARIA
Largo Martim Moniz
Martim Moniz
Centro Comercial Mouraria
Igreja do Socorro
Teatro Taborda
Costa do Castelo
Praça do Coleginho
Núcleo Arqueológico
Castelo de São Jorge
Igreja do Castelo
Largo Rodrigues Freitas
Largo Santa Marinha
ALFAMA
Largo da Achada
São Cristóvão
Núcleo Museológico do Castelo
Miradouro de São Jorge
CASTELO
Largo de Santa Cruz do Castelo
Esplanada do Castelo
Museu de Artes Decorativas
Largo do Contador Mor
Largo das Portas do Sol
Largo do Salvador
Santa Luzia
Miradouro da Santa Luzia
Santo Estêvão
Largo do Sequeira
Largo Adelino Amaro da Costa
Largo Loios
GNR
Largo de São Miguel
São Miguel
Largo do Chafariz de Dentro
Museu do Fado
18
Museu Sto. António
Museu Teatro Romano
Largo de São Martinho
ALFAMA
12
9
Santa Maria Madalena
Largo Santo António da Sé
Santo António
Sé Patriarcal
São João da Praça
Largo do Terreiro do Trigo
Núcleo Arqueológico
Igreja da Conceição Velha
Casa dos Bicos/Fundação José Saramago
Arco da Rua Augusta
Praça do Comércio
Lisboa Story Center
Ministério das Finanças
Campo das Cebolas
Jardim do Tobaco
Dom José I
(Terreiro do Paço)
Terreiro do Paço
Estação Fluvial Terreiro do Paço
Doca de Marinha
Rio Tejo
Rua da Palma
Rua Martim Moniz
Rua dos Cavaleiros
Rua do Capelão
Rua da Guia
Rua Marquês de Ponte de Lima
Calçada de Santo André
Calçada da Graça
Travessa das Mónicas
Rua Voz do Operário
eléctrico E 28
Rua São Vicente
Calçada de São Vicente
Rua das Escolas Gerais
Rua dos Lagares
Rua das Olarias
Calçada do Monte
Travessa da Pereira
Rua da Verónica
Rua dos Fanqueiros
Rua da Madalena
Rua da Prata
Rua do Salvador
Rua de São Tomé
Rua dos Cegos
Rua de Santiago
Rua de Saudade
Rua Augusto Rosa
Rua do Barão
Rua de São João da Praça
Rua dos Bacalhoeiros
Rua da Alfândega
Rua Cais de Santarém
Avenida Infante Dom Henrique
Rua do Terreiro do Trigo
Rua de São Mamede
Rua do Milagre de Santo António
Rua da Regueira
150 m
150 yd
Lisboa

A
B
C
1
2
3
4
5
ESPAÑA
Silleiro
O Castillo
As Neves
Melgaço
Barxas
Bangueses
Tui
Caldelas de Tui
Monção
Ceivães
Cela
Valença do Minho
Moreira
Merufe
Castro Laboreiro
Burgueira
Tebra
Arrabal (Oia)
O Seixo (Tomiño)
Minho
São Pedro da Torre
Extremo
Sistelo
Serra da Peneda
Parque Nacional da
Guxinde
Chaus
Praia Fedorento
Praia de A. Guarda
A Guarda
Calvario
Goián
Lovelhe
São Bento
Terrachán (Entrimo)
Fondevila (Lobios)
Vila Nova de Cerveira
Candemil
Paredes de Coura
Olelas
Mezio
Seixas
Covas
Agualonga
Rio Frio
Giela
Soajo
Lindoso
P. N. da Baixa Limia - Serra do Xurés
Caminha
Moledo
Arcos de Valdevez
Britelo
Souto
Vila Praia de Âncora
Orbacém
Arcozelo
Ponte de Lima
Bravães
Ponte da Barca
Brufe
Portela do Homem
Santa Luzia 552 m
Outeiro
Lanheses
Grovelas
Campo do Gerês
Peneda-Gerês
Montedor
Seara
Boalhosa
Covide
Caldas do Gerês
Meadela
Viana do Castelo
Portuzelo
Mazarefes
Moreira de Geraz do Lima
Pousada de S. Maria do Bouro
Ponte de Misarela
Cabedelo
Vila de Punhe
Freixo
Vila Verde
Caldelas
Rio Caldo
Amorosa
Capareiros
Amares
R. Cávado
Vieira do Minho
Castelo do Neiva
Palme
Prado
Soutelo
Póvoa de Lanhoso
Barragem de Guilhofrei
Mar
Vila Boa
Barcelos
BRAGA
Bom Jesus do Monte
Taide
Guilhofrei
Esposende
Ofir
Eira de Ana
Vila Seca
Martim
Várzea
Citânia dos Briteiros
Briteiros
Travassos
Moreira do Rei
Taipas
Apúlia
Silveiros
Arnoso
Gandarela
Estela
Laundos
Rates
Viatodos
São Tiago de Antas
Joane
Selho
Guimarães
Fafe
Aguçadoura
Aver-o-Mar
Fontainhas
Vila Nova de Famalicão
Vermoim
Caldas de Vizela
Jugueiros
Celorico de Basto
Castelo
Delães
Póvoa de Varzim
Touguinha
R. Vizela
Mosteiro Pombeiro
Felgueiras
Vila do Conde
R. Ave
Bougado
Roriz
Vila Cova da Lixa
Santo Tirso
Citânia 574 m
Raimonda
Rande
Mindelo
Vilarinho
Vila Chã
Modivas
Muro
Covas
Amarante
Paços de Ferreira
Lousada
Lavra
Moreira
Meinedo
Lordelo
Castelões
Lomba
Praia Boa Nova
Leça do Balio
Ermesinde
Paredes
Leça da Palmeira
Matosinhos
Vandoma
Penafiel
Marco de Canavezes
Valongo
Campo
Paço de Sousa
Soalhães
PORTO
Gondomar
Cabeça Santa
Freixo
Vila Nova de Gaia
Oliveira do Douro
Aguiar de Sousa
Pinheiro
Favões
Alpendurada e Matos
Valadares
Barragem de Crestuma
Arcozelo
Canelas
Melres
Tarouquela
Cinfães
Granja
Perozinho
Crestuma
Pedorido
R. Douro
Castelo de Paiva
Espinho
Grijó
R. Paiva
Lourosa
São Jorge
Alvarenga
Oceano Atlântico
Praia de Cortegaça
Santa Maria de Feira
Mansores
Cortegaça
Burgo
Arouca
Parada de Ester
São João da Madeira
Souto
Carregosa
Furadouro
Ovar
Vila de Cucujães
Maciera
Oliveira de Azeméis
Vale de Cambra
Quinta dos Ricos
Avanca
Castelões
Junqueira
1072 m
Santa Cruz da Trapa
Castelo
Pardilhó
Pinheiro da Bemposta
Torreira
Estarreja
Albergaria a Nova
Sever do Vouga
Covelo
São Pedro do Sul
Praia de Torreira
Murtosa
Salreu
Oliveira de Frades
Ria de Aveiro
Albergaria a Velha
Pessegueiro do Vouga
Vouzela
Cambra
223
Dunas d. Jacinto
São Jacinto
Gafanha
Angeja
Cova
A 3
A 27
A 28
A 11
A 7
A 4
A 29
A 1
A 25
E 01
E 805
IP 1
IP 4
IP 5
IC 2
IC 28
EN 210
N 540
AP 9
10
21
23
24
25
26

Carballo (Verea)
Vilar de Santos
Sarreaus
Cerdedelo
Mamede
Campobecerros
Emb. das Portas
R. Bibei
Pías
A Gudiña
O Canizo
Lubián
Xinzo de Limia
Ganade
Laza
Pereiro
A Canda
Bande
Trasmiras
Arcucelos
A Mezquita
A Forxa (A Porqueira)
Cualedro
N 525
A 52
R. Támega
Blancos
Fumaces
Ventas da Barreira
Hermisende
Emb. das Conchas
Calvos (Calvos de Randin)
Baltar
Albarellos
Verín
Vilaza
Parada de Ventosa
Vilamaior da Boullosa
Medeiros
Mofreita
Rubiás dos Mistos
Emb. das Salas
Vilardevós
Soutochao
Santalha
Xironda
San Millao
Oímbra
Arzádigos
Parque Natural
Vilar de Ossos
Carragos
Vilar de Perdizes
E 801
N 532
Sandim
Sobreiro de Cima
Mairos 1083 m
São Vicente
Montalegre
Soutelinho da Raia
Vila Verde da Raia
Vinhais
Parada
Sezelhe
Barragem do Alto Rabagão
Águas Frias
Castro de Avelãs
Barragem de Paradela
Paradela
IP 3
Outeiro Seco
103
Pisões
E 805
Cornos das Alturas
Sapiãos
A 24
27
Chaves
R. Cabaçal
Boucoães
Rebordelo
São Bartolomeu
Rebordãos
Serra da Nogueira
Carvalhelhos
Bóbeda
Santa Valha
R. Tuela
Agrochão
Barragem de Venda Nova
Boticas
2
Lagarelhos
Friões
Vilarandelo
Bouça
Torre de Dona Chama
Venda Nova
Salto
Covas do Barroso
Vidago
213
Valpaços
Podence
Oura
São João da Corveira
Vale de Salgueiro
Tâmega
Termas de Pedras Salgadas
Carrazedo de Montenegro
Sezulfe
Macedo de Cavaleiros
Cabeceiras de Basto
Ribeira de Pena
Vila Pouca de Aguiar
Bornes de Aguiar
Vila Nova
E 802
Arco de Baúlhe
A 7
Jou
Mirandela
IP 2
Balsemão
Chacim
Bornes
Atei
Cerva
Alfarela de Jales
A 4
R. Tua
Sambade
216
Mondim de Basto
Murça
Frechas
Parque Natural do Alvão
E 801
Corgo
Vilarinho das Azenhas
Benlhevai
Trindade
Lamas de Olo
Vale Frechoso
Alfândega da Fé
Ermelo
Fisgas
Pópulo
Candedo
Abreiro
Serra de Mogadouro
Agarez
Casa de Mateus
Vila Flor
Vila Real
22
Mateus
Sanfins do Douro
Samões
Vila Chão do Marão
Vila Marim
São Martinho de Antas
Alijó
Rio Tua
IC 5
Junqueira
Torgueda
Prada de Cunhos
Sabrosa
R. Sabor
222
Pousada São Gonçalo
Portela
São Mamede de Ribatua
Carrazeda de Ansiães
Candemil
Fontes
A 24
São Pedro
Santa Marta de Penaguião
Pinhão
Vilarinho da Castanheira
Carviçais
220
Galafura
Ervedosa do Douro
Peso da Regua
R. Douro
Torre de Moncorvo
Mesão Frio
Fontelas
Coleja
Baião
São João da Pesqueira
Paredes
Barrô
Cambres
Armamar
Barcos
Vila Nova de Foz Côa
Ligares
de Espada
Balsemão
Tabuaço
Vilarouco
Numão
Resende
Penude
Lamego
Trevões
Freixa de Numão
Vale do Côa
Barragem do Pocinho
Oliveira do Douro
E 801
Britiande
São Cosmado
Valongo dos Azeites
São Cipriano
IP 3
Ucanha
Paço
Touça
Muxagata
Castelo Melhor
Barca de Alva
Tarouca
Passo
Bigorne
Sarzedo
Penedono
Ranhados
R. Côa
Mezio
Moimenta da Beira
Teixelo
São João de Tarouca
Leomil 1008 m
Longroiva
221
Barragem de Vilar
Algodres
Carvalhosa
A 24
Meda
Escalhão
Antas
Cidadelhe
Figueira de Castelo Rodrigo
Ermida
Marialva
Castro Daire
Touro
IP 2
Santa Maria de Aguiar
Sernancelhe
Casteição
Freixeda do Torrão
Castelo Rodrigo
Mendo Gordo
Ribolinhos
Vila Cova à Coelheira
A dos Ferreiros
Vilar Torpim
Vermiosa
Vila Nova de Paiva
Aguiar da Beira
Santa Eufémia
Figueiredo de Alva
Moledo
226
Benvende
228
Pinhel
São Felix
Trancoso
Souro Pires
332
R. Vouga
Tamanhos
Cepões
Vila Franca das Naves
Caldas da Cavaca
Malta
Almeida
Sátão
Pena Verde
E 802
Lordosa
R. Dão
221
Vale Verde
Cavernães
Freixedas
Penalva do Castelo (Insua)
Castelo de Penalva
224
102
IP 2
Vendada
Castelo
Eorico
A 24
D
E
F
5
4
3
2
1

A
B
C
5
4
3
2
1
Emb. das Portas
R. Bibei
Sanabria
El Puente
Palacios de Sanabria
Pequ
A Gudiña
O Canizo
Pías
Lubián
N 525
Requejo
Puebla de Sanabria
Emb. de Cernadilla
A52
Mombuey
Rionegro del Puente
Pereiro
A Canda
Robledo
Sandín
A Mezquita
Sagallos
Ventas da Barreira
Hermisende
Calabor
Rio de Onor
Sierra de la Culebra
Linarejos
Peña Mira 1243 m
Ferreras de Arriba
Mofreita
França
Guadramil
Santalha
Parque Natural de Montesinho
Vilar de Ossos
Sandim
Sobreiro de Cima
Carragosa
R. Sabor
Sacoias
Mahide
São Vicente
Las Torres de Aliste
Vinhais
Castro de Avelãs
Bragança
28
103
São Pedro de Serracenos
A 4
Milhão
San Vitero
Bercianos de Aliste
Trabazos
São Bartolomeu
Rebordãos
Ruinas préhistoricas
Boucoães
Rebordelo
San Martín del Pedroso
Alcañices
Serra da Nogueira
R. Tuela
Agrochão
Outeiro
Ceadea
218
São Martinho de Angueira
Bouça
Torre de Dona Chama
Vale de Nogeira
Podence
Carção
Vale de Salgueiro
Vimioso
Izeda
Sezulfe
Macedo de Cavaleiros
218
Grutas de Santo Adrião
Miranda do Douro
Vila Nova
E 802
IP 2
Balsemão
Mirandela
29
221
Chacim
Morais
Duas Igrejas
A 4
Algóso
Bornes
Teixeira
IC 5
R. Tua
219
Parque
221
Sambade
216
Frechas
Fariza
Pena Róia
Azinhoso
Vilarinho Azenhas
Trindade
Benlhevai
Serra de Mogadouro
Variz
Sendim
Vale Frechoso
Alfândega da Fé
Mogadouro
Natural
Fermoselle
Bemposta
N527
Vila Flor
Parada
do Douro
Samões
Emb. de Almendra
IC 5
Villarino
Junqueira
Castelo Branco
Internacional
Almendra
R. Sabór
Pereña
Aldeadávila de la Ribera
Trabanca
Carrazeda de Ansiães
E 802
221
Monleras
Vilarinho
N315
Carviçais
Parque
220
Ahigal de Villarino
IP 2
Torre de Moncorvo
La Zarza de Pumareda
La Peña
Coleja
R. Douro
R. Duero
Mieza
Cerezal de Peñahorcada
Puertas
Freixo de Espada a Cinta
Vilvestre
Las Uces
Sanchón de la Ribera
Vila Nova de Foz Côa
Ligares
Natural
Milano
Vale do Côa
R. Douro
Barragem do Pocinho
Barruecopardo
Numão
7
Saucelle
Encinasola de los Comendadores
Villar de Pe
Touça
Muxagata
Castelo Melhor
Barca de Alva
San Martín
La Fregeneda
de los Arribes
R. Huebra
Vitigudino
N517
San Cristóbal de los Mochuelos
Cerralbo
Hinojosa de Duero
221
N517
Cipérez
Meda
R. Côa
Algodres
Escalhão
Yecla de Yeltes
N315
Cidadelhe
Figueira de Castelo Rodrigo
Sobradillo
Lumbrales
El Cubo de Don Sancho
IP 2
Bogajo
Santa Maria de Aguiar
del Duero
Freixeda do Torrão
Castelo Rodrigo
Escarigo
San Felices de los Gallegos
828 m
Villavieja de Yeltes
La Fuente de San Esteban
La Bouza
Bañobárez
Santa Eufémia
Vilar Torpim
Vermiosa
Puerto Seguro
R. Águeda
Retortillo
Pinhel
332
Martín de Yeltes
Souro Pires
Villar de Ciervo
Vila Franca das Naves
Ribeira de Tourões
Sancti-Spíritus
Malta
Almeida
E 80
221
Castillejo de Martín Viejo
Vale Verde
Aldea del Obispo
Valdecarpinteros
222
Vendada
225
Gallegos
A62
Aldehuela
Castelo
Vilar
A
B
C

D
E
F
220
224
226
223
Oceano
Atlântico
Costa da Prata
Costa Nova do Prado
Aveiro
Ílhavo
Gafanha da Nazaré
Esgueira
Angeja
Barra
Costa Nova
Eixo
Quintãs
Vagos
Gafanha da Boa Hora
Ouca
Palhaça
Mamarrosa
Amoreira da Gândara
Praia de Mira
Covões
Mira
Ermida
Villarinho do Bairro
Barracão
Ourenta
Praia da Tocha
Cantanhede
Cadima
Tocha
Arazede
Bom Sucesso
Camarção
Amieiro
São Marcos
Tentúgal
Quiaios
Quinta da Foja
Carpinheira
Boa Viagem
Alhadas
R. Mondego
Cabo Mondego
Maiorca
Montemor-o-Velho
Buarcos
Figueira da Foz
Alfarelos
Lavos
Samuel
Ega
Marinha das Ondas
Soure
Leirosa
Pinhal do Urso
Louriçal
Carriço
Arrancada
Pelariga
Guia
Pedrógão
Monte Redondo
Vale de Bajouca
Pombal
Coimbrão
Praia da Vieira
Monte Real
Abiul
Vermoil
Vieira de Leiria
Souto da Carpalhosa
Pinhal de Leiria
Amor
Albergaria dos Doze
Gândara dos Olivais
Boa Vista
Freixian
São Pedro de Moel
Leiria
Pousos
Caranguejeira
Marinha Grande
Santa Catarina da Serra
Olival
Martingança
Pataias
Maceira
Batalha
Vila Nova de Ourém
Mosteiro de Batalha
Santuário de Fátima
Alpedriz
São Jorge
Reguengo do Fetal
Fátima
N. S. da Nazaré
Nazaré
Maiorga
Coz
Porto de Mós
Boleiros
Serro Ventoso
Aljubarrota
Mira Daire
Chancelaria
Paial
Famalicão
Alcobaça
São Bento
Pedrógão
São Martinho do Porto
Évora de Alcobaça
P. N. das Serras de Aire
Candeeiros 487 m
Minde
Torres Novas
Salir do Porto
Alfeizerão
Mendiga
Farilhões
Foz do Arelho
Carvalhal Benfeito
Alcanede
Tornada
Gruta de Alcobertas
Estelas
Berlenga
Lagoa de Óbidos
Caldas da Rainha
Alcobertas
Alcenede
Arneiro de Milhariças
Parceiros da Igreja
Peniche
Baleal
Cabo Carvoeiro
Vidais
Fráguas
Pernes
Azinhaga
Óbidos
Amoreira
Rio Maior
Tremês
Atouguia da Baleia
Serra d'El Rei
Roliça
Abitureiras
Landal
Praia de São Bernardino
São João da Ribeira
Alcanhões
Carvalhal
São Bartolomeu dos Galegos
Bombarral
Casa dos Patudos
Alpiarça
Cadaval
Cercal
Marmeleira
Santarém
Lourinhã
Almeirim
A 1
A 8
A 14
A 15
A 17
A 19
A 25
E 01
E 80
E 806
IP 1
IP 5
IC 2
IC 8
IC 9
109
113
114
234
242
356
362
366

Aveiro
Águeda
Esgueira
Eixo
Quintãs
Ílhavo
Gafanha da Nazaré
Oliveira do Bairro
Bolfiar
Boialvo
Sangalhos
Ouca
Palhaça
Mamarrosa
Amoreira da Gândara
Curia
Anadia
Covões
Vale da Mó
Pala
Villarinho do Bairro
Mealhada
Luso
Parque Nacional do Buçaco
Barracão
Ourenta
Cruz Alta
Pampilhosa
Cantanhede
Cadima
Carvalho
Arazede
Penacova
Lorvão
São Marcos
Ançã
Sé Velha
COIMBRA
Universidade
Tentúgal
Carpinheira
São João do Campo
R. Mondego
Antanhol
Ceira
Montemor-o-Velho
Alfarelos
Condeixa a Nova
Ega
Samuel
Ruínas de Conímbriga
Vila Seca
Soure
Penela
Louriçal
Arrancada
Alvorge
Santiago da Guardia
Pelariga
Pombal
Ansião
Abiul
Vermoil
Almoster
Albergaria dos Doze
Alvaiázere
Freixianda
Caranguejeira
Olival
Caxarias
Pereiro
Vila Nova de Ourém
Santuário de Fátima
Fátima
Aqueducto Pegões Altos
Alburitel
Convento de Cristo
Tomar
Boleiros
Chancelaria
Paialvo
Mira Daire
Mós
Minde
Pedrógão
Asseiceira
Torres Novas
Vila Nova da Barquinha
Entroncamento
Alcanede
Parceiros da Igreja
Golegã
Pernes
Azinhaga
Chamusca
Pinheiro Grande
Ulme
Semideiro
Alcanhões
Vale de Cavalos
Casa dos Patudos
Alpiarça
Almeirim
Chouto
Gorjão
Ponte de Sor
Campia
Cova de Lobishomen
Caparrosa
Talhadas
São João do Monte
Caramulo
Cabeço da Neve
987 m
Barreiro de Besteiros
São Miguel do Outeiro
Molelos
Tondela
São Joaninho
Santa Comba Dão
Mortágua
R. Dão
Carregal do Sal
Figueiró
Viseu
Oliveira de Barreiros
Santar
Nelas
Canas de Senhorim
Mangualde
Chãs de Tavares
Cativelos
Nespereira
Gouveia
Paranhos
Seixo da Beira
Serra
Seia
Sabugueiro
Ervedal
R. Mondego
Carragozela
Midões
Oliveira do Hospital
Serra da Estrela
Barragem da Aguieira
Rojão Grande
Tábua
Candosa
Chamusca
Valezim
Oliveira do Mondego
Moita da Serra
Espariz
Galizes
Loriga
Torre
1993 m
Vide
Avô
Gramaça
Coja
São Martinho da Cortiça
R. Alva
Vila Nova de Poiares
Arganil
São Jorge da Beira
Paul
Vila Chã
Vila Nova do Ceira
Serpins
Góis
Cepos
Camba
Lousã
R. Ceira
Vilarinho
Serra de Lousã
Braçal
Silvares
Miranda do Corvo
N. S. da Piedade
Pampilhosa da Serra
São Vicente da Beira
Castanheira de Pêra
Álvares
Almaceda
Orvalho
Espinhal
Campelo
Escalos do Meio
R. Zêzere
Álvaro
Estreito
Madeirã
Pedrógão Grande
Barragem do Cabril
Avelar
Figueiró dos Vinhos
Pedrógão Pequeno
Oleiros
Serra de Alvelos
Monte de Goula
Marvila
Maçãs de Dona Maria
Troviscal
Isna
1084 m
Sarzedas
Catraia Cimeira
Santo André das Tojeiras
Cabaços
Cernache do Bonjardim
Sertã
Sobreira Formosa
Bugios
R. Ocreza
Dornes
Palhais
Marmeleiro
Proença a Nova
Ribeiro
Ferreira do Zêzere
Pias
R. Nabão
Cardigos
Perdigão
Vila de Rei
Alviobeira
Olalhas
São Pedro do Esteval
Vila Velha de Ródão
Amêndoa
Fratel
Barragem do Castelo do Bode
Maxieira
Barragem de Pracana
Serra
Rio Tejo
São Domingos
Envendos
São Matias
São Pedro de Tomar
Souto
Mação
Penhascoso
Monte Claro
Castelo de Bode
Sardoal
Mouriscas
São José das Matas
Nisa
Barragem de Figueira
Belver
Amieira do Tejo
Constância
Abrantes
Ortiga
Gavião
Atalaia
Arez
Almourol
Tancos
Tramagal
Pego
Rossio ao Sul do Tejo
Tolosa
Comenda
Gáfete
Alpalhão
São Facundo
Margem
Ribeira de Sor
Monte da Pedra
Bemposta
Escusa
Est. Torre das Vargens
Aldeia da Mata
Flor da Rosa
Crato
Vale de Açor
Chancelaria
Ribeira de Seda
A 25
A 17
A 1
A 14
A 13
A 23
E 01
E 80
E 801
E 802
E 806
IP 1
IP 2
IP 3
IP 5
IP 6
IC 2
IC 6
IC 8
IC 12
221
223
224
227
A
B
C
1
2
3
4
5
6
31
32
33
34
37
38
8

Fornos de Algodres
da Beira
Ratoeira
Avelãs de Ambom
Carvalhal
Safurdão
Bom
Vilar Formoso
222
de Argañán
Carpio de Azaba
N 620
Ciudad-R
A 25
D
E
F
Cortiço da Serra
IP 5
Pínzio
Castelo Mendo
A62
E 80
Vila Cortês da Serra
17
Cabeça Alta 1287 m
Pêro Soares
Jarmelo
Fuentes de Oñoro
Espeja
Robliza
Linhares
Guarda
Arrifana
IP 2
Nave de Haver
Cerdeira
Malhada Sorda
5
Folgosinho
Trinta
E 802
332
El Bodón
Ituero de Azaba
Martiag
8
Serra da Estrela
E 806
Vila Fernando
Vilar Maior
R. Mondego
A 23
Adão
R. Agueda
Parque Natural
Rapoula de Côa
Fuenteguinaldo
de Domin
Gonçalo
18
Sacraparte
La Alberguería de Argañán
Valhelhas
Nave
Aldeia da Ponte
Robleda
Manteigas
Centum Cellas
233
Alfaiates
Estrela
Poço do Inferno
Castelo de Cinco Quinas
Belmonte
Souto
Peñaparda
Villasrubias
Penhas da Saúde
Teixoso
R. Zêzere
Sortelha
Sabugal
Carvalhal
Navasfrías
Fóios
Mezas
N526
El Payo
Covilhã
Caria
1265 m
Reserva Natural Parcial da Serra da Malcata
Gata
Cadalso
Valverde del Fresno
Eljas
Torre de Don Miguel
Alcaria
Capinha
Benquerença
San Martín de Trevejo
Hoyos
La Fatela
4
Penamacor
Emb. de Borbollo
Fatela
E 802
N. S. Bom Sucesso
Perales del Puerto
Guijo de Coria
Fundão
Castelejo
Vale de Prazeres
E 806
R. Erjas
Cilleros
Emb. de Arrago
1227 m
Alpedrinha
Pedrógão
R. Eges
Moraleja
Penha Garcia
Calzadilla
Orca
Medelim
Monsanto
Vegaviana
IP 2
Proença a Velha
36
Muralha Rom.
Soalbeiro
Idanha-a-Velha
R. Ponsul
Coria
Lardosa
São Miguel de Acha
Egitânia (rom.)
ESPAÑA
18
233
A 23
Alcafozes
Tinalhas
Idanha-a-Nova
Lousa
Muralha
Barragem da Idanha
Pescueza
Portaje
3
Salvaterra do Extremo
Salgueiro do Campo
Alcains
Escalos de Baixo
Zarza la Mayor
Ermita del Encinar
Emb. de Portaje
240
Castelo Branco
Zebreira
355
Ladoeira
Segura
Portezuelo
N. S. de Nércoles
Ceclavín
N523
Piedras Albas
Acehúche
18
Castrum São Martinho
Represa
Emb. de Alcántara
Sarnadas de Ródão
Monforte da Beira
Mata de Alcántara
Garrovillas
R. Ponsul
Rosmaninhal
Alcántara
P. N. do Tejo Internacional
Serrasqueira
Monte Fidalgo
Malpica do Tejo
R. Tejo
R. Tajo
Villa del Rey
Cedillo
Herrera de Alcántara
N523
Navas del Madroño
R. Salor
Brozas
2
Carbajo
Montalvão
Santiago de Alcántara
R. Sever
Póvoa e Meadas (N. S. da Graça)
Membrío
Arroyo de la Luz
Boa Morte
Barragem da Póvoa
Menhir da Meada
Salorino
Sierra del Colorado
Herreruela
Malpartida de Cácere
Beirã
N 521
Aliseda
246
IC13
Castelo de Vide
Valencia de Alcántara
Torrico de San Pedro
703 m
Alpalhão
41
Marvão
Sierra de San Pe
P. N. da Serra de São Mamede
São Salvador da Aramenha
N 521
Alagoa
359
San Vincente de Alcántara
18
Ribeira de Nisa
Fortios
Serra de São Mamede
Catedral
Jola
Portalegre
119
Reguengo
N110
IP 2
Alegrete
Outeiro do A
D
Alburquerque
E
228
Puebla de Obando
F
La Codosera

A
B
C
223
229
5
4
3
2
1
Campelos
Vimeiro
Outeiro da Cabeça
Vilar
Alcoentre
Ramalhal
Serra de Montejunto
Cartaxo
Vale de Santarém
Praia de Santa Cruz
Santa Cruz
Aveiras de Cima
Pontével
São Pedro da Cadeira
Torres Vedras
Aldeia Galega da Merceana
Ota
Olhalvo
Muge
Azambuja
Valada
Glória do Ribatejo
Turcifal
Dois Portos
Alenquer
Salvaterra de Magos
Casais de São Lourenço
Encarnação
Sobral de Monte Agraço
R. Tejo
Arruda dos Vinhos
Benavente
Enxara do Bispo
Ericeira
Mafra
Milharado
Vila Franca de Xira
Samora Correia
Seixal
Malveira
Bucelas
R. Almansor
Santo Estêvão
Lousa
Alverca do Ribatejo
Magoito
Montelavar
Almargem do Bispo
Póvoa de Santa Iria
Praia de Magoito
P. N. de Sintra-Cascais
Loures
Reserva Natural do Estuario do Tejo
Cabo da Roca
Colares
Sintra
Sacavém
Convento dos Capuchos
Palácio Nacional
Cacém
Odivelas
Amadora
Parque das Nações
Canha
Praia do Guincho
Queluz
LISBOA
Alcochete
Trajouce
Mosteiro dos Jerónimos
14 - 18
Cascais
Estoril
Belém
Montijo
Santo Isidro de Pégões
Boca do Inferno
Oeiras
Almada
Rio Frio
Caparica
Costa do Estoril
Costa da Caparica
Seixal
Barreiro
Palhais
Pinhal Novo
Fogueteiro
Marateca
Costa do Sol
Palmela
Vila Fresca de Azeitão
Lagoa de Albufeira
Montinho
São Lourenço
Parque Natural da Arrábida
SETÚBAL
Outão
Bairro de Sapec
Centobriga (Ruinas Romanas)
Pinheiro
Alfarim
Santana
Portinho da Arrábida
Sesimbra
Reserva Natural do Estuario do Sado
R. Sado
N. S. do Cabo
Cabo Espichel
Costa Bela
Comporta
Costa da Galé
Baia de Setúbal
Torroal
Martim Afonso
Ameiras de Baixo
N. S. de Penha
Melides
N. S. do Livramento
Oceano Atlântico
Brescos
Lagoa de Santo André
São Francisco da Serra
Sto. André
Santiago do Cacém
Sines
Barragem do Escaravelho
Muda
Barragem de Morgável
Vale Manhãs
Porto Covo
Ilha do Pessegueiro
Cercal
341 m

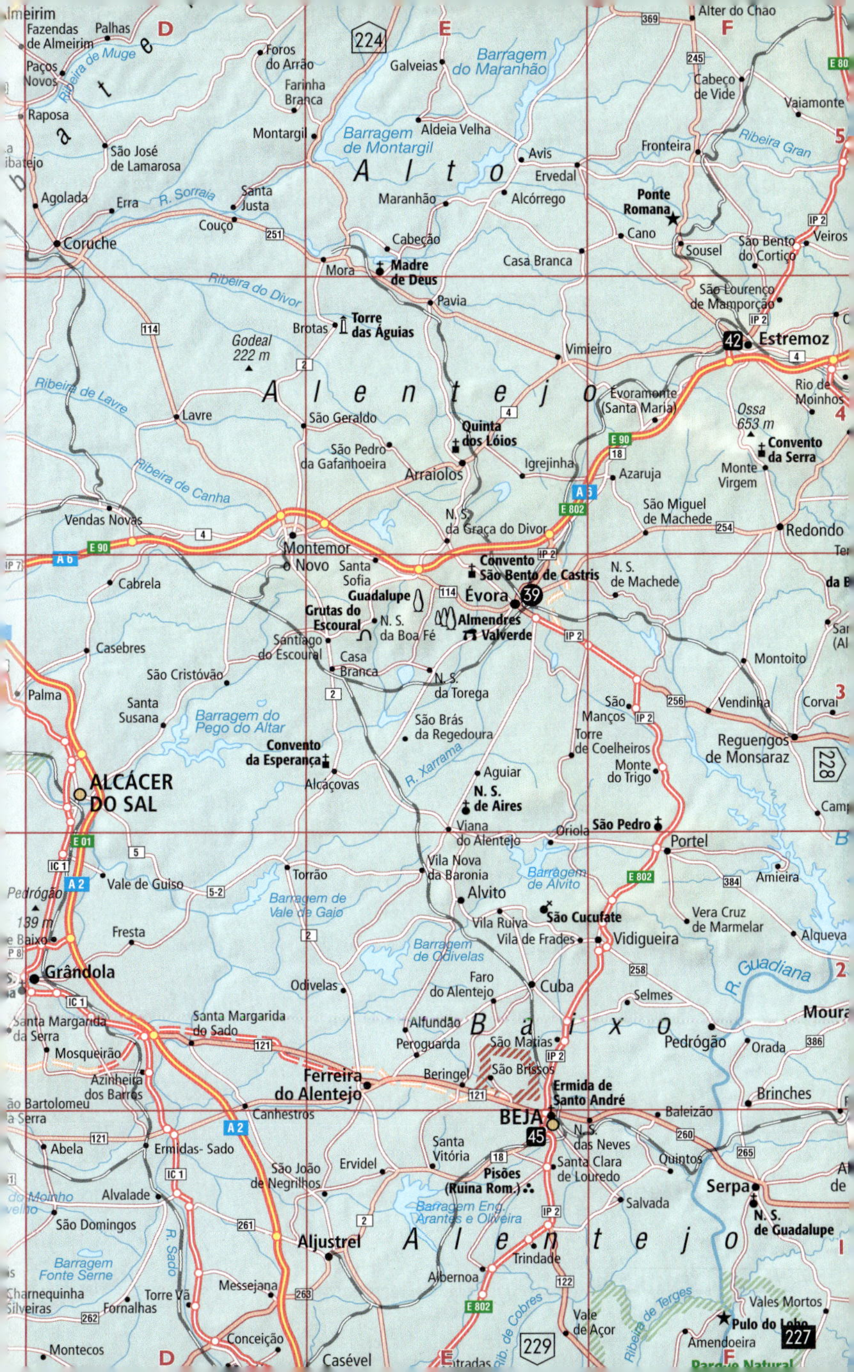

Almeirim
Fazendas de Almeirim
Palhas
Paços Novos
Raposa
São José de Lamarosa
Agolada
Erra
Coruche
Ribeira de Muge
R. Sorraia
Foros do Arrão
Farinha Branca
Montargil
Barragem de Montargil
Santa Justa
Couço
Mora
Galveias
Barragem do Maranhão
Aldeia Velha
Alto
Avis
Ervedal
Maranhão
Alcórrego
Cabeção
Madre de Deus
Pavia
Casa Branca
Alter do Chao
Cabeço de Vide
Vaiamonte
Fronteira
Ribeira Gran
Ponte Romana
Cano
Sousel
São Bento do Cortiço
Veiros
São Lourenço de Mamporção
Estremoz
Ribeira do Divor
Brotas
Torre das Águias
Godeal 222 m
Vimieiro
Alentejo
Evoramonte (Santa Maria)
Rio de Moinhos
Ossa 653 m
Convento da Serra
Monte Virgem
Ribeira de Lavre
Lavre
São Geraldo
São Pedro da Gafanhoeira
Quinta dos Lóios
Arraiolos
Igrejinha
Azaruja
Ribeira de Canha
São Miguel de Machede
Vendas Novas
N. S. da Graça do Divor
Redondo
Montemor o Novo
Santa Sofia
Convento São Bento de Castris
N. S. de Machede
Cabrela
Guadalupe
Évora
Grutas do Escoural
N. S. da Boa Fé
Almendres
Valverde
Casebres
Santiago do Escoural
Casa Branca
N. S. da Torega
Montoito
São Cristóvão
Palma
Santa Susana
Barragem do Pego do Altar
São Brás da Regedoura
São Manços
Vendinha
Corval
Torre de Coelheiros
Reguengos de Monsaraz
Convento da Esperança
Alcáçovas
R. Xarrama
Aguiar
Monte do Trigo
ALCÁCER DO SAL
N. S. de Aires
Viana do Alentejo
Oriola
São Pedro
Portel
Vila Nova da Baronia
Barragem de Alvito
Amieira
Vale de Guiso
Torrão
Pedrógão 139 m
Alvito
São Cucufate
Barragem de Vale de Gaio
Vera Cruz de Marmelar
Fresta
Vila Ruiva
Vila de Frades
Vidigueira
Alqueva
Barragem de Odivelas
R. Guadiana
Grândola
Odivelas
Faro do Alentejo
Cuba
Selmes
Santa Margarida da Serra
Santa Margarida do Sado
Alfundão
Baixo
Pedrógão
Moura
Mosqueirão
Peroguarda
São Matias
Orada
Azinheira dos Barros
Beringel
São Brissos
Ferreira do Alentejo
Ermida de Santo André
Brinches
São Bartolomeu da Serra
Canhestros
BEJA
Baleizão
Abela
Ermidas-Sado
Santa Vitória
N. S. das Neves
São João de Negrilhos
Ervidel
Santa Clara de Louredo
Quintos
Pisões (Ruina Rom.)
Serpa
Alvalade
Salvada
N. S. de Guadalupe
São Domingos
Barragem Eng. Arantes e Oliveira
R. Sado
Aljustrel
Alentejo
Trindade
Barragem Fonte Serne
Charnequinha
Silveiras
Torre Vã
Fornalhas
Messejana
Albernoa
Vale de Açor
Ribeira de Terges
Vales Mortos
Pulo do Lobo
Amendoeira
Montecos
Conceição
Casével
Rib. de Cobres
224
228
229
227

A
B
C
225
Alter do Chão
369
245
Cabeço de Vide
Fronteira
Ponte Romana
Cano
Sousel
São Bento do Cortiço
Veiros
IP 2
E 802
Assumar
Vaiamonte
N. S. do Rosário
Montforte
Ribeira Gran
Azeiteiros
Esperança
La Codosera
Arronches
N. S. da Graça dos Degolados
Ouguela
R. Xévora
Barragem do Caia
Muralha
Campo Maior
Santa Eulália
Coutada
Barbacena
Vila Fernando
Santo Aleixo
São Lourenço de Mamporção
Orada
Estremoz
42
A 6
Aqueduto de Amoreira
43
Elvas
E 90
BADAJOZ
Vila Boim
Terrugem
4
Borba
Rio de Moinhos
Vila Viçosa
40
Ciladas (S. Romão)
Juromenha
N107
Ossa 653 m
Convento da Serra
Bencatel
Evoramonte
Azaruja
Monte Virgem
Alandroal
São Miguel de Machede
254
Redondo
Rosário
Terena
N. S. da Boa Nova
Capelins (Aldeia de Ferreira)
Santiago Major (Aldeia das Pias)
Montoito
227
256
Vendinha
Corval
Reguengos de Monsaraz
44
Monsaraz
Mourão
Campo
Luz
Pedro
Portel
Barragem de Alqueva
384
Amieira
Vera Cruz de Marmelar
Alqueva
Vidigueira
258
R. Guadiana
Selmes
Pedrógão
Orada
386
Moura
Brinches
Pias
Baleizão
260
Quintos
265
Serpa
Salvada
N. S. de Guadalupe
Vale de Vargo
Aldeia Nova de São Bento
Vila Verde de Ficalho
Ribeira de Terges
Vales Mortos
Pulo do Lobo
Amendoeira
Agua Negra 261 m
Parque Natural
R. Zapatón
Villar del Rey
de Obando
La Roca de la Sierra
Bótoa
N100
R. Gévora
Valdebótoa
Novelda del Guadiana
Guadiana del Caudillo
Gévora del Caudillo
Puebla de la Calzada
Talavera la Real
A-5
Lobón
Alvarado
San Francisco de Olivenza
Villarreal
La Albuera
Entrín Bajo
Olivenza
San Benito de la Contienda
Valverde de Leganés
Torre de Miguel Sesmero
Alor 610 m
Almendral
Nogales
Táliga
Barcarrota
Alconchel
Cheles
Salvaleón
N107
Higuera de Vargas
ESPAÑA
Valle de Matamoros
Villanueva del Fresno
Valle de Santa Ana
Jerez de los Caballeros
Zahinos
N112
La Bazana
Oliva de la Frontera
R. Ardila
Granja
Valencia del Mombuey
Póvoa
Amareleja
Ribeira de Ardila
Fregenal de la Sierra
N439
Rib. da Murtega
Santo Amador
386
Barrancos
R. Murtigas
Encinasola
Safara
258
Santo Aleixo da Restauração
Convento de Tomina
Cumbres de San Bartolomé
Aroche
712 m
La Contienda
Sobral da Adiça
El Puerto
La Corte
260
Rosal de la Frontera
N 433
Aroche
Jabugo
Cortegana
Fuente del Oro
N493
Almonaster la Real
Cabezo Gordo 613 m
San Telmo
Santa Bárbara de Casa
Valdelamusa
El Cerro de Andévalo
Silos
Alentejo

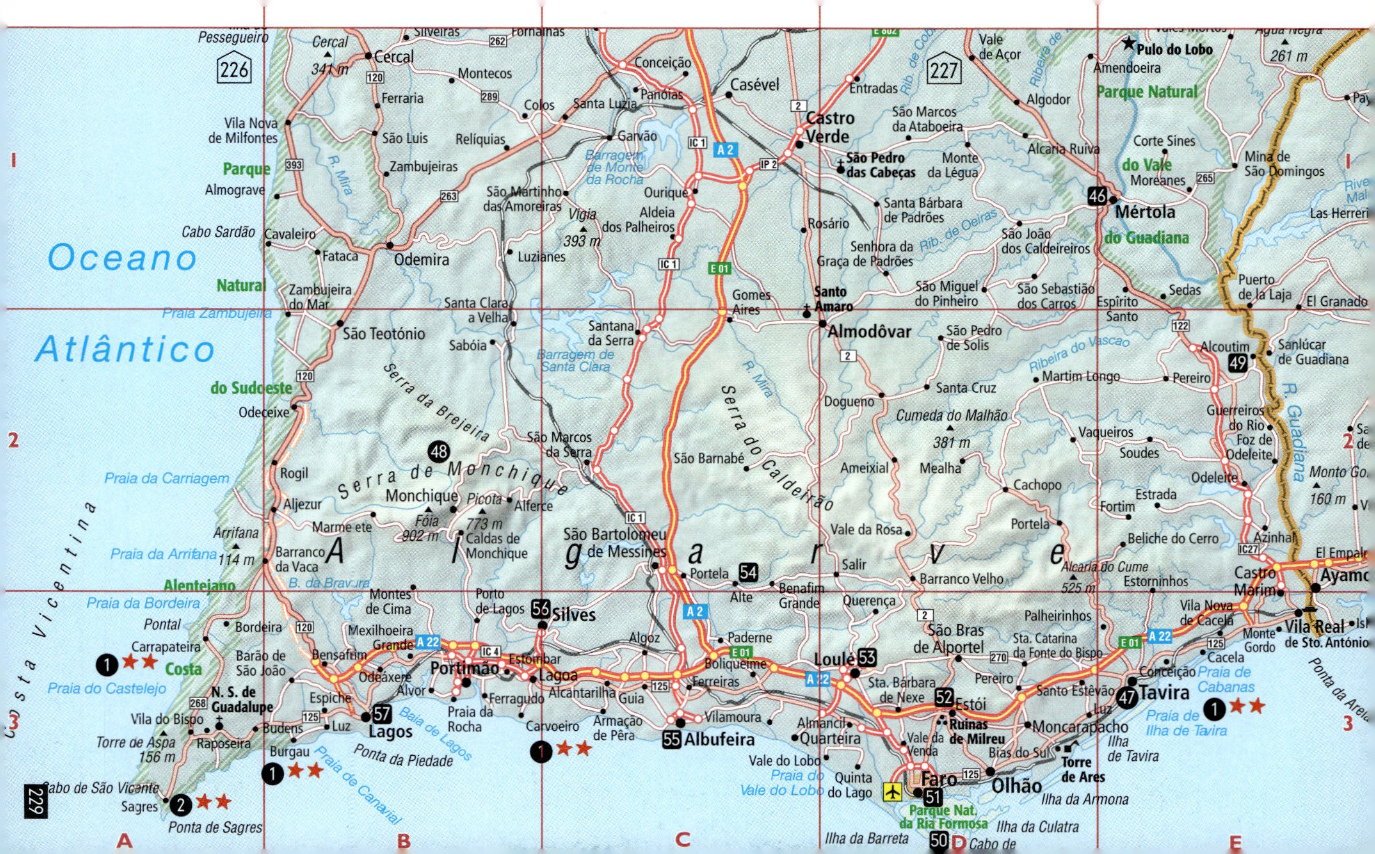
Oceano
Atlântico
Parque
Natural
do Sudoeste
Costa
Vicentina
Alentejano
Algarve
Serra de Monchique
Serra da Brejeira
Serra do Caldeirão
Pessegueiro
Cercal
341 m
Silveiras
Fornalhas
Conceição
Casével
Entradas
Vale de Açor
Pulo do Lobo
Amendoeira
Parque Natural do Vale do Guadiana
Algodor
Alcaria Ruiva
Corte Sines
Moreanes
Mina de São Domingos
Mértola
Montecos
Ferraria
Colos
Santa Luzia
Panóias
Castro Verde
São Marcos da Ataboeira
Monte da Légua
São Pedro das Cabeças
Vila Nova de Milfontes
São Luis
Relíquias
Garvão
Zambujeiras
Almograve
Barragem de Monte da Rocha
São Martinho das Amoreiras
Ourique
Aldeia dos Palheiros
Vigia
393 m
Santa Bárbara de Padrões
Rosário
Senhora da Graça de Padrões
Rib. de Oeiras
São João dos Caldeireiros
Las Herrerías
Cabo Sardão
Cavaleiro
Fataca
Odemira
Luzianes
R. Mira
Gomes Aires
Santo Amaro
São Miguel do Pinheiro
São Sebastião dos Carros
Espírito Santo
Sedas
Puerto de la Laja
El Granado
Zambujeira do Mar
Praia Zambujeira
Santa Clara a Velha
Santana da Serra
Almodôvar
São Pedro de Solis
Alcoutim
Sanlúcar de Guadiana
São Teotónio
Sabóia
Barragem de Santa Clara
Ribeira do Vascão
Martim Longo
Pereiro
Santa Cruz
Dogueno
Cumeda do Malhão
381 m
Guerreiros do Rio
Foz de Odeleite
R. Guadiana
Odeceixe
Vaqueiros
Soudes
Monte Gordo
160 m
São Marcos da Serra
São Barnabé
Ameixial
Mealha
Odeleite
Rogil
Praia da Carriagem
Monchique
Picota
Alferce
773 m
Fóia
902 m
Caldas de Monchique
Aljezur
Marmelete
Cachopo
Estrada
Fortim
Arrifana
114 m
Praia da Arrifana
Barranco da Vaca
B. da Bravura
São Bartolomeu de Messines
Portela
Alte
Benafim Grande
Vale da Rosa
Salir
Barranco Velho
Alcaria do Cume
525 m
Beliche do Cerro
Estorninhos
Azinhal
El Empalme
Castro Marim
Ayamonte
Praia da Bordeira
Bordeira
Montes de Cima
Porto de Lagos
Silves
Querença
São Bras de Alportel
Palheirinhos
Sta. Catarina da Fonte do Bispo
Vila Nova de Cacela
Vila Real de Sto. António
Isla Cristina
Pontal
Carrapateira
Barão de São João
Mexilhoeira Grande
Bensafrim
Odeáxere
Portimão
Estombar
Lagoa
Algoz
Paderne
Boliqueime
Loulé
Cacela
Praia do Castelejo
N. S. de Guadalupe
Alvor
Ferragudo
Alcantarilha
Guia
Ferreiras
Sta. Bárbara de Nexe
Estói
Pereiro
Santo Estêvão
Conceição
Tavira
Praia de Cabanas
Ponta da Areia
Vila do Bispo
Espiche
Budens
Raposeira
Luz
Lagos
Praia da Rocha
Carvoeiro
Armação de Pêra
Vilamoura
Albufeira
Almancil
Quarteira
Vale da Venda
Ruínas de Milreu
Moncarapacho
Ilha de Tavira
Praia de Ilha de Tavira
Torre de Aspa
156 m
Burgau
Baía de Lagos
Ponta da Piedade
Praia de Canavial
Vale do Lobo
Praia do Vale do Lobo
Quinta do Lago
Faro
Olhão
Bias do Sul
Torre de Ares
Ilha da Armona
Cabo de São Vicente
Sagres
Ponta de Sagres
Parque Nat. da Ria Formosa
Ilha da Barreta
Ilha da Culatra
Cabo de
A 2
A 22
E 01
E 802
IC 1
IC 4
IC 27
IP 2
2
120
122
125
262
263
265
268
270
289
393
226
227
46
47
48
49
50
51
52
53
54
55
56
57
A
B
C
D
E
1
2
3

## Register


**A**
Albufeira 174, 188, 191, 192
Alcobaça 108, 126, 140
Alcoutim 186
Alentejo 143 ff., 200
Algarve 8, 167 ff.
Almansil 181
Alqueva-Stausee 146
Alte 188
Anreise 208
Arraiolos 165
Ausgehen 73, 105, 141, 165, 193, 211
Auskunft 206
Aveiro 108, 110, 113, 132, 140, 141
Azulejos 28, 66, 73, 181, 212

**B**
Batalha 7, 108, 114, 116
Beja 160, 163, 164, 200
Belém 40
Belmonte 125
Boca do Inferno 67
Bom Jesus 92
Bootstrips 8, 78, 105, 113, 186, 193
Botschaften 206
Braga 77, 92, 102, 103
Bragança 100, 104
Buçaco 134, 138

**C**
Cabanas 170
Cabo de São Vicente 7, 178
Cabo do Roca 67
Cacela Velha 170
Caldas de Monchique 184
Caldas do Gerês 96
Campo do Gerês 96
Casa de Mateus 90
Cascais 66
Chaves 99
Coimbra 7, 108, 118, 138
Conímbriga 134
Costa Nova 113, 133
Costa Vicentina 176
Covilhã 124
Cromeleque dos Almendres 153
Cromeleque do Xerez 148

**D**
Douro-Tal 78

**E**
Einkaufen 72, 104, 140, 165, 212
Elektrizität 206
Elvas 158, 164
Ermäßigungen 206
Essen & Trinken 26, 69, 103, 139, 163, 191, 210
Estói 187
Estoril 66
Estremoz 144, 158, 162, 164
Évora 144, 150, 163, 165

**F**
Fábrica 171
Fado 24, 60, 61, 211
Faro 168, 186, 190, 192, 206
Fátima 108, 137
Feiertage 207
Festivals 105, 165, 211
Figueira da Foz 112
Fischerei 20, 110, 173
Fußball 73

**G**
Geld 207
Gesundheit 207
Golf 66, 193
Guarda 125
Guimarães 76, 98, 102, 104

**I**
Ilha da Armona 176
Ilha de Tavira 183
Ilha Dourada 146
Internet 206

**K**
Kork 144, 200, 212

**L**
Lagos 168, 189, 191, 192
Lindoso 96
Lissabon 7, 24, 32 ff., 196, 206
  Alfama 56, 196
  Bairro Alto 64, 196
  Belém 7, 40
  Castelo de São Jorge 7, 52
  Elevador de Santa Justa 197
  Estrela 64
  Mosteiro dos Jerónimos 41, 44
  Museu Calouste Gulbenkian 54
  Museu do Fado 60
  Museu Nacional de Arte Antiga 64
  Museu Nacional do Azulejo 66
  Padrão dos Descobrimentos 40
  Parque das Nações 62
  Parque Eduardo VII 65
  Praça do Comércio 197
  Rossio 198
  Teatro Romano 57
  Teleférico 63
  Torre de Belém 41

Torre Vasco da Gama 63
Loulé 187, 192

M
Mafra 67
Manteigas 124
Manuelinik 20, 108
Märkte 8, 36, 72, 104, 140, 165, 192, 212
Marvão 144, 156, 162
Maut 209
Mértola 144, 161, 201
Milreu 187
Miranda do Douro 100
Monchique 185, 191
Monsanto 135
Monsaraz 144, 146, 160, 162, 164
Moura 203

N
Nazaré 110
Nordportugal 75 ff.
Notrufe 207

O
Óbido 140
Óbidos 135, 138
Öffnungszeiten 212
Olhão 192
Ourém 138

P
Palácio de Pena vgl. Sintra
Palácio de Mafra 67
Palácio de Queluz 50
Parque Nacional da Peneda-Gerês 95
Peneda 96
Penhas da Saúde 124
Peniche 110
Peso da Régua 78
Pinhão 78
Poço do Inferno 124
Ponte da Piedade 175
Porches 191
Portwein 17, 88, 104
Portel 203
Portimão 184
Porto 7, 76, 84, 101, 103, 104, 206
Post 207
Pousada 21
Praia da Dona Ana 175
Praia de Cacela Velha 172
Praia do Guincho 67
Praia do Norte 112
Praias do Algarve 7, 174

Q
Quinta das Lágrimas 122, 139

R
Reisedokumente 208
Reisezeit 208
Ria Formosa 170, 186

S
Sabugueiro 125
Sagres 7, 178
São Martinho do Porto 110
São Pedro de Moel 112
Serpa 144, 202
Serra da Estrela 7, 124, 138, 141
Serra de Monchique 184, 190
Sicherheit 208
Silves 188, 191
Sintra 7, 46, 69, 72
Castelo dos Mouros 47
Palácio de Pena 48
Palácio Nacional da Pena 47
Palácio Nacional de Sintra 46
Quinta da Regaleira 50
Soajo 96
Solares 21
Spaziergänge 195
Sprachführer 213
Surfing 105, 112, 141

T
Tavira 169, 170, 182, 190, 191, 192
Tomar 108, 128, 130, 138, 140
Touren 195
Trás-os-Montes 102
Tropfsteinhöhlen 11
Tua 79

U
Übernachten 68, 101, 138, 162, 190, 210

V
Vale do Côa 7, 82
Verkehrsregeln 209
Viana do Castelo 98, 102, 104
Vila Nova de Gaia 76, 78, 88, 103, 104
Vila Viçosa 144, 154, 162, 164
Viseu 136, 140
Vorwahlen 207

W
Wanderungen 11, 95, 141, 193
Wein 16, 160, 165, 211

Z
Zeit 208
Zentralportugal 107 ff.
Zêzere-Tal 124
Zollbestimmungen 208
Zugverkehr 209

**AA:** A. Kouprianoff 66 o., 104, 126, 156; A. Mockford and N. Bonetti 6 (8), 12/13, 46, 125, 134; M. Wells 53, 59 o. l., 65 o., 65 u.; P. Wilson 99; T. Harris 90

**DuMont Bildarchiv/Monica Gumm:** 6 (3), 6 (4), 6 (5), 6 (9), 9, 15 r., 16, 19, 20, 25 l., 25 r., 27 l., 27 r., 28 o., 28 u., 35 l., 35 r., 35 u., 36 r., 37, 38 l., 38 r., 39, 41, 42, 47, 50, 51, 52, 55, 56, 59 o.r., 59 u., 60, 61, 62, 63, 64, 66 u., 67 u., 68, 70, 72, 106/107, 115, 137 o., 137 u., 139, 141, 194/195, 197, 199, 215

**DuMont Bildarchiv/Sabine Lubenow:** 6 (1), 6 (2), 5 o., 5 u., 10 u., 21, 22, 148/149, 148 l., 151, 158, 160, 161, 162, 163, 166/167, 171 o., 171 u., 172 l., 172 o., 172 u., 173, 174, 175, 176, 177, 179, 180, 181, 182, 184, 185, 186, 189, 190, 193, 202

**DuMont Bildarchiv/Thomas P. Widmann:** 153, 200

**Fotolia:** LianeM 159

**Getty Images:** Anders Blomqvist 6 (7), 83; Andia/Kontributor 97 o. r.; Babak Tafreshi 149; Brendan Hoffman 15 l.; Camilla Watson 155; David Lopes 111 u.; Francesco Pascale 85; GUIZIOU Franck / hemis.fr 80/81; Herve CHAMPOLLION / Kontributor 80; Luis Davilla 79 o.; Maremagnum 105; Mauricio Abreu 97 u.; Mauricio Abreu 102; Michael Schinharl 79 u.; Paulo Amorim 82; Robert Harding 101; Shaun Egan 94; THEGIFT777 89

**Monica Gumm:** 36 l., 67 o.

**Huber Images:** Johanna Huber 84 und 6 (10); Lubenow Sabine 103; Lucie Debelkova 136; Luigi Vaccarella 119 o.; Michael Howard 6 (6), 112/113, 120, 209; Olimpio Fantuz 74/75, 97 o.l., 111 o., 113, 133

**laif:** Berthold Steinhilber 204/205; Fred Marvaux/REA 86; Jan-Peter Boening/Zenit 93; Luis Filipe Catarino/4SEE 30/31, 147 o.; Mauro Filipe Rodrigues Correia/4 112

**LOOK-foto:** Pompe 81

**mauritius images:** age 123, 135; alamy 10 o., 164; Cro Magnon/Alamy 147 u.; Mauricio Abreu/Alamy 122; Michael Howard 142/143; Roland T. Frank 119 u.

**picture-alliance:** Robert Harding 129

**Titelbild:** U1 oben: Franck Guiziou/hemis.fr/laif
U1 unten: Dumont Bildarchiv / Sabine Lubenow
U8: Pierre Jacques/hemis/laif

# IMPRESSUM



3. Aufl. 2019
Völlig überarbeitet und neu gestaltet

**Text:** Daniela Schetar, Dr. Andreas Drouve, Tony Kelly, Kerry Christiani
**Übersetzung:** Matthias Eckhoff, Dr. Thomas Pago, Christoforo Schweeger
**Redaktion & Gestaltung:** Eszter Kalmár
**Projektleitung:** Dieter Luippold
**Programmleitung:** Birgit Borowski
**Chefredaktion:** Rainer Eisenschmid

**Kartografie:** © MAIRDUMONT GmbH & Co. KG, Ostfildern
**3D-Illustrationen:** jangled nerves, Stuttgart

**Anzeigenvermarktung:** MAIRDUMONT MEDIA
Tel. 0711 45 02-0, media@mairdumont.com
media.mairdumont.com



Printed in Poland

Trotz aller Sorgfalt von Autoren und Redaktion sind Fehler und Änderungen nach Drucklegung leider nicht auszuschließen. Dafür kann der Verlag keine Haftung übernehmen. Berichtigungen, Kritik und Verbesserungsvorschläge sind uns jederzeit willkommen, bitte informieren Sie uns unter:

Verlag Karl Baedeker / Redaktion
Postfach 3162
D-73751 Ostfildern
Tel. 0711 45 02-262
smart@baedeker.com
www.baedeker.com

FSC
www.fsc.org
MIX
Papier aus verantwortungsvollen Quellen
FSC® C018236

# Meine Notizen